说服是门说话艺术

怎样说到别人心坎上

汇智书源◎编著

中国铁道出版社有限公司
CHINA RAILWAY PUBLISHING HOUSE CO., LTD.

内 容 简 介

人际交往中，处处面临着说服与被说服的境况，无论你是大人物，还是平凡者；无论你在进行内部沟通，还是参与商务谈判；无论你是领导，还是下属，说服无处不在。本书就是一本教你彻底改变机遇、人际关系和事业前途的宝典，书中汇集了各种表达方法和说服技巧，教会读者在日常生活、商务谈判、上下级沟通等不同的情境中有力地表述自己、赢得他人信任、说服他人。

本书不仅适用于想要培养表达能力、实现自我突破的初学者，也适用于积累了一定的沟通技巧、渴望获得进一步提升的人，同样更适用于所有需要推销自我、表述观点、说服他人、获得成功的人。

图书在版编目（CIP）数据

说服是门说话艺术：怎样说到别人心坎上 / 汇智书源编著. — 北京：中国铁道出版社, 2016.1（2022.1 重印）
ISBN 978-7-113-21029-8

Ⅰ. ①说… Ⅱ. ①汇… Ⅲ. ①说服-语言艺术 Ⅳ. ①H019

中国版本图书馆 CIP 数据核字（2015）第 238657 号

书　　名：说服是门说话艺术——怎样说到别人心坎上
作　　者：汇智书源

策　　划：武文斌　　编辑部电话：（010）51873022　　邮箱：505733396@qq.com
责任编辑：苏　茜
封面设计：MXK DESIGN STUDIO
责任印制：赵星辰

出版发行：中国铁道出版社有限公司（100054，北京市西城区右安门西街 8 号）
印　　刷：佳兴达印刷（天津）有限公司
版　　次：2016 年 1 月第 1 版　2022 年 1 月第 3 次印刷
开　　本：700 mm×1 000 mm 1/16　印张：17.25　字数：333 千
书　　号：ISBN 978-7-113-21029-8
定　　价：48.00 元

前言

FOREWORD

看到“说服”一词，你首先会想到什么？古时舌战群儒的说客？巧舌如簧的推销员？口若悬河的演讲家？是的，我们可以发现他们有一个共同点，就是他们以说服他人为职业。他们的工作就是研究如何说服别人接受自己的观点，接受自己的意见，从而达到自己的目的。

说服，是人际交往中的一项重要内容，它并不仅仅与这些以说服为职业的人相关。无论你愿意与否，说服是生活无法回避的现实。你告诉孩子要保护视力；对老板说你想加薪、升职；与陌生人商定买房的价钱；让下属接受一个令人不愉快的调动；请求同事配合自己的工作……这些看似平常的人际交往行为，其实都蕴含着说服他人的意图。

虽然每个人每天都在实践着说服他人的过程，但是要想取得理想的结果却不容易。因为说服本来就是一个双向互动的过程，你在说服别人的同时，别人也在试图说服你。当你和上级有了异议不知如何应对时，当你在谈判中面对对方的步步紧逼无所适从时，当你看到同事轻而易举就取得高额销售业绩时，你不用苦恼，也不必担心。

摆在你面前的这本《说服是门说话艺术——怎样说到别人心坎上》就是针对以上各种问题而特别撰写的。无论你是从事销售、服务行业，还是进行内部沟通，或者参加商务谈判、处理与家人或朋友之间的关系，你都能从中得到帮助。

本书分为两篇——秘诀篇、实战篇，共十四章。其中，秘诀篇中从不同的角度探寻说服的技巧：从微表情中探测对方的心理活动；向资深人士学习最有效的语言技巧；通过心理博弈，使你在说服中占据心理优势；更有 30 秒电梯说服术、FBI 说服术、演讲说服术的精彩说服策略，让你从多个方面全方位学习说服绝技。实战篇分为日美韩英四国的说服绝技、求人办事、上下级沟通、推销场合、商务谈判、亲戚邻居关系等不同的场景，让你面对不同的听众在不同的场合做到挥洒自如，具

有震撼力和说服力。

本书的特色在于，图文并茂，贴近生活和实际，没有长篇大论地讲解理论，书中的每个说服技巧都附有生动有趣的案例，并且每一个案例都取材于现实生活，每一个技巧都极具操作性，通俗易懂。

说服是一种成就，阅读本书的最终目的，就是让被说服者认同你的看法，接受你的观点，从而打破人际交往中的障碍。书中不仅告诉你说什么，怎么说，还指出了说服者应该抱有的心态。本书不仅适用于想要培养表达能力、实现自我突破的初学者，也适用于积累了一定的沟通技巧、渴望获得进一步提升的人，同样更适用于所有需要推销自我、表述观点、说服他人、获得成功的人。

我们要相信，说服不仅是推销员、演讲家的专利，更是每一个人都应该掌握的实用技能。只要你言之巧妙、应对自如，就能够搭建沟通的桥梁，实现说服他人的目的。相信本书能够给你很多启发，让你在读罢此书后，掩卷沉思，在享受阅读的同时，更能获得无往不利的说服他人的实用技能，让你在社会交际中如鱼得水、所向披靡！

编　者

2015 年 11 月

目录

CONTENTS

秘诀篇

实战篇

秘诀篇

人际交往的过程其实也是一个说服与被说服的过程。你说服了别人，就能获得更好的条件，得到更大的利益；而被别人说服，那你就只能退而求其次。许多人都苦于经常被他人说服，做出并不是出于自己意愿的事，或者无法说服他人，达不到自己的目的。那么，如何才能摆脱这些苦恼，成为一个说服高手呢？在秘诀篇中就为你提供了无往不利的说服技巧，必将让你受益匪浅，成为说服达人！

第一章

说话容易，说服别人是个大学问

说话，人人都会，但是想说服别人就不是一件简单的事了。真正的语言艺术不是“在言辞上驳倒对方”，而是“俘获对方的心”，让对方心悦诚服；口才的最高境界不仅仅是“把话说得滴水不漏”，而应是“说服所有人”。因为只有让对方心服，心甘情愿地听从调遣，你才算达到目的。说服别人不只是一种艺术，其中还深藏着大学问，只有掌握一定的方法才能让你的说服收到实效。

一、说服目标：明确+单一

做什么事都要有一个目标，目标就是你努力的方向。说服同样需要有一个明确的目标，否则，漫无目的、滔滔不绝地说个不停就是聒噪。而聒噪经常会造成“言多必失”的后果。例如，在推销商品的时候，推销员只是一味滔滔不绝地说一大堆顾客不想听的话，必然会引起顾客的反感，当然销售也不会成功。

说服的目标可以有很多，比如获得更高的薪酬待遇，取得一次休假的机会，谋得一个更高的职位，向顾客销售商品，以更低的价格购得某种商品，让领导接受自己的建议等。只有明确恰当的目标，你才能踏出成功说服的第一步。

1. 明确你的说服目标

明确你的说服目标有很多的好处，这能为你的说服决定方向。有时候，本来是可以取得更好的说服效果，但是由于说服者认为已经达到了说服的目的，就早早地放弃了说服，结果却很可能会使本来更有利的结局毁于一旦。

1928年，日本松下公司急需195万日元作为项目建设资金。但当时公司刚刚起步，即使将所有的资金都用于项目建设，也尚有15万日元的缺额。这时松下公司只能向银行贷款，并且这种贷款最好是无担保的形式。

松下和银行交涉，说明公司的项目，请求贷款15万日元。银行同意贷款，但是要求松下以土地、建筑物乃至松下的信誉来做担保。

虽然能够贷款，但是却不是松下所希望的那种方式。于是，松下向银行方面提

出了自己的想法："对于贵行的贷款决定，我表示衷心的感激。但是如果以不动产做担保，恐怕会对企业的形象造成影响，不仅对公司不利，将来可能对贵行也会有所影响。所以，我冒昧地请求，贵行是否能向我公司提供无担保贷款？"

银行方面有些犹豫不决。松下接着说："请放心，我们公司一定会在两年之内将贷款偿还。我们的土地权利书和建筑物权利书都可以交给贵行来保存。我很希望贵行可以给松下公司一次机会。"

经过松下的耐心劝说，银行方面终于同意了他们的请求，决定向松下公司提供无担保贷款15万日元。

作为一名说服者，要时刻记住你的说服目标，不要随便放弃。松下的成功说服就是因为他有明确的目标：以无担保的形式取得贷款。当银行已经同意为他提供贷款后，但并不是以他所希望的方式，这时松下并没就此放弃劝说，而是继续努力，最终按照自己的理想方式取得银行贷款。

2. 说服目标要单一

说服目标不仅要明确，还要单一，这样更能为你的说服增加成功的机会。否则如果目标含混不清，很容易丧失有利机会。

我的邻居李辉是一家机械公司的中层管理者，他想为自己的部门申请一笔资金用于产品研发，但是对于这笔资金具体用来做什么，他还不确定。

这时，李辉得知公司有一笔用于研发的闲置资金，于是，他找到管理资金预算的经理，向经理说道："我一直在想办法提高我们部门的研发效率。"

经理听后似乎很感兴趣，问："很好，你有什么好的想法吗？"

李辉接着说："嗯。我们可以再增加一台M型号的机器。"

经理有些犹豫："但是那样会增加我们的预算，你还有其他更好的方案吗？"

李辉想了想："有，我们可以另外再聘请一位秘书，那样也可以提高我们的效率。"

经理点头，表示可以考虑，又问："那你倾向于哪一种方案？"

“现在我还拿不太准，也许我们还应该考虑增加一名技术人员。”李辉想了想说道。

“那也行，这几个方案的成本分别是多少？”经理又问。

李辉为难地说：“我不知道，这样吧，我先去核算一下，然后来告诉您。”

几天后，当李辉将计算好的成本交给经理时，那笔资金早已经批给另一个部门了。

李辉之所以没有成功申请到资金，就是因为他没有单一明确的目标。由于目标众多，或者说目标含混，经理不明白他究竟想要的是什么。如果李辉能够在一开始就向经理明确地表明他想要什么，最终的结果会好很多。比如，他想增加一台 M 型号的机器。这时，一台 M 型号的机器就是他明确又单一的目标，围绕着这个目标进行说服，肯定能够收到预期的效果。

在展开说服之前，你必须要有明确且单一的目标，如果难以确定自己的目标，不妨这样问一问自己：“我想得到什么？”、“我希望他们怎么做”、“我为什么要见他（被说服者）”、“我希望听众记住什么”……如果明确了这些，你就可以着手准备自己将要表达的信息了。

如果你的想法和措辞对实现你的目标没有帮助，那就重新再来，再次组织。如果你明确地知道自己进行说服的目标，就要不懈坚持，不到最后一刻不要放弃。

二、成功说服，4 步轻松搞定

很多时候人们会在不知不觉中得罪一些人，但是却从不知道自己哪里做错了。而实际原因就是好多话在没有经过深思熟虑，就轻易说出口。

人最看不清的往往是自己，最管不住的往往就是自己的嘴。身为公众人物，一言一行原本就会被无限扩大，所以口无遮拦的毛病更是一定不能有，就算有也得改了，不然不知道哪一天，有意或无意的一句话，就会让你祸从口出。

一天，卡耐基同时接到两家研究机构的演讲邀请函，一时之间，他难以决定接受哪家的邀请。当分别与两家机构的负责人洽谈之后，他选择了后者。洽谈中，第一家机构的负责人是这样说的：

“希望卡耐基先生能够不吝赐教，向本公司的管理者传授说话的技巧。演讲的

内容您可以自行斟酌决定，听众数量估计不超过100人……万事拜托了！”

卡耐基觉得，这位负责人的话语异常平淡，缺乏热忱，给人的感觉就是一种为工作而工作的，让人丝毫感觉不到热情，因此给他留下了相当不好的印象。

此外，对方既没有明确地说明究竟有多少人，也没有指明卡耐基演讲要以什么为主题，要他如何准备呢？对此，卡耐基肯定是没什么好感。

而第二家研究机构的负责人是这样说的：

“恳请卡耐基先生莅临赐教，向我们传授一些中小企业管理者说话的诀窍。听讲人员是管理100名左右员工的企业管理者，预定人数为80人。此次演讲的主要目的，是希望让所有的参会者明白，不能用语言清楚地表达出自己，就无法成为优秀的管理者。希望您能将演讲时间控制在两个小时左右，内容锁定在：学好说话技巧的必要性、掌握好说话技巧的好处以及学好说话技巧的方法三个方面。希望您能给大家带来一场别开生面的演讲，万事拜托了！”

卡耐基明显地感到第二家机构的负责人信心十足，明快干练，语言表达思路清晰，向自己传达了高度的热情。更重要的是，对方在卡耐基提出问题之前就解答了所有的疑问，让他有了明确的准备目标，从而使他对于此次演讲也是非常期待。由此可见，这种邀请的方式是很能带给受邀者好感的。

显然，说服别人要讲究技巧，需要遵循一定的步骤，如同行军打仗一样，只有做到步步为营，才能稳中求胜。

1. 吸引对方的兴趣和注意力

在说服的过程中，为了让对方认同自己的观点或想法，首先要将对方的注意力和关注点集中到自己设定的话题上。利用“这对你来说是非常有利的”、“这件事，你觉得怎么样”之类的话题吸引他的注意力，让他有兴趣并愿意继续听下去。

2. 将自己的思想明确地表达出来

成功说服的关键因素就是能明白、准确、清楚地表达自己的思想。对方是否能够轻松听懂你的想法和计划，最重要的就是你如何运用语言技巧进行表达。

（1）将你所想表达的话题清楚、明白地表达出来，利用诸如“如此一来肯定能够使情况大有改善的！”之类的话，加深话题，以便让对方充分理解。

（2）为了让自己的表述更加生动，要善于运用比喻、举例等方法加深听者的印象。适当运用比喻和举例，能够使对方产生具体的印象，使枯燥抽象的道理变得简单易懂，使你想要表达的主题变成更加明确或为人熟知的事物。这样，就能在对方的脑海中产生鲜明生动的印象。

（3）说话时声音的大小、语调的高低、语速的快慢、停顿的长短、口齿的清晰度等都是不容忽视的。

（4）说服不只是舌尖上的事，所以，除了语言之外，你同时还必须通过适当的表情、肢体语言作为辅助。

3. 以情动人

说服之前要准确掌握对方的心理，这样才能有效地打动人心。通过你说服的内容，了解对方对此话题是喜好还是厌恶，是满足还是不满，然后再顺势动之以情，晓之以理，诱之以利，告诉他按照你的建议做的好处，不断地刺激对方的激情和欲望，直到他跃跃欲试为止。

一般而言，人的思维和行动都是由意识控制的，就算受到他人或外界的干扰或强迫，也是不容被改变的。因此，如果想以口服人，必须意识到说服的主角是对方而不是自己。也就是说，说服的目的是借对方之力为自己服务，而不是要压倒对方，因此，以口服人一定要从感情深处出发。

4. 为对方指出具体做法

做好了前面的准备工作，最后就可以告诉对方应该怎样付诸行动了。你务必要让对方清楚明白他应该做什么、怎样做、做到什么程度最好等。到了这一步，对方通常就会很痛快地按照你说的去做了。

三、说服，讲究原则很重要

被誉为“音乐之父”的著名音乐家海顿，曾经担任过斯合哈奇公爵府邸乐队的队长，领导着30名乐手。

有一天，公爵突然决定遣散这支乐队，这就意味着海顿和30名乐手将要丢失饭碗。乐手们一时心慌意乱，不知所措。

海顿心想：公爵决定过的事情一般是很难改变的，无论怎样央求，都无济于事。想来想去，他突然灵机一动，马上提笔谱出了一首《告别曲》，准备拿到遣散会上，作为一次独特的告别演出。

这是最后一次为公爵演出，因为遣散乐队的决定已经宣布，乐手们已经万念俱灰，但看在平时和公爵在一起的情谊上，还是十分卖力地演奏起来。

乐曲开始时欢快、优美、轻松怡然，将乐手与公爵的美好友谊表达得淋漓尽致，公爵不由得感动起来。渐渐地，乐曲由明快转为平缓，又由平缓转为黯淡，悲怆的情绪起来了，像秋天的浓雾一般在大厅里弥漫开来。

这时，一名乐手停了下来，吹灭了乐谱架上的蜡烛，站起身来深深地向公爵鞠了一躬，然后悄悄地离开。接着，又一名乐手以同样的方式离开……乐手们一个接一个地相继离开了。最后，空荡荡的大厅里只剩下海顿一个人，旁边一支蜡烛在黑暗中静静地闪烁着。

海顿停止了指挥，默默地向公爵深深鞠了一躬，慢慢地转过身也要离开。

这时，公爵的情绪已达到了顶点，再也忍不住了，大叫起来：“海顿，这是怎么回事？”

海顿平静而又诚挚地回答：“尊敬的公爵大人，这是乐队的全体同人在向您做最后的告别啊！”

公爵突然醒悟过来，几乎流出眼泪说：“啊！不！请让我再考虑一下。”

就这样，海顿和30名乐手，靠演出《告别曲》的奇特氛围使公爵将他们留了下来。

海顿清楚地了解公爵的性格，为了说服公爵放弃解散乐队的决定，他导演了一场别开生面的告别会，最终使乐队得以保留。

在说服中，为了实现目标可能采取的方法有很多，你的想象力越丰富，所能采取的方法就越多。但是为了尽快达到说服的目的，我们需要选择一个最正确的方法。所谓“没有规矩不成方圆”，说服中选择说服方法必须遵循一定的原则。

1. 说服方法与说服目标相互依存

就像上述案例中，海顿不想让乐队被遣散，也就是说，海顿的目标是——保住乐队，但是如果他找不到实现这个目标——说服公爵的方法，那仅仅有目标又有何用？所以，一个缺乏正确方法的目标是毫无意义的。

当然，没有目标的方法也是徒劳无功的。比如，你准备好了行李，要去远行，有很多交通工具可以选择：飞机、火车、轮船等，但是你却不知道自己究竟要去哪里。这个例子也许看起来有些荒谬，但是却非常形象地说明了没有目标的方法是毫无用处的。

目标与方法是相互依存的，你对目标的明确程度必然与你所采取的方法的明智程度有着必然的联系。此外，你对听众的需求与兴趣的熟悉程度也会影响你对方法的选择。一旦选择了正确的说服方法，它就会像一个救生圈一样为你的说服工作提供保障。

2. 说服方法因人而异

俗话说：“见什么人，说什么话。”在说服别人的时候要做到因人而异，否则很难达到说服的效果。一般情况下，说服因人而异需要考虑以下几个因素：

（1）年龄的差异。说服年轻人，应该使用具有煽动性的语言；面对中年人，重要的是要为他们讲明利害，供他们斟酌；面对老年人，应该采取商量的口吻，表现出尊重的态度。

（2）性格的差异。如果对方是个性格直爽的人，便可以单刀直入；如果对方属于性格迟缓之人，则要循序渐进，“慢工出细活”；如果对方生性多疑，切忌处处直白，应该在不动声色中使其疑惑自消。

（3）职业的差异。尽量使用与对方所掌握的专业知识关联较紧的语言与之交谈，这样对方对你的信任感就会大大增加。

（4）文化程度的差异。一般来说，对文化程度较低的人应采取简单明确的方式，尽量多使用具体的数字和例子；对文化程度较高的人，可以采取抽象说理的方法。

（5）性别的差异。对男性，应该采用直接、较强有力的语言；对女性，则应该采用温柔、委婉的口吻。

3. 使用对方熟悉的语言

说服这件事，仔细研究起来，是非常复杂的。有时，可能只是因为用错了一个字，就会无端引起对方的反感甚至恼怒。在我们生活的社会中，各个阶层、各种宗教、各种信仰的人，他们各有一套习惯用语，一套说话的习惯。说服高手对这方面的知识是非常看重的，他们明白，要想和别人建立更深的关系，把握对方惯用的语言是一条捷径。

4. 及时调整自己的说服方法

语言是很奇妙的，同样的内容，可以用多种不同的方式来表达。在说服过程中，要随时关注对方的反应，发现对方表现出迷茫不解，或不以为然的表情时，我们要立即顺风转舵，改变初衷，变换一种更好的方式。说服中，我们要随时反省自己：我说的话对方能接受吗？说出的话是太直白了，还是太含蓄了？是讲得太深奥了，还是讲得太肤浅了？是将问题分析得太复杂了，还是太简单了？使用的词语是太文雅了，还是太粗俗了？

四、说服的场所，你会选吗

在听人说话的时候，我们都会被周围的人、事、物所影响，所以说话时还必须考虑到周围的环境，否则很容易会事倍功半。因此，在说话时最好能注意周围的环境，如果说话场合选得不对，有时即使是再动听的话语也很难打动别人的心。

在红遍全国的宫廷剧《甄嬛传》中，甄嬛因失子之痛，伤心过度不能自拔，终是失宠。但富察贵人的挑衅与侮辱最终让她看清残酷的现实，为了重获皇帝的欢心，她要人找来蝴蝶。在众人的帮助下，引来了前往倚梅园祈福的皇帝。

只见冰天雪地，皑皑白雪中，甄嬛跪在红梅之间，虔诚地为皇帝、为大清祈祷。在转身回眸之间，皇帝眼见蝴蝶围绕甄嬛纷纷飞舞，美不胜收，即刻为其倾倒，甄嬛最终也再次赢得了皇帝的恩宠。

皇帝本来就对甄嬛心怀愧疚，再看到她跪于雪地之中，虔诚地祈祷，在白雪与红梅的映衬之下更是显得格外艳丽，当然会心生怜爱，再加上蝴蝶飞舞，如此美轮美奂、动人心弦的场景，怎会有不动心之说？不得不说，甄嬛这个场所选得实在是妙，场景造得实在是美，重获君心是必然之势。

因此，我们在说话时一定要选对场所，要懂得选择能够让对方安心“听话”的场所，这样才能事半功倍。在选择最容易达到说服效果的场所时，可以从以下几个方面来考虑。

1. 选择舒适、不易扰乱人心的场所进行说服

人在复杂的社会中生存，会在不同的场合戴上不同的面具。比如，上班时一本正经，回家后随便轻松。因此，在说服对方的时候，就要考虑到这一点，选择在对方比较放松、随和的时候对其进行说服。而在舒适的场所，如娱乐场所、餐厅、家中等场合，多数人都会摘掉严肃的面具，放松身心。在这样的场合下，气氛和悦，什么事情都可以商量。

此外，在进行说服的过程中，对方容易受到外在条件的影响，而一旦受到外界刺激就会分心。首先是外在条件对眼睛的刺激，比如，以下几个场所是不易进行内容比较复杂的说服工作的：人来人往、墙上贴有图片或挂图之类碍眼的东西、电视正在播放精彩节目等地方；其次是外在条件对耳朵的刺激，比如，别人的电话声、旁边的笑声等都会分散人们的注意力，

使说服不易进行下去。

2. 选择与对方性格相适合的场所

具体的可以分为下面的几种情况：

（1）面对处理任何事都讲究效率的人，最好选择较有格局设置的场所，如酒店里的附设餐厅、西餐厅、快餐店等。在这些场所开展说服工作成功率比较高，因为保持适度的紧张氛围有助于提高说服的效果。

（2）面对比较直率、干脆的人，可以选择那些不受拘束、比较随意的场所，如咖啡厅、餐厅、桑拿浴室等，在这些地方使人有随意的感觉，能够开诚布公、坦率干脆地说话。

（3）面对相处得不太融洽的人，要选择有气氛的场所，如卡拉OK、酒吧等地方边唱边谈。这样在照明昏暗的场所，双方更容易拉近距离。

3. 根据双方的特点选择场所

想要说些对自己有利的话时，可以选择自己熟悉或常去的地点。因为在这些地方我们会有安心感，所以也不用很小心翼翼地注意着周围的环境，能够更安心地进行说服。

如果对方是个很难被说服且有高度警戒心的人，就要选择到对方比较熟悉的地点，这样能让对方放松心情，解除戒备，为说服减少阻碍。

若是双方差距较大时，比较占上风的人总希望到对方的场所去，因为专门到对方的场所进行说服表示了一种诚意。如某公司的经理经常亲自到员工工作的场所，他利用每天巡视的机会轻松地走入员工的工作现场，和他们闲话家常，让员工们感觉无比温馨。所以，每当员工之间发生任何问题，只要该经理出面说服，问题就能马上得到解决。

4. 灵活选择复数场所、单数场所

所谓复数场所，是指除了被说服者以外还有其他人在场的场所；而单数场所，则是指只有被说服者和说服者一对一的场所。

复数场所的说服，能够使在场的其他人也了解说服的内容，这样，如果对方事后佯装不记得，在场的其他人可以充当证人，让对方无法佯装不知。但是，在复数场所进行说服也有它的不足，就是周围人的存在会给对方的心理造成一定的负担，对方很可能会因为面子问题而产生抵触心理，从而为说服增加困难。因而，如果你面对的是一个自尊心极强的人，那么，选择单数场所进行说服，阻力会更小一些。

选择最有利的场所，能够提高说服力。可是，有的时候也会出现自认为选择一个很合适的地点，但说服仍不见成效的情况。这时，不妨换个场所，比如从狭窄的场所换到宽敞、视野开阔的地方，从宽敞的空间换到狭窄的空间，从明亮的地方换到昏暗的地方等，也许因为场所的突然转换，会使说服的成功率得到提高。

五、不了解对方的想法，你就无法有效沟通

在英国工业革命方兴未艾之际，因发明发电机而闻名的法拉第，为了得到政府提供的研究资助，去拜访首相史多芬。

法拉第带着一台发电机的雏形，满腔热忱并滔滔不绝地讲述着这项划时代的发明，但史多芬却没表现出多大的兴趣，一副漠不关心的样子。

事实上，这是无可奈何的事，史多芬是一位了不起的政治家，但要他看着这种周围缠绕着线圈的科技发明，然后想象它对后世产业结构带来的巨大影响，实在是太困难了。

但是，法拉第说了下面的一段话却使原本态度冷淡的史多芬变得格外兴奋。他说道：“首相，这个机械将来如果能被普及的话，必定会增加税收。”显而易见，首相听了法拉第的这句话，肯定会对他的发明异常感兴趣。其原因就在于这个发电机的投产必定会获得相当大的利润，而利润增加必定会使政府得到一大笔税收，首相关心的关键点就在于此。

要想说服别人，必须首先透彻地了解对方的想法，对别人的思想、感觉、看法了解得越清楚，就越能增强说服力，也就越能帮助别人剖析疑难，指点迷津。法拉第正是清楚地明白首相心中所想，才顺利地打开了突破口，赢得了政府的支持。

所谓“知己知彼，百战不殆”，在进行说服之前，首先要透彻地了解对方的情况，以便进行有针对性的说服，进而促使对方的应允。

1. 了解对方的性格

性格不同，则接受他人意见的方式和敏感程度也就不同。对方的性格是属于急躁型还是稳重型，是自负又胸无点墨的人，还是谦虚又有真才实学的人。掌握了对方的性格，就可以根据他的性格特征进行针对性的说服。

2. 了解对方的兴趣爱好

有的人喜欢游泳，有的人喜欢旅游，有的人喜欢品茶、运动、绘画等。每个人都喜欢谈论和从事自己感兴趣的事物，从这方面着手，使对方打开“话匣子”，然后再对他进行说服，更容易达到目的。

3. 了解对方的长处

一个人的长处是他最熟悉、最了解、最关心的领域。在说服别人的时候，从对方的长处着手，一方面能够使自己轻松地和对方谈到一起；另一方面，谈论的内容容易使对方理解，则更容易说服他；再者，可以将对方的长处作为说服他的一个有利条件。

4. 了解对方的真实想法

一个人坚持某一种想法，并非偶然，除了表面的一些理由，可能还有深层次的原因，而正是这种深层次的原因才是他的真实想法。也许他担心自己真实的想法会让人看不起，所以难以启齿。因此如果能真正了解对方的苦衷，就能采取有针对性的措施加以解决。

5. 了解对方的情绪

影响对方情绪的因素很多，如谈话前其他事对对方造成的影响仍在起作用；谈话时对方的注意力还集中在其他事情上；对方对说服者的看法和态度等。所以，在说服对方之前，要设法了解他当时的情绪，这也是说服成败的一个重要环节。

当然也不可能每次都能做到对被说服者进行“调查”，如果事先无法了解听众，你就应该在正式交谈之前适时地提问几个问题，临时抱佛脚，如“你在哪里上班？”、“你是做什么工作的？”、“最近工作怎么样？”……

如何了解对方蕴含着丰富的学问，许多人不能成功说服对方，就是因为没有仔细研究对方，也没有采取适当的方式“刺探敌情”，就急于下结论，还以为自己早就将对方“一眼看穿”。这就像那些粗心的医生，不了解患者的病情就随便开药，当然会碰钉子了。

总之，在开始说服之前，你应该寻找一切机会，尽可能多地获取对方的信息，了解对方的情况。了解得越多，说服成功的概率就越大。

六、“白纸黑字”的说服力

生活中常见这样的情况，销售员在推销商品的时候，一定会用到宣传单；电视购物频道中，购物专家在推销时，总会手拿标示商品特色或规格的纸板作为辅助说明；保险销售到了最后，准客户肯定会仔细阅读保险合同，才肯最终做出决定……这些都是因为“白纸黑字”具有绝对说服力的缘故。在销售中，“白纸黑字”又被赋予了一项功能——给予准客户安全感，帮助准客户迅速做出决定。

说服对方，人们更多采取的是文字表达的方法，但是，与口头表达相比，“白纸黑字”式的文字表达方式在影响力和说服力上有时会更胜一筹。

（1）写出来的文字能够反复检查，不容易犯错误。

（2）能够有充分的时间做出最完整、最有调理的表达。

（3）通过写出来的文字，可以让对方清楚每一个字、每一句话的意思。

（4）一般而言，当一个人将诉求写下来的时候，因为会不断地唤起记忆，所

以可以写出更多的于自己有益的内容，进而强化自己的诉求。

（5）如果阐述的是我方的优势内容，可以让对方反复思索我方的诉求，强化对对方的影响。

（6）避免自己受到对方的不当干扰，以保持自己的一贯立场。

（7）可以作为日后检讨或回顾的依据。

与“口头表达”相比，“白纸黑字”能跨越时间、空间的限制，能够清楚地传递给更多的人，也更便于留存，因此，能够产生更加深远的影响力。

一个人“听人说话”和“阅读一段文字”，最大的差别就是，“听”的时候思考的时间较少，人们不习惯联系更多的信息；“读”的时候则因为有较充足的时间，可以随时停下来进行思考，如此一来，文字的影响力在无形之中就得到了增加。

因此，在需要说服别人时，不妨考虑一下，除了口头表达文字之外，是否可以运用“白纸黑字”来助自己一臂之力？

值得注意的是，尽管“白纸黑字”能够产生非凡的说服效果，但是它需要较多的准备时间，因此，很可能因此错过最佳的说服时机而影响说服力。因此，运用“白纸黑字”增加说服力就要能够挑选正确的时机和对象，这样才能发挥它的最大功效。

（1）被说服者不愿意或没有时间听你说话。在这种情况下，可以运用“白纸黑字”的方式，将你想要表达的思想有逻辑地写下来，以公文、信件或电子邮件的形式传递给对方。对方可能会在情绪稳定或手头的事情告一段落后，重新考虑你的观点或建议。

（2）被说服者属于“阅读型”的人。在现实中，有的人习惯于用耳朵听以获得信息，有的人则反而更习惯或喜欢通过演讲阅读获得信息。如果你面对的说服对象是属于“阅读型”的人，那么，这就是使用“白纸黑字”的最佳时机了。

（3）如果你想说服众多的人，或是没有特定的说服对象，比如，你要说服的对象是公司员工、全班学生，甚至是路上的行人，这时使用“白纸黑字”将比口头表达更有效率和影响力。

七、倾听，也是一种说服力

美国汽车销售之王乔·吉拉德在一生的推销生涯中，卖出了10 000多辆汽车，其中有一年卖出1 425辆汽车，这一纪录被载入《吉尼斯世界纪录大全》中。在工作中，他曾有过这样一次深刻的体验。

一次，一位名人向他买车，乔·吉拉德推荐了一种最好的车型给他。那人对车很满意，并掏出10 000美元现钞，眼看就要成交了，可是对方却突然变卦离去。

乔·吉拉德为此事懊恼了一下午，百思不得其解。到了晚上11点他忍不住打电话给那人："您好！我是乔·吉拉德，今天下午我曾经向您介绍一辆新车，眼看您就要买下，为什么却突然走了？"

"喂，你知道现在是什么时候吗？"

"非常抱歉，我知道现在已经是晚上11点了，但是我检讨了一下午，实在想不出自己错在哪里了，因此特地打电话向您讨教。"

"真的吗？"

"肺腑之言。"

"很好！你在用心听我说话吗？"

"非常用心。"

"可是今天下午你根本没有用心听我说话。就在签字之前，我提到我的吉米即将进入密执安大学念医科，我还提到他的学科成绩、运动能力以及他将来的抱负，我以他为荣，但是你却毫无反应。"

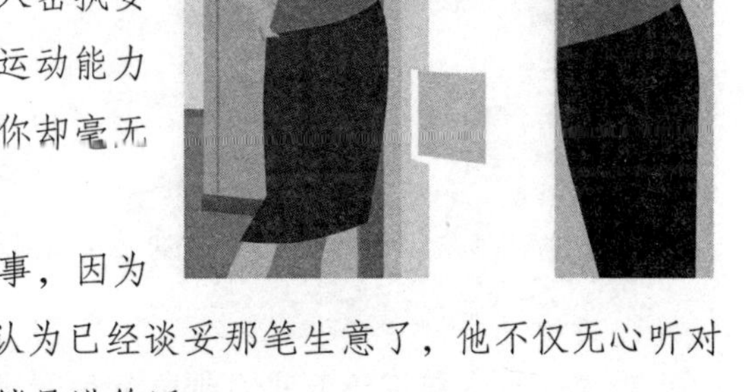

乔·吉拉德不记得对方曾说过这些事，因为他当时根本没有注意。乔·吉拉德当时认为已经谈妥那笔生意了，他不仅无心听对方说什么，反而在听办公室内另一名推销员讲笑话。

乔·吉拉德之所以失败，是因为他没有认真倾听顾客的话，没有让自己的思路跟上讲话者的思路：顾客除了买车，还希望得到他人对自己优秀的儿子的称赞。

许多人认为，想要说服对方就要使尽浑身解数，口若悬河、滔滔不绝，却不去

注意对方的兴趣和心理感受。事实上，说服不是一个人的“独角戏”，而需要两个人的互动。所以，我们要给对方留出充分的发言机会，顾及对方的感受。

倾听不是简单机械地接受，而是要在“听”的过程中思考、理解，并做出必要的反馈。

1. 要有良好的精神状态

如果一个人处于心慌意乱或萎靡不振的状态下，倾听的效果是不会好的。所以说，良好的精神状态是实现高质量倾听的前提。在沟通和倾听的过程中，要保持大脑清醒，提高大脑的警觉度，使自己的神经时刻处于兴奋状态，这样有助于我们获得更加丰富和准确的信息。

2. 用动作和表情做出及时的回应

谈话过程中，要善于利用自己的姿态、表情、动作对对方的表述做出回应。比如，坐正并且直视说话人、不时地点头表示自己理解了。在合适的时候，你也可以微笑、皱眉、大笑或者是保持安静。这些都是让说话人了解你是真的在倾听的方法。记住，你是同时使用面部和耳朵倾听的。

3. 要有耐心，不要随便打断别人讲话

在对方说完后，你可以表示自己有不同观点或者反驳对方，但一定要等对方将他的意思表达完，千万不要随便打断对方的话。即使对方说的某些内容是你不想听的，也要耐心听完。因为当别人流畅地讲话时，随便插话打岔或者发表评论，都是不礼貌的行为。尤其是在对方情绪激动、言语表达有些零散甚至混乱的时候，作为听众更应该耐心地听完他的叙述，以安抚对方的情绪。

4. 适时适度地插话和提问

想要使别人对你感兴趣，那就先要对别人感兴趣。在倾听的过程中，适当地针对讲话者的内容提出一些问题，能让对方感到你确实在跟着他的思路走，从而受到鼓励，有助于双方的沟通。

除了提问之外，听者还应该以认真聆听为主，以适时插话为辅。插话的频率要恰当，内容要有所选择。插话的内容大致分为两个方面，一个是对对方讲的话表示赞赏和肯定，比如："对！"、"有道理！"、"我觉得也是"等；另一个是启发和引导，如"后来呢？"、"能举个例子吗？"等。

八、站在对方的立场上看问题

松下幸之助创业之初，产品销售不畅，为此，他拜访了各地的代理商，希望他们能支持自己。

在代理商聚会上，他说出了自己的想法："公司发展到今天，得力于诸位的支持。在此，拜托各位希望大家能用一流的价格买下我公司生产的产品。"

代理商们一听，顿时像炸了马蜂窝。天下有这样做生意的人吗？自己都认为是二流的产品，却让别人掏一流的钱买。傻子才干呢？

松下幸之助当然理解代理商们的想法，接着说："诸位都知道，现在全国只有一家生产一流灯泡的公司，那么，即便它是天价，你也得买。"

代理商们纷纷点头："是啊！有什么办法呢？其他厂家生产不出一流的灯泡啊！"

松下幸之助接着解释说："本公司就是因为资金不足，虽然一流产品试制成功，却无法投入生产啊！"

看到这番话引起了代理商们的兴趣，松下幸之助不失时机地说道："这次拜访诸位，就是希望各位能以一流产品的价格暂且买下我们的二流产品。那样，一家垄断的局面就会被打破，价格自然也会降低。那时，我一定好好答谢各位。"

代理商们明白了松下幸之助的意思，也被他的诚意感动，开始有人同意他的想法。最后，那些持观望态度的代理商也为松下幸之助解囊相助了。当然，作为回报，在以后新产品的销售中，松下幸之助对那些曾支持他的代理商给予了一定的优惠价格。

松下幸之助之所以能够成功说服代理商用一流的价格买二流的商品，就是因为

他能够站在对方的立场上，抓住了代理商的利益追求点：降低灯泡的价格，因此，他才能达成自己的目的。

说服的过程是让对方理解、付诸实践等一连串步骤，而最终的目的是满足自己的欲望。如果我们在说服别人的过程中，能够站在对方的立场上看问题，就可以知道对方在想什么、想要得到什么、不想失去什么，那么，说服也就会事倍功半。

1. 事先确认劝说究竟是为了谁

如果你心中有自觉，说服他人，并不是为了自己，而是为了对方着想，并认为“这是再自然不过的了”，那你便掌握了成功说服的钥匙。但是却很少有人能够真正做到这一点，在劝说别人的时候，几乎所有的人都会忘记这个最基本的要求。因此，即使你学了多种技巧也无法成功。这就好比在不稳固的地基上，建造设计自己理想中的房屋，但房子随时都会有倾倒的危险。所以当你准备说服某人的时候，务必事先确认此次劝说活动是为了谁。成功地说服是建立在为对方着想的基础上的，这一点千万不可忘记。

2. 事先确认自己的劝说态度

在你试图说服别人之前，必须确定你究竟希望对方做出怎样的行动。具体而言，此时你只需考虑自己的想法，无须顾忌对方的情况。当你直接披露自己真正的想法的时候，你就会彻底地清楚，你的劝说内容究竟是利己，还是在为对方着想。所以，在这个阶段，一定要先要求自己做到坦白内心真正的想法。

3. 设身处地为对方着想

一般而言，说服中之所以会产生将自己的思想强加给对方的局面，是因为我们没有实现设想到对方的反应。在展开说服之前，事先假设自己是那位被说服者，设想自己面对这样的说服会做出什么反应。

在说服中，要想避免将自己的意志强加到别人身上，就要事先做好调查：

（1）对于已经设定的劝说目标，自己是否能够接受？

（2）如果自己不能接受，别人能够接受的程度是多少？

（3）对于自己常用的劝说方式，自己能否接受？

（4）当听到什么样的劝说内容时，自己才会愿意付诸行动？

4. 适当调整自己的真实想法与为对方考虑的想法

在弄清楚自己的真实目的后，如果贸然付诸实践，依然容易导致失败。因此，还必须站在对方的立场上对自己的真实目的进行思考，并加以研究。由于立场不同，结果必定会相互抵触。那么，就需要认真考虑两者之间的差异究竟是什么？是否能够消除？消除的具体方法是什么？如果不能消除又该怎么办？这些问题，其实只要你的头脑里存在“劝说是为对方着想”的观念，一切都能迎刃而解。

九、对方的性格，决定你的说服策略

胡洛克是美国非常著名的音乐经纪人，他与许多闻名世界的艺术家都有着交往。这些艺术家脾气古怪，有着各种各样的怪癖。但是胡洛克却有一套与他们交谈的方法。

查理亚宾是当时最有名的男低音之一，胡洛克曾当过他的经纪人。胡洛克对查理亚宾的评价就是：“他是一个非常令人头疼的家伙，就像一个被宠坏的孩子。”

有一次，查理亚宾要在某地演出，中午的时候，他给胡洛克打电话说：“先生，我觉得我的喉咙很不舒服，所以今天晚上我不能登台了。”胡洛克听后马上赶到了查理亚宾住的宾馆。

胡洛克一见到查理亚宾就对他说：“我可怜的朋友，你不能演唱了，那我立刻通知取消这场演出。当然，这仅仅会让你损失一两千美元，但和你的名誉相比，这根本算不了什么。”

这时，查理亚宾松了一口气，又说道：“也许，你最好在下午五点的时候再来一趟，看看我那时的状态怎么样。”

下午五点，胡洛克又来到查理亚宾的宾馆，查理亚宾还是在犹豫究竟要不要登台，最后他叹了口气说：“也许你等一会儿再来，我可能会好点。”

到了晚上七点半的时候，查理亚宾终于答应登台了。不过他要求胡洛克到舞台上向观众宣布，他感染了重伤风，嗓子不是很好。胡洛克应付性地答应了他，终于，这位伟大的歌唱家克服了心理“疾病”，登台演出了。

世界上有多少人，就有多少种性格，因而也就有多少种说话方式。要想说服别人来达到自己的目的，必须首先解对方乐于接受什么样的说话方式，这样才能在进行说服时顺势推展，最终取得预期的结果。

那些粗心的人，只会随意地说：“今天上市的西瓜可新鲜啦！”这样一句话也许就能让对方掏钱买西瓜。但是如果对方是一个仔细的人，你就不能用太随便的方法对待他，而应该小心地向他建议：“先生，要不要尝尝今天刚上市的大西瓜？”这句话或许就能引来他驻足观赏，并进一步考虑是否购买。面对不同性格的人，想要说服他，就要采用不同的说话方式。

1．沉默寡言型

这种人话少，问一句才会说一句。这不要紧，即使对方反应迟钝也没关系，对这种人该说多少就说多少。因为这种人表面上看似不太随和，但只要你说的话言之有理、顺耳中听，你便有可能达到说服他的目的。

2．喜欢炫耀型

这种人好大喜功，总是喜欢把“我如何如何”挂在嘴上，这种人最喜欢听恭维和称赞的话。你要耐心、仔细地聆听他的炫耀，最好能够适时地对他称赞一番，听得越用心，称赞得越充分，你说服他的成功率就会越高。

3．尖酸刻薄型

这种人十分让人讨厌、令人难以忍受，好像他们天生只会说一些刻薄话一样，好像控告他人、贬低他人、否定他人是他们生活的唯一乐趣。毫无疑问，说服这类人是最困难的，有时甚至是他们心里已经决定答应别人的要求，而嘴上却还在不停地说不行不行、答应后如何如何不好等。

这种人往往不能证明自己，所以更希望得到别人肯定的态度。对于这种人，关键是不要被他的难听话所吓住，也不要直接表现出你的反感，而是要采取一种不卑不亢的高姿态并随机应答，这样才会收到好的说服效果。

4. 优柔寡断型

这种人遇事没有主见，往往消极被动，难以做出决定。说服这种人，你就应该牢牢抓住主动权，充满自信地运用语言技巧，不断地向他提出积极而富有建设性的意见，多运用肯定性的语言，多做些有关回报保证的承诺，甚至替他考虑接受自己建议后的益处，当然不能忘记强调你是从他的立场来考虑问题的。这样有助于他做出决定，或在不知不觉中替他做成决定。

5. 讨价还价型

这种人对讨价还价有特殊癖好，即使是满足别人一些微不足道的要求也非要讨价还价不可，并且往往也为自己讨价还价的能耐而自鸣得意。应对这种人的办法比较简单，可以在口头上做一些小小的恭维，比如可以这样对他说："我可是从来没有碰过像你这样乐于助人的人啊！"或者说："给我个面子，怎么样？"这样，可以多少满足一下他的自尊心，既让他觉得比较合理，又能证明他的精明。

6. 性情温婉型

这种人如果没有充分了解每一件事，你就不能指望他会做出决定。对于这种人，必须以其人之道还治其人之身，千万不能急躁、焦虑或向他施加压力，应努力配合他的步调，脚踏实地地去证明、引导，慢慢地就会水到渠成。

7. 性格急躁型

这种人往往精力过盛，做什么事情都快，因而对待这种人要精神饱满，清楚、准确而又有效地回答对方的问题，回答问题如果太拖泥带水，他们可能就会失去耐心，没听完就走。对待这种人，说话应注意简洁、抓住要点，避免扯一些闲话。

8. 猜疑心重型

这种人容易猜疑，容易对他人的说法产生逆反心理。说服这种人的关键在于让他了解你的诚意或者让他感到你对他所提疑问的重视，如："你提的问题切中要害，我也有过这种想法，但……"，等等。这样，他会认为你在说真话，于是会认真向你提供你所需的帮助。

十、4个对策，说服别人轻松搞定

有一次，英国著名诗人拜伦在街上散步，看见一位盲人身前挂着一块牌子，上面写着："自幼失明，沿街乞讨。"可是路人都好像没看见一样匆匆而过，很长时间，盲人手中乞讨用的破盆子里还是没有一毛钱。拜伦走上前去，在盲人的牌子上加了一句话："春天来了，我却看不见她。"一句话激起了人们的同情心，过路人纷纷伸出援助的手。

盲人的乞讨理由是从自己角度出发的，很难让路人体会到自己的辛酸和不易。而拜伦的一句话则很容易引起人们的共鸣，春天来了，大家有目共睹，但后面的"我却看不见她"，不禁让人们想象如果自己也看不见这春天的景色将会多么凄惨和遗憾，对乞讨者的同情也就油然而生。

可见，说服人不是一件简单的事，在这个过程中，有的人常常走入歧路。他们习惯先想好几条理由，然后再去和别人辩论；或者是以长辈的身份，用教训的口吻，指点别人应该怎样做。殊不知，这样的做法一开始就是将对方推到了错误的一方，使双方处在了一种敌对的状态，最终往往收不到较好的效果。

说服别人的方法和技巧有很多，下面介绍几种比较简便和实用的方法：

1. 以热忱的情感感化他

当一个人被说服的时候，他最担心的是可能会受到伤害。因此，在一开始他就会在思想上砌起一道墙，在这种情况下，无论你再讲什么道理他都是听不进去的。解决对方这种心态的最好办法，就是用真诚的态度、满腔的热情来对待他。在说服他的时候，要用自己的热情来感化他，打破他的心防，让他从内心中受到感动，从而改变自己的态度。

2. 以高尚的动机激励他

一般情况下，每个人都崇尚高尚的道德、正派的品质。所以，在说服一个人的时候，用高尚的动机来激励他就是一个非常有效的办法。比如，告诉他这样做能够给家庭、子女或自己的生活带来什么有利影响，或能够给公司、国家带来什么好处。这样往往能更好地启发他，让他做应该做的事。

3. 通过间接的方式让他改变

想要说服对方，如果直接指出他的错误，他往往会采取防守的阵势并竭力为自己辩解。因此，比较好的一种办法，是通过间接的方式让他了解自己的错误，从而达到让他转变的目的。间接说服的方式有很多种，比如将指责转化为关怀；避开实质问题谈论与之相关的话题；以形象的比喻进行规劝；通过谈论别人或自己的错误来启发他；以建议的形式提出问题等。这需要说服者根据实际情况创造性地运用。

4. 让他了解更多的信息

很多情况下，人们之所以会产生不同的意见，是因为彼此所掌握的信息不同。有些人掌握的信息不全面，或学习不够，对一些问题有不同的理解；有些人听信了误传，对某些事情存在误解；还有些人是习惯于采用旧的做法，对新的做法不甚了解等。面对这些情况，作为说服者，你只要能够将更多的信息传递给对方，让他对问题有个全面的了解，他就会察觉到自己现在的行为并不像原来想象中的那样好，进而就会改变自己的想法，采纳说服者的新主张。

第二章

CHAPTER 02

对方微表情，你的读心术

微表情是一种本能反应、不受思想的控制、无法掩饰也不能伪装的表情，是了解一个人内心真实想法最准确的线索和证据。从浮现到消失，微表情一闪而过的时间不到 1/25 秒。而说服中的种种艰难之处，全在于个人无法洞察他人的内心，无法因时因地地和对方在心理上达成共鸣。所以你需要学习并掌握微表情心理学的知识，并在实践中运用，这样你才能够把握这一瞬间的真相，实现自己说服别人的目标。

一、小手势，大表情：一“手”看透对方心

美国南北战争期间，弗吉尼亚州的一位议员向林肯提出建议，让联邦政府放弃萨姆特和皮肯斯城堡及在南方各州的其他联邦产权。林肯听后不置可否，只给这个议员讲了狮子和樵夫的女儿的故事。

有只狮子深深地爱上了樵夫的女儿，于是听从樵夫女儿的提议，去向樵夫提亲。樵夫对狮子说：“你的牙齿太长了”，狮子到医生那里把牙齿拔掉了。樵夫又说：“不行，你的爪子太长了”，狮子又找医生，把爪子拔掉了。樵夫看到狮子已经解除了“武装”，就用枪把狮子的脑袋打开了花。

然后林肯说：“如果别人让我怎么样我就怎么样，那我最终会不会就是这个下场呢？”林肯说完这句话，攥紧拳头，加重语气说道：“我决不会听任何人摆布！”

林肯握紧的拳头震惊了四座，更是成为他的盟友们见面打招呼的标志性手势。

不自然的手势，会造成人与人之间交往的障碍；优美动人的手势，会使人心情愉快；柔和温暖的手势，会让人不由自主地产生感激之情；坚持果断的手势，会让人感受到某种力量。在当时的情况下，林肯握紧拳头显示的是一种自信、果断、坚决的力量，盟友们从中看到了他的坚定与决心。

在与人沟通中，手势已经成为其中很重要的一部分，它起着加强语言的力量、丰富语言的色彩等补充和说明的作用。有时候，它甚至能够作为一种独立而有效的语言进行使用。

1. 双手托腮

双手托腮的动作是为了不让疲倦的大脑陷入沉睡，而用手托住。这时，头部的重量是完全压在手掌上的，这个动作是常见的休息姿势之一。

在与人交谈时，对方做出这个动作，就是表明他不想参与到与你的沟通之中。

2. 托盘式手势

托盘式手势，就是双肘支撑在桌面上，两只手搭在一起，将下巴放于双手之上。对方摆出此种姿势就好像在说："你让我很感兴趣，我在仔细倾听你的话。"此外，这个姿势除了表示对方对你谈话的内容感兴趣外，还可以表达恭顺之意。

3. 触摸鼻子

触摸鼻子的手势一般是用手很快地摩擦几下鼻子的下沿，有时甚至只是轻微地触碰一下。如果说话者触摸鼻子表示他想掩饰自己的谎话，而听话者做出这个手势则说明他对说话者所说的话表示怀疑。

但是，有一点需要注意，触摸鼻子的手势要结合其他的身体语言进行解读，有时人们做出这个动作只是因为鼻子不舒服而已。

4. 遮住嘴巴

下意识地用手遮住嘴巴，表示说谎者试图掩饰自己说出的谎话。有的人是用几根手指或握紧拳头遮住嘴，有的人会假装咳嗽来掩饰自己遮住嘴巴的动作，但不管怎样，其暗含的意义都一样。

在会上发言的时候，看到听众捂着嘴，那是最让人不安的手势之一，因为那表示他们认为你的发言中可能隐瞒了某些事。遇到这种情况，应该停止发言并询问听众，"大家有什么疑问吗？"或者"大家有什么不同的观点可以提出来，让我们一起探讨一下。"另外，如果听众是双臂交叉抱在胸前，这个动作与遮住嘴巴的含义是一样的。

5. 抓挠耳朵

小孩为了逃避父母的责骂会用两只手堵住自己的耳朵，抓挠耳朵的手势则是这一肢体语言的成人版本。抓挠耳朵的手势也有多种变化，包括摩擦耳郭背后，把指尖伸进耳道里面掏耳朵，拉扯耳垂，把整个耳郭折向前方盖住耳洞等。

交谈过程中，如果发现对方有摸耳垂或扯耳朵的动作，这很可能是对方对你的话题反感或想发言的信号。这时，你不妨停止长篇大论，让对方发言。这样既是对对方的尊重，也能让对方积极地参与谈话，这样他就会觉得你是一个通情达理的人。

但是有的时候，这个动作意味着当事人处于焦虑或紧张不安的状态中，因此，我们要学会区分看待。

6. 指尖轻敲桌面

在交谈中，如果对方用指尖不停地敲击桌面，并发出清脆的声响，则暗示他可能正陷入某种思维困境，或是在思考解决问题的办法，或是处于犹豫不决中，不知道某个决定是否该下，也有可能这个人现在很不耐烦，想通过这种方式来减轻内心的压力。

7. 拉拽衣领

撒谎会使敏感的面部与颈部神经组织产生刺痒的感觉，于是人们不得不通过摩擦或者抓挠的动作消除这种不适。这种现象不仅能解释为什么人们在疑惑的时候会抓挠脖颈，它还能解释为什么撒谎者在担心谎言被识破时，就会频频拉拽衣领。这是因为撒谎者一旦感觉到听话人的怀疑，增强的血压就会使脖子不断冒汗。

当一个人感到愤怒或者遭遇挫败的时候，也会用力将衣领拽离自己的脖颈，好让凉爽的空气传进衣服里，冷却心头的火气。当你看到有人做这个动作时，你不妨对他说："麻烦你再说一遍，好吗？"或者"请你有话就直说吧，行吗？"这样的话会让这个企图撒谎的人露出马脚。

8. 抓挠脖颈

抓挠脖颈的手势就是用食指（通常是写字的那只手的食指）抓挠脖颈侧面的位于耳垂下方的那块区域。这个手势是疑惑和不确定的表现，相当于对方在说："我不太确定是否认同你的看法。"

当对方的口头语言和这个手势不一致时，矛盾就会格外明显。比如，某个人说："我非常理解你的感受"，但同时他却做出抓挠脖颈的动作，那么，你就可以肯定，实际上他并没有理解。

9. 突然紧抱双臂或双手叉腰

在交际场合中，谈话的某一方突然用两手紧紧地抱住胳膊，身体稍微有些向后仰或是双手叉腰，身子向前倾，这都表示他对对方的话持不赞成的态度。前一种姿势含有不以为然的意思，而后一种则表示欲与对方辩论，争出个是非对错来。

二、6招教你瞬间读懂对方的眼神

在成为主持人之前，孟非曾在一个印刷厂做工人。印刷厂设备落后，干半天工作，浑身就会沾染不少油墨。一天，孟非和同事们去别的单位食堂打饭。看到很多人熙熙攘攘地挤在一个窗口排队，孟非笑嘻嘻地与身后一个老工友讲："看咱们多幸运，这个队伍一点都不挤。"

老工人这时说了一句让孟非记了一辈子的话："那是人家嫌我们脏，所以宁肯在那边挤成一团，也不到这边来。"孟非这才注意到，那些人偶尔瞟过来的眼神警惕得如一头兽，好像他们是让人嫌恶的异类。

那天的午饭，孟非一口也没吃。在压抑和愤怒中，他想：一定要活出个样子来，让这些鄙视冷漠他们的人知道，这一队衣着污秽的工人，其实灵魂与他们一样干净，甚至心灵的花园比他们还要丰盈。十几年之后，孟非也终于实现了当初的宏愿。

俗话说"眼睛是心灵的窗户"，通过观察眼睛可以让我们探测到对方的内心世界。无论一个人心里正在想什么，他的眼神都会忠实地反映出来。当初的孟非正是从别人的眼神中看出了他人对自己的轻视，正是这种轻视的眼神给予了孟非更大的激励，促成了他今后的成功。

在与人沟通过程中，眼神接触是不可避免的。当你发表意见的时候，如果对方一直很认真地用眼睛注视着你，这说明他很愿意倾听；如果对方目光游离，则表示他内心充满怀疑，正在质疑你的想法。所以，要想成功地说服别人，就要看懂对方各种眼神所表达的含义，这样才能“对症下药”，找到突破口。

1. 眼神平静，无波澜

有些人无论你对他说什么，他都会保持目光平视，面不改色。一般这样的人属于知识渊博、沉着冷静类型，他们通常拥有良好的心理素质，有个人主见，当你要说服这样的人时，要保持耐心，不可操之过急，要尽可能地通过一些比较有见识的话来吸引对方倾听的欲望。

2. 眼神专注，直视一方

这类人固执、坚强，他们喜欢目不转睛地盯着一个地方看，但是他们对那些当下可以带来收益的意见是非常愿意倾听的。

3. 眼神惊讶，充满惊奇

有些人在听到一些比较新鲜、刺激的话题时，就会露出惊奇的表情。这样的人对未知事物具有强烈的求知欲，当遇到这样的说服对象时，只要能够抓住对方的好奇心，就可以将对方的注意力牢牢地吸引住。

4. 眼神游离，左顾右盼

当一个人产生厌烦情绪时，你会发现他的眼神游离，左顾右盼。那么，此时就表示他对于你的话已经感到厌倦，即使你再说下去也未必有效果。你应该将话题赶紧告一段落，或者趁机告退，或者寻找新的话题，说他愿意听的事。

5. 眼神鄙夷，上下打量

当对方由上而下打量你的时候，往往表示他对你抱有一种怀疑的态度，对你不信任。说服这类人，你就要以最快的速度消除对方对你的陌生感，逐渐淡化他对你的怀疑，这样才能打开交流之门。

6. 眼神中充满不屑，目中无人

在沟通中难免会遇到一些骄傲自大、自以为是的对象，这类人总是以俯视的目光与人交谈，并摆出一副高不可攀的姿态。这类人一般拥有较高的社会地位，做事小心谨慎。这样的人会对那些能够带来实际收益的事物表现出较大的兴趣，因此这就是说服者最有利的切入点。

三、看眉毛让你轻易了解真相

我的同学张惠是一名汽车销售员。一天，一位女士走进展厅，张惠立即上前为她介绍。张惠见这位女士愁眉紧锁就猜到她肯定是在购车过程中不顺心，于是就安慰道："女士，看您很累的样子，不如先过来休息一下，买车最重要的就是选择自己喜欢而且价格合适的，急不得。"

一句话正说中了这位顾客的心理，于是她便坐下来和张惠说起了购车的经过。张惠从顾客的口中知道了她想要的款式和价位，于是便向她介绍了一款同类型的车，但在价位上降了许多。顾客一看便眉毛上扬，显示出一种欣喜的表情，但很快又皱起了眉头，问道："价位低了，是不是性能不好啊？"张惠又马上做出了合理的解释，顾客听了很满意，最后眉开眼笑地买了那辆车。

不同的"眉语"也能表达人物不同的情绪。张惠从顾客的眉毛动作猜透了她的心理变化，最终促成最后的交易。

古人称眉毛为"七情之虹"，因为它可以表现出不同的情态。人们不仅能够通过眉语表情达意，还可以彼此进行交流，如我们常说的"挤眉弄眼"、"眉来眼去"、"眉飞色舞"等表现的就是一种交流或暗示。

1. 扬眉

双眉上扬且伴有闪动，表明此人处在非常愉快的情绪中，对你所讲的内容很感兴趣，对你的论断和观点感到欣喜或惊讶；但是如果对方是单眉上扬，即一条眉毛上扬，另一条眉毛下降，这样的表情就像是提出了一个大大的"？"，这就表示对方不理解、有疑问，对你存在怀疑或不理解的地方，这就需要你为对方做进一步的解释或证明。

2. 皱眉

如果交谈过程中，你提到的一个问题让对方皱起眉头，那么说明此刻对方正在思考你提出的问题，并且在思考后可能给出他的意见。这时，你应该积极引导对方在思考的过程中继续和你交流，而不是让你们的谈话出现空白。你可以询问对方："你是怎么想的呢？"、"你同意我的看法吗？"

3. 耸眉

耸眉是指眉毛先扬起，停留片刻后再下降。耸眉还经常伴随着嘴角迅速而短暂地往下一撇，脸部其他部位没有动作。耸眉所牵动的嘴型是忧伤，有时它表示的是一种厌烦和不欢迎，有时它则表示的是一种无可奈何。对方做出耸眉的动作，露出不愉快的表情，这时你要保持冷静，对对方的心理表示理解，用最有力的理由去说服对方。

4. 闪眉

眉毛闪动，是指眉毛先上扬，接着在瞬间再下降，就像流星划过天际，动作快速敏捷。眉毛闪动是表示欢迎的信号，是一种友善的行为。在两个人的对话中，眉毛闪动表示加强语气，当说话者要强调某个词语的时候，眉毛就会很自然地扬起并瞬间落下，像是在强调："我说的这些都是很令人惊奇的！"

除了以上的几种眉语之外，还有很多"眉语"。如果对方的眉毛迅速上下活动，一副眉飞色舞的样子，则明显说明他的心情很愉悦，在内心对你的话大加赞赏或有着强烈的心理共鸣；如果对方的眉角明显下拉，则说明他对你的话感到嫉妒、气愤和懊恼，这时候也就是"山雨欲来风满楼"的阶段，下一刻说不定就是他爆发的时候。

此外，心理学家指出，眉毛可以有二十多种动态，分别表示不同的心理变化。

眉毛正常，表示不做评论。

双眉上扬，表示非常惊讶或欣喜。

单眉上扬，表示不理解、有疑问。

眉头舒展，表示心情愉快、坦然。

眉毛迅速上下移动，表明心情非常好，内心赞同或对对方表示亲切。

眉毛完全抬高表示难以置信。

眉毛半抬表示大吃一惊。

眉毛全部降下表示怒不可遏。

眉头紧锁，表示对方内心忧虑或犹豫不定。

眉毛倒立，表示极度愤怒或气恼。

四、看不懂笑容，你就悲剧了

美剧《别对我说谎》中有这样一个有趣的情节：Torres 是刚加入调查组的新成员，他对上司 Lightman 的一些判断并不认同，后来新的证据表明上司的判断有可能是错误的。此时，Torres 浅浅地歪脸一笑，一边的嘴角微微上扬了一下，而这个细小的动作恰好被 Lightman 看到了。Lightman 提醒 Torres 说："先生，嘲笑自己的上司是白痴，是非常不明智的举动。" Torres 见上司识破了自己的心思，顿时羞愧不已。后来，Lightman 用事实证明自己的判断是正确的，Torres 对他心服口服。

笑，是一种内涵丰富的语言，通过它可以传递出诸多情感。笑，有微笑，有傻笑，有冷笑，有苦笑，还有哈哈大笑，皮笑肉不笑……不同的笑有着不同的含义。而不同的人也有不同的笑的习惯，有的人是含蓄地笑，有的人是爽朗地笑，即使是同一个人，在不同的场合和氛围中其笑的方式和内涵也有很大的区别。

在与人沟通的过程中，对方也会有很多发笑的时候，只有善于观察和分析对方的笑，才能发现笑容背后隐藏的真正含义，从中解读出对方的内心，从而更好地把握住对方传递出的信息。

1. 含笑

含笑是程度最浅的笑，不露齿，不出声，仅是面含笑意，一个人露出这种笑，就表示他待人友善，接受对方。在交谈过程中，对方含笑对你，即使是不喜欢你的话题也不至于怒目而对。

2. 微笑

微笑比含笑的程度稍深。主要表现为面部已经有明显的变化：嘴唇向上移动，呈弧形，但是牙齿不会外露。微笑是一种典型的表示友好的笑，是一种知心会意、充实满足的笑。在人际交往中，对方对你微笑，表示他是友好的，易于接近的，特别是一向严肃的人如果对你报以微笑，那么你得到他的认可的可能性就很大了。

3. 浅笑

浅笑表现为笑的时候抿嘴，所以又称为抿嘴而笑，下唇大多被含于牙齿之中，它多是年轻女性害羞时的笑。浅笑表示你说出的某些话让对方感到不好意思，对方表现出一种害羞的心理。

4. 轻笑

轻笑时嘴巴微微张开一些，上齿显露在外，但是不发出声响，它表示愉快、欣喜的情绪。在向熟人打招呼、会见亲友或者是遇上喜庆之事的时候人人常常会露出这种笑。对方对你轻笑，表示他很愿意见到你，或者对你的话题很感兴趣，有愿意接受你的心理。

5. 大笑

大笑是一种程度很深的笑：嘴巴大张，呈弧形状，上齿和下齿都暴露在外，口中发出“哈哈哈”的笑声，但是并没有过多的肢体动作。人们在开心、心情愉快或高兴万分的时候都会大笑。大笑说明对方的心情很好，内心充满愉悦之感，那么提出要他接受你的要求，则很有可能获得成功。

6. 苦笑

苦笑是心情不好而勉强做出的笑容，人们在遇到比较为难又无法解决的事时常常会苦笑而对，表现了内心的一种无奈和痛苦。在说服他人的过程中，如果你给了对方过多的压力或条件非常苛刻，对方一时难以做出决定，就会表现出无奈的苦笑。

这时，说服者不能再给对方施压，否则很可能适得其反，而应该真诚地为对方提供解决的方案，帮助他找到两全其美的办法，解除对方的无奈和痛苦，这样才能得到对方的信任和感激。

7. 掩嘴而笑

当人们发现别人犯了不该犯的小错误，或者做出比较怪异的动作、说出不合常理的话时就会掩嘴偷偷发笑，这种笑没有嘲讽的意思，而是带有善意。在与人沟通的过程中，如果说服者的认识或理由比较肤浅和幼稚，就会引起对方的掩嘴而笑。当发现对方掩嘴而笑时，你也不必感到尴尬，用幽默的方式自我解嘲，反而会显得你大方可爱，更能拉近彼此的距离。

8. 皮笑肉不笑

这是一种很轻蔑的笑，表示对别人不屑一顾，或者对别人的观点不敢苟同。这种笑经常出现在比较严肃的人脸上，如果说服者的理由或条件无法赢得对方的信任，他就会报以不以为然的笑。

面对对方这样的笑，你也不必灰心和失望，而应该积极地寻找突破口，适时地改变话题，引起对方的兴趣，并用翔实有力的证据证明自己的理由，进而使对方相信并接受自己的观点。

五、亲不亲近，看距离

一位心理学家做过这样一个实验，在一个刚刚开门的大阅览室里，当里面只有一位读者时，心理学家就进去拿椅子坐在他或她的旁边。实验进行了整整 80 个人次。结果证明，在一个只有两位读者的空旷的阅览室里，没有一个被试者能够忍受一个陌生人紧挨自己坐下。在心理学家坐在他们身边后，被实验者不知道这是在做实验，更多的人很快就默默地到别处坐下，有的人干脆就明确表示："你想干什么？"

这个实验说明了人与人之间需要保持一定的空间距离，任何一个人，都需要在自己的周围有一个自己把握的自我空间，它就像一个无形的"气泡"一样为自己"割据"了一定的"领域"。而当这个自我空间被别人触犯时就会感到不舒服，不安全，甚至感到恼怒。

美国人类学家爱德华·霍尔将人们之间的空间距离划分为 4 种。

1. 亲密距离

亲密距离是指两人的身体很容易接触到的一种距离，一般间隔在 15～45 厘米之间，甚至可以紧挨在一起，亲密无间。这种距离适用于情人或夫妻间谈情说爱，也适用于父母与子女之间或是很要好的朋友之间谈话，以给对方安慰和保护。

在人际交往情境中，亲密距离属于私下情境，只限于情感上有高度联系的人之间使用，如果一个不属于这个亲密距离圈子内的人随意闯入这一空间，不管他的用心如何，都是不礼貌的，会引起对方的反感，甚至会自讨没趣。

2. 个人距离

比亲密距离稍远一点，一般在 0.45～1 米之间。其特点是伸手可以握到对方的手，但不容易接触到对方的身体。通常熟人或朋友间的交谈多采用这种距离。在社交场合，某些人为了向对方表示一种亲近感也会采用这种距离。

在个人距离中，任何朋友和熟人都可以自由地进入这个空间，而陌生人进入这个距离就会构成对别人心理上的侵犯。

3. 社交距离

一般在 1.2～3.6 米之间，属于礼节上较为正式的交往关系，给人一种庄重感和严肃感。一般工作场合人们多采用这种距离交谈，给人一种庄重的气氛。在小型招待会上，与没有过多交往的人打招呼可采用此距离。

在社交距离的范围内，交谈的双方已经没有直接的身体接触，因此说话时应该适当地提高声音，彼此之间需要更充分的目光接触。如果谈话者得不到对方目光的支持，他（她）会产生强烈的被忽视、被拒绝的感受，这时，相互间的目光接触已经成为交谈中不可缺少的感情交流的形式了。

4. 公众距离

可分为接近型（3.7～7.6 米）和远离型（7.6 米以上），适用于公开演讲等公共场合，说明说话者与听众之间有许多问题或思想有待交流或解决。

公众距离是一种几乎能够容纳一切人的“门户开放”的空间，人们完全可以对处于这个空间内的其他人“视而不见”，不予交往，因为彼此之间未必会发生联系。

在演讲中，如果演讲者试图与一个特定的听众谈话时，他必须走下演讲台，使两人的距离缩短为个人距离或社交距离，才能够与听众实现有效地沟通。

心理学研究表明，空间距离与心理距离是密切相关的，通过彼此之间的空间距离，一般能够比较准确地判断出你与对方的关系和密切程度。在与人交谈中，可以通过对方与你保持的空间距离来测量他与你之间的心理距离，从而洞察对方的情感变化。此外还要善于运用空间距离的转换，使对方的心向你靠拢。

在影视剧里常常有这样的情节：一对尚未确定恋爱关系的男女一起过马路时，男方通常会趁机拉住女方的手，两个人的心就在那一刹那迅速拉近了，也就是在那个瞬间，两个人心照不宣地确立了恋爱关系。

由此可见，缩短空间距离，有助于拉近彼此之间的心理距离。商务交涉也是如此。如果在宽敞的会议室或者接待室洽谈始终没有进展的话，那么停止说服对方，把对方从会议室拉到饭店甚至小小的酒吧，这样到最后，交涉往往能够成功。

想想看，在饭店里甚至一个小小的吧台边，在轻松和谐的氛围中，彼此肩并肩，促膝长谈，身体靠近了，心也近了，不知不觉中双方的疏离感就消失了，警戒心也消除了，无论对哪一方，对方的话都更具说服力了，自然更容易交涉成功。

销售员在推销产品的过程中，更换位置也是出于同样的道理。当销售员与顾客面对面而坐，顾客面对产品举棋不定时，如果销售员以更好地展示产品为借口，移到顾客身边与他（她）肩并肩地坐着。你会发现，事情就在突然之间有了转机。

六、对方坐姿中暗藏的玄机

我的同事张倩对微表情读心术颇感兴趣，并且深有研究。平时与人交谈中，她会对对方的某些动作格外注意。一次，她向总经理提出了一个关于新产品的策划案，总经理听后对她大加赞赏，很快策划案就进入了实施阶段。

事后，张倩对我说："虽然刚开始总经理靠坐在椅子上，一副随意的态度，但听完我的陈述后他马上换了一种坐姿：双腿自然分开，身体前倾，两只脚一前一后，甚至后面的一只脚踮起脚尖，于是我就知道肯定没问题，因为总经理的这种坐姿正是表现了对我的认可。"

在日常生活中，如果仔细观察，就会发现人们的坐姿各具特色：有的人喜欢跷着二郎腿，有的人喜欢双腿并拢，有的人喜欢双脚交叠……每一种坐的方式，似乎都是无意的，而就是从这貌似无意中，可以窥探一个人的真实想法，了解一个人的心理动向。

1. "数字 4"型坐姿

坐在椅子上时，一条腿放在另一条腿上（通常是右腿放在左腿上），身子和椅子形成一个"数字 4"。一般来说，这种坐姿表现了对方想要进行争辩或是竞争的态度。在劝说某人的过程中或是与人谈判时，如果一个人长时间保持"数字 4"型坐姿，且没有丝毫改变的意思，这就表明，你对他的劝解或是你和他的谈判可能陷入了僵局，除非你愿意做出让步。因为对方的坐姿已经明确地告诉你："我是不会改变我的决定的，你看着办吧。"

2. 锁腿和锁脚

锁腿和锁脚是一种努力控制和压抑消极、否定、紧张、恐惧或不安情绪的坐姿。如果一个人摆出这种形式的坐姿，则表明他的内心正在极力压抑、克制着自己的某种情绪。此外，锁住脚踝除了表示一个人心里正在进行自我克制以外，它有时也表现了对方的踌躇不决的心理。

3. 交叉双腿

封闭性的动作传达的大多是决绝的信号，交叉双腿也不例外。几个人在一起谈话，如果有人交叉双腿，那就意味着他在情感上拒绝加入正在进行的对话；如果两个人正在交谈，对方采取这种坐姿的话，你就别想能够说服他；在商业谈判中，如果对方采取这种坐姿的话，多半是表示拒绝，在谈话中，他们不但话语简单，而且对正在讨论的话题也只能记住很少一部分。

4. 骑坐在椅子上

这个坐姿说明对方抱有敌意，或在采取一种寻衅斗殴的自卫立场。为了“解除”其斗志，你可以坐到他的身后，或直接站到他面前，这样一来他不得不改变坐姿。

如果对方在椅子上坐不住，不能安安静静地坐下来，就可以找本杂志给他看，或送上一杯咖啡，这可以让他能靠着椅背舒舒服服地坐好。

5. 双脚伸开

手脚伸开懒洋洋地坐在椅子上，说明此人相当自信，对谈话对象稍有些瞧不起。如果你不能容忍对方这般首长式的态度，可以采取一定措施“逼使”他改变坐姿，这样自然也就改变了他的心理定位。你可以找远一些的椅子坐下，让他够不着你，与此同时你还不断拿出东西（文件、照片或其他）给他看，这样他便不得不挪动一下位子。

6. 准备就绪的坐姿

对方身体前倾，将两腿自然地分开，两只手自然地搭在腿上，两脚一前一后，后面的脚甚至踮起脚尖，好像随时准备起身握手言欢的样子。当你看到这个坐姿时，我们可以肯定对方将对你的建议予以认可，所以此时你可以大胆地询问对方的看法。

7. 起跑者的姿势

这种姿势传达的是一种结束谈话的愿望，其肢体语言包括身体前倾，双手分别放在两个膝盖上，或者身体前倾的同时两只手抓住椅子的侧面，就像赛跑中准备起跑的运动员一样。因此，在和人交谈的过程中，如果对方做出了这样的姿势，你必须要当机立断地采取新的策略，从另一个角度重新引起他们的兴趣，如果你继续用原来的基调进行目前的话题，那还不如马上结束当前的谈话来得痛快些。

你可以直接询问对方：“你是不是有什么急事要办？”如果对方真有急事，你应当主动提议让对方先解决紧急的事，并约定双方下次见面的时间；如果对方表示没有什么急事，那么你刚才的提问恰好能给对方提个醒，暗示你已经发现他准备逃跑的信号，这样他也会收敛一些，将注意力转移到你们交谈的话题上。

七、对方的“脚语”你懂吗

英国心理学家莫里斯经过研究，发现一个有趣的现象：人体中越是远离大脑的部位，其可信度就越高。

脸距离大脑中枢最近却是最不诚实的部位。在与人相处中，我们总是最关注对方的脸，而且我们也知道别人也在以同样的方式注意我们。所以，人们总是在借一颦一笑撒谎。再往下看，手位于人体的中间偏下，诚实度算是中庸，人们多少也用它说过谎，但是脚距离大脑最远，绝大多数人都顾不上这个部位，于是，它就比脸、手诚实得多，它构成了人们独特的心理泄露——脚语。

曼彻斯特大学心理学系主任杰弗里·贝蒂教授数十年来一直研究人的“脚语”。他举例说，面对男性追求者，如果女性的一条腿前伸，表明她喜欢这名男性；如果女性双脚交叉或者不动，则表示她对这个男性不感兴趣，但是这种“脚语”不适用于男性。

男性如果感觉紧张，就会通过增加脚步移动来表达这种情绪。而女性则恰恰相反，如果她们感到紧张，就会保持双脚不动。一般精英人士的腿脚动作较少，因为他们有较强的控制欲，喜欢主宰对话的过程，也喜欢控制自己的身体。

性格外向的人在谈话过程中，脚部动作较少；性格内向的人脚部动作相对较多；自大傲慢的人通常善于更好地控制自己的身体，脚部动作也较少。

在我国丰富的语言词汇里，有许多描述脚语的形容词，这些形容词与其说是描写脚步的轻、重、缓、急、稳、沉、乱等，不如说是在描述人的内心或平静或急躁，或安详或失措的状态。

人处于不同的情绪状态下，也会有不同的走路姿势；人的秉性各异，走路的风采也各不相同。脚语是一种节奏，是为情绪打出的节拍，我们要善于从脚语中读懂别人的情绪，看透他的心理动态。

1. 转向脚

在交谈的过程中，如果你发现对方突然将脚移开，并将脚尖指向座位的外侧，这暗示他想离开了，而他想要离去的方向正是他的脚的指向。

假设这样一个场景，你一直想认识的两个家电行业的老总正在一起聊天，你主动打招呼并加入了他们的话题，交谈了没几句后，其中一个人说："很高兴认识你，你很有前途。"说话的同时，这两个人都将一只脚的脚尖转向另外一个方向，这个动作就说明了对方已经不想再继续与你交谈，他们想离开交谈现场。这时你千万不要再喋喋不休地说下去，这样只会产生负面作用，而是应该礼貌地向对方要名片，然后和对方握手告别。

2. 一只脚尖跷起

当你与人交谈时，发现对方一个脚的脚趾向上跷起，这表明对方的心情不错，或者正想到或听到令自己高兴的事情。如果你在此时和他谈要求，多半能成事。一般人不会注意到这个动作，遇到这种情况，你最好走到他的身边，这时你就可以听到他说："真的吗？太好了！"

3. 叉开脚

当人们陷入对峙的状态时，他们的双脚就会叉开，这样不仅是为了让自己站得更稳，同时更是为了获得更多的领地。这是一种情绪强烈的信号，此时你要知道，这个人肯定是越来越不高兴，你要提高警惕了。

4. 重心放在一只脚上

当你和别人坐着交谈的时候，发现对方开始将双手放在膝盖上，并且将重心放在一只脚上，说明他已经想要离开了。无论此时此刻你多么想继续和他交谈，你都要明白也许他已经对现在的话题不感兴趣了，除非你突然转变话题再次吸引他的注意力，否则就只能礼貌地问候，结束此次的谈话了。

第三章

CHAPTER 03

资深人士教你最常用的语言技巧

说服能力的高低，其主要表现是说话的艺术，沟通中语言的巧妙运用更能增强话语的说服力。在说服人的过程中，怎样才能让自己说的话言之有物？怎样使话题变得有新意？怎样才能让自己的问题更具魔力？这些资深语言人士最有发言权。向他们学习，使你在说服中轻松掌握话语权，让你说的每一句话都深入人心。让你学会运用语言的魅力与力量，让说话成为一门艺术。

一、思维活跃+思路清晰，使语言更具逻辑性

古希腊著名哲学家苏格拉底与国王欧西德有过一段对话：

苏格拉底：“你说，你一生所做的事没有‘错’的，那你能举例说明什么是‘对’，什么是‘错’吗？”

欧西德：“当然。”

苏格拉底：“那请问，虚伪是‘对’还是‘错’？”

欧西德：“当然是错。”

苏格拉底：“盗窃呢？”

欧西德：“错。”

苏格拉底：“侮辱他人呢？”

欧西德：“错。”

苏格拉底：“为打败敌人而侮辱敌人，是‘对’还是‘错’？”

欧西德：“对。”

苏格拉底：“如果有一个将军看到自己的士兵很颓废，无法作战，他便对士兵说谎道：‘援兵马上就到了，大家勇往直前吧！’最终他们大获全胜。那么，将军的做法是‘对’还是‘错’？”

欧西德：“对。”

苏格拉底：“如果一个小孩子生病了，不肯吃药，他的母亲骗他说；‘这药是甜的。’孩子将药吃了，病很快就好了。母亲的做法是‘对’是‘错’？”

欧西德：“对。”

苏格拉底：“你的好朋友患有精神病，拿刀准备自杀，你把他的刀偷走了，这是‘对’还是‘错’？”

欧西德：“对。”

苏格拉底：“你开始所说的‘错’只可对敌，不可对友，可是为什么现在又能够对友了呢？”

欧西德：“这……我回答不了。”

欧西德为什么不能自圆其说了呢？因为任何一个判断的形成，都需要一定的前提，一旦前提改变，之前的结论也就会变得是非难辨。

我们说话用的是嘴，但控制说话内容的是大脑。说话的过程，实际上就是把大脑思维运作的结果表述出来的过程。因此，说话交谈就是内部语言转化为外部语言的过程。那么，思维如果不敏捷、不清晰、不严密，语言的表达也就不可能流畅清楚。一个思维迟钝而又混乱的人，是不可能做到条理清晰地表达自己的思想的。

因此，想要别人清晰地了解你的思想，就要让你的语言具有逻辑性，让你所阐明的事情有清楚的前因后果。

（1）避免语言表达有歧义或含糊。例如，某个办公室有两个张老师，其中一个张老师要找学生杜青，学生杨科通知杜青：“张老师让你 10 点到他的办公室。”这句话就存在歧义，杨科并没有说清楚究竟是哪个张老师。

（2）话语内容信息量充足。如果你对一个人说：“那天我在街上看见一个人很像你，是不是你？”对于这样没头没脑的话，对方肯定是难以做出回答的。因此，你必须说出具体的时间、地点等，你应该问：“上个星期三，我在人民广场看见一个人很像你，是不是你？”

（3）语言要有顺序。在说服顾客购买你的产品时，首先你要先表明自己的身份，然后一一列出自己产品的特点，以及顾客应该购买它的理由。如果你的话语词不达意、颠三倒四、毫无逻辑，顾客肯定会认为你是在敷衍他。

语言的组织和表达是思维运作的结果，从思维到语言的转化过程十分重要，只有保持思维活跃，思路清晰，才能使我们的语言更具逻辑性，从而更具说服力。因此，加强思维训练有利于增强我们控制语言的能力，使我们更好地驾驭语言，发挥语言的魅力，加强说服的效果。

1. 定向思维

定向思维是指按照常规模式进行思考的思维。加强定向思维的训练可以锻炼我们的逻辑思维，使我们养成深入分析问题、透过现象看本质的良好思维习惯。

为了使思维更有条理，可以在语言表达过程中使用一些常用的关联词，如“因为……所以……”、“之所以……是因为……”、“于是”等；可以按照时间的先后或位置的移动来进行表达；还可以采取先分后总或先总后分的方式进行表述。

2. 逆向思维

逆向思维是一种与常规模式相反的思维模式，通俗地说，就是反过来想一想。最具代表性的就是司马光砸缸的典故。人落入水中，按照定向思维，应该是让人脱离水，但是司马光却采用逆向思维，砸破水缸，让水脱离人，及时挽救了伙伴的生命。

训练逆向思维可以从身边的小事做起，比如发生了不顺心的事，就要反过来想想这件事能给自己带来的经验或者教训。

3. 发散思维

发散思维是指让思维向多个方向扩散，从而形成创新的一种思维方式。锻炼发散思维，可以通过以下几种方法进行。

（1）连点法

所谓连点法，就是将头脑中出现的没有关联的人、事、物的散点按照一定的顺序和结构串联成篇的训练方法。比如：校友会、咖啡、人生三个词，可以这样串联：一次校友会后，几个同学相约在一起喝咖啡。咖啡，加点方糖，甜中带苦，苦中有甜，二者混杂在一起，有一种令人难忘的味道。我想，这正与我们对人生的回味相同，苦与乐同在。

（2）连接法

连接法也就是接故事的训练方法，即承接上一位表达者的话再继续说下去。戴尔·卡耐基在训练学员的时候就经常采用这种方法。他首先让一位学员叙述一个故事，比如这位学员说："一天，我正驾驶着直升机，突然看到前方一个飞碟正向我靠近。于是我开始降低飞行高度，可是靠近我的飞碟却突然向我开火，我……"说到这里，卡耐基要求他停下，然后让另外一个学员继续接着往下说。

（3）联想法

联想法就是由一个事物联想到另一事物的训练方法，它可以是由当前的事物回忆起与之有关的另一事物，或者是由想起的一件事物又想到另一件事物。联想法的特点就是闻一知十，触类旁通，使说出的话更具流畅性和变通性。

例如，出示一个皮球，通过联想，迅速说出它像什么，说得越多越快越好；通过一幅画有两只小鸡的画，表达出人生并非一帆风顺。

二、"5W"让你的话言之有物

爱因斯坦说过："成功＝努力+休息+少说废话。"可见，少说废话是多么的重要。当然，如果你想让自己说的话在别人身上起作用，更不能说些不着边际的废话，而是要抓住重点，让自己说出的话内容充实，言之有物。要做到这一点，就需要掌握"5W"技巧，这样才能使你的话显得更真实、更具说服力。

我的邻居陈亮可以说是一个"优质剩男"：海归研究生学历，1.8米的身高，英俊的面容，在一家500强跨国公司做创意总监……几乎符合每个女生心中白马王子的条件。但是，陈亮只要和对方约会几次，就会被踹。这到底是为什么呢？陈亮百思不得其解。

终于在一个相亲节目中，他找到了答案。

节目中一个女孩问他："我们现在分居两地，如果我们两个人在一起，这个问题怎么解决？"

陈亮想也没想地答道："这事好办，你放心。"

那女孩似乎还想说什么，但犹豫了一下，最终将面前的灯灭掉了。陈亮虽然感到困惑，但也没说什么。

节目录完后，陈亮找到了那个女孩，想知道自己的回答为什么不能令她满意。

女孩轻轻一笑，说："你的回答太空洞了，很难让人信服。你说的好办，究竟是让我去你那里，还是来我这边？你又准备怎么解决？什么时候解决？"

陈亮听后一愣，他从来没有想过这些问题。他思考了一下，回道："如果你的工作不方便，我可以去你那边。我们公司每年都有人员调动的指标，我和领导的关系不错，协调调动不是问题，如果协调得好的话，最多一年就能完成调动。这样的回答可以吗？"

女孩笑了，之后女孩成了陈亮的女朋友，而陈亮也变得越来越会说话了。

在生活中，我们经常会遇到像陈亮那样的人，说出的话空洞，没有实质内容，不但很难让人记住你的话，更难让人记住你这个人。这主要就是因为"言之无物"，缺乏内容。

要想自己的话内容充实，言之有物，就要善于运用"5W"的公式，从而让自己的语言充满生气和活力。

何谓"5W"？简单来说就是：What，什么事；Who，什么人；Where，什么地点；When，什么时间； Why，为什么。

准确地掌握"5W"公式，能够使我们说出的话有声有色，内容充实，更具说服力。同时，也能使听话者更容易记住你这个人。就像陈亮对女孩的回答，完全符合"5W"公式：什么事——调动工作，不是其他的方法，给人以信赖感；什么人——我，不是你；什么地点——我去你那边，地点明确；什么时间——一年以内，时间具体；为什么——我和领导关系不错，为调动做铺垫。

这样的回答对女孩提出的“两地分居”的问题做出了明确完整的回答，这和那句“这事好办，你放心”产生的效果是完全不一样的，显然用“5W”公式做出的回答更具说服力。

一个人无论拥有多么出色的外表，多么优秀的能力，如果说出的话空洞无味，没有吸引力，那这个人也是缺乏魅力的。如果我们说话时能够掌握“5W”的公式，必然会使说出的话有条有理，内容充实，言之有物，更具说服力。

虽然使用“5W”的技巧能够增强话语的魅力，更具说服力，但是，这些都必须建立在说话的基础之上，因为只有真话才有充实而清晰的细节，也只有细节才能使你“言之有物”。

三、老生常谈？NO，新颖的话语更动人心

湖南卫视的“主持一哥”汪涵人尽皆知，他的语言艺术真可谓令人折服。他说自己是“江湖人”，并解释道：“因为我的父亲是江苏人，我的母亲是湖南人，所以我是‘江湖人’。”他又是这样解释怀才不遇的：“经常有人说怀才不遇，怀才就像怀孕一样，要时间长了才能看出来。”关于爱情和婚姻他又说道：“都说爱情是婚姻的坟墓，但是要是没有了婚姻，爱情岂不是死无葬身之地了吗？”又如他对三心二意的全新解释：“三心二意：让父母放心，让爱人开心，让领导省心，对女人善意，对男人随意。”

“老生常谈”可以说是一个令人感到烦闷的词，而汪涵的独特见解每次都会给人耳目一新的感觉。因此，如果我们能够在日常的话语中，巧妙地揉进一些新颖的观点或词汇，就能使我们的言谈更加充满魅力和感染力，从而更具积极的影响力。

1. 挑战传统，自圆其说

人们的心中不同程度地存在某些自己深信不疑的观念，我们不能简单地说这些观念是错误或者陈旧的，但是其中确实存在一些片面或值得更新的地方。如果你敢于向这些观念“挑战”，提出新的理解或观点，并能自圆其说，那你说出的话必能产生不同凡响的效果。

日本著名企业家松下幸之助曾经说道：“吝啬就是创造新的价值。”他解释道：

"'吝啬'这个词，从字面上来看富有很强的贬义意味，但是它的本意是把自己的所有提高到更重要的地位。人们总是从消极、非生产的角度理解它的含义，却从来没有从积极、生产管理的角度去发展它的内在精神。现今市场的价格竞争，很大程度上就取决于企业'吝啬'的程度。"

松下幸之助的说法的确给人一种耳目一新的感觉，在让人感到震惊的同时产生强烈的共鸣。

2. 巧妙合成，推陈出新

每一种观念都是在一定的背景下产生的，当然，历史上遗留下的那些为人们所熟知和认可的观念也不例外。随着时间的推移，这些观念从个体上看，有合理的部分，也有其局限性，而从整体上来看，这些观念之间又能够相互补充和完善。如果能够巧妙将其组合，把它们合成一种新的观念，那么将会扩大它们的合理性，使其更接近事物的本质。

比如，怀才不遇和求贤若渴是一对常谈常新的矛盾，将它们赋予新的含义可以这样说："其实，千里马常有，伯乐也常有，关键是要付诸行动进行寻找，而不是坐等。如果千里马有'毛遂自荐'的勇气，伯乐有'三顾茅庐'的诚意，那么，不管是千里马找到伯乐，还是伯乐寻到千里马，双方都能皆大欢喜。"

"千里马与伯乐"、"毛遂自荐"、"三顾茅庐"等历史流传下来并为人熟知的观念，通过这样的组合就能将其发挥成为一个更完善、更能被人所接受的具有现代意义的观念。

3. 借物寓意，形象生动

所谓借物寓意，是指通过假借一个故事或事物的拟人手法来说明一个道理或教训，进而使道理或教训变得浅显易懂，它常常带有讽刺或劝诫的意味。

李嘉诚提出的"鸡蛋理论"，他说："鸡蛋，从外打破是食物，从内打破是生命。人生亦是，从外打破是压力，从内打破是成长。如果你等待着别人从外打破你，那么你注定成为别人的食物；如果你自己从内打破，那么你会发现自己的成长相当于一种重生。"李嘉诚以一个鸡蛋为比喻，形象地说明了人的主观能动性的重要性。

这种浅显、新颖的语言形式丝毫不会影响道理的深刻性和严肃性，反而更具启发性，更为人所津津乐道。

4. 巧妙对比，形象鲜明

对比是一种普遍使用的语言方法，但用谁和谁做对比，却是很讲究的。

日本三洋公司的创始人井植薰说："在对人才的培养上，我采用的是'水涨船高'的方法，水是公司全体员工，船是浮在水面上的优秀人才，首先将水位升高，水长高了，船才能更高。而'水落石出'是企业在人才培养上无所作为的一种结果，水流完了，显露出的几个突出人才，充其量只是一般踏实肯干的干部。"

在对人才的培养上，井植薰以"水涨船高"和"水落石出"作对比，形象鲜明，对比强烈。由此可见，使用这一方法，尤其要注重对对比双方的选择，这样效果才会明显。

5. 巧借他物，融入新知

采用这种方法，就是借用一种大家都熟悉的形式或事物，将自己所要表达的观点融入其中，让大家通过熟悉的事物在陌生的观点中产生新的认知。

郭沫若先生在游普陀山的途中，拾到了一本笔记本，上面写着一副对联："年年失望年年望，处处难寻处处寻，横批，春在哪里。"他寻到失主，却见是一个神色忧郁、行动失常的姑娘。她高考三次落榜，爱情也遭受挫折，于是便决心"魂归普陀"。郭老耐心开导她："这副对联表明你有一定的才气，不过下联和横批太消沉了，这不好，我替你改一改你看如何？"郭老改道："年年失望年年望，事事难成事事成；横批，春在心中。"

这样郭老在原来对联的基础上，赋予了它新的内涵，境界高远，意义深刻，富有深刻的教育意义。

6. 巧妙翻新，不落俗套

（1）将生活中出现的新词汇、新事物、新现象大胆地运用到话语中，使人们对本来已经熟悉的事物产生一种新的认知和感受。如把做生意比作"就像股市一样，熊市也好，牛市也罢，都有人能赚到钱，关键是看你怎么做"。

（2）与生活中普通的事物相配合，通过联想将一个抽象、新奇、高远的事物拉进现实。如解释计算机软件和硬件的关系，可以这样说："计算机只是盘子，软件才是可口的菜，人是为了吃菜才买盘子的，两者的关系不能本末倒置。"

（3）充分发挥自己的专业特长，将专业的知识进行形象的联想配合。如王码汉字键盘输入发明者王永民就将成就、荣誉、地位、金钱比作"电荷"一样，如果一个人身上积累得过多，"电压"就升高，"高电压"使别人难以接近，自己也处于危险的环境，最好的解决办法就是"放电"，把自己"接到地上"，"接地"、"放电"、回归"零电位"。这样用自然科学上的原理诠释社会心理现象，不可不说是一种值得称道的创新"组合"。

四、你掌握好说话的语气了吗

郭沫若先生是中国历史剧的开创者，他创作的历史剧《屈原》在抗战期间大大鼓舞了民心士气。一天，郭沫若在台下观看《屈原》的演出，正是婵娟痛斥宋玉的一幕："宋玉，我特别地恨你，你辜负了先生的教训，你是没有骨气的文人！"郭沫若听后，总是觉得"你是没有骨气的文人"这句话骂得不够分量，还差点火候。于是就去后台找"婵娟"商量。"你看，在'没有骨气的'后面再加上'无耻的'三个字，是不是语气更强烈些？"

这时，正在旁边化妆的另一位演员插口道："'你是'不如改成'你这'，'你这没骨气的文人！'那就够味了。"

郭沫若一听，拍手叫绝，连称："好！好！"

这一字之改，将原来的陈述句变成了语气坚决的判断句，赋予了语言强烈的感情色彩，语气更加强烈有力，"这"把婵娟愤怒而又蔑视宋玉的感情，强烈而又鲜明地表现了出来。

在所有通过有声语言进行交流的场合中，语气是必不可少的，它是有声语言最重要的表达技巧。在一句话中，不但要考虑到遣词造句的问题，更要考虑到应该使用什么样的语气才能让表达更准确、生动、鲜明的问题。只有掌控住贴切、丰富的语气，才能使我们的思想感情处于运动的状态，让我们的表达更富有感情，对听话者产生积极的正效应，从而达到说服对方的目的。

1. 掌握语气的特点

语言能够传递信息、表达感情、表明某种态度，同样，语气也具有这些作用。

（1）传递信息的语气。如陈述、祈求、感叹、命令、建议、商量、催促、疑问等。可以通过语气词来表达这些语气，这些语气词或者独立成小句，或者被置于句末。比如，用“啊、吧”表示请求、催促的语气；用“嗯、啊、呢”指明事实或提醒对方的注意；用“吗”表示责备、质问，它如果再和副词“难道”搭配，则会使语气更为强烈；打招呼用“喂”；揣测用“吧”；讲道理通常用“嘛”或“呗”。

（2）表达感情的语气。在谈话中表达感情的语气，如惊讶、不满、兴奋、警告、呵斥、赞叹等。惊讶常常用叹词“啊、咦、呦”来表示；警告、制止用“嘘、啊”；赞叹用“啧、呵”；醒悟用“哦”；鄙视用“呸”等。

（3）表明某种态度的语气。如肯定、否定、夸张、委婉、强硬、和缓等。表示肯定用“是……的”；表示夸张用“着呢、呢”；表示缓和用“吧、啊”。

2. 场合不同，语气也不同

交谈中，要想使有声语言的表达取得良好的效果，还要考虑交谈的对象、场合、时机等因素，要根据不同的人、不同的环境、不同的时机灵活地运用语气的多种形式，做到适时而发。

（1）因人而异。不同的语气能够对听话者的情绪和精神状态造成不同的影响，因此，驾驭语气最重要的一点就是做到语气要因人而异。只有语气适用于听话者，才能对他产生积极的影响，进而利于说服的进行。如喜悦的语气能够引发出对方的

喜悦之意，愤怒的语气能够引发对方的愤怒之情。而语气不适用于对方，则很容易对对方产生负面影响，如埋怨的语气会引发对方的满腹牢骚，生硬的语气会引起对方的不悦之感等。

（2）因时而异。同一句话，在不同的时机说出来，其效果往往大相径庭，抓住时机，运用适当的语气才能够收到预想的效果。

（3）因地而异。掌控说话的语气，要注意说话的场合。一般来说，场面越大，越要适当提高声音，放慢语速，语气上扬适度，以突出重点；场面越小，越要适当降低声音，使词语适当紧凑，语气下降得当，以追求自然。

五、提问，也可以是这样

在说服别人的过程中，提问是一项重要的内容。边听边问可以获得自己不知道的信息，尽量让对方为自己提供更多的资料；可以传达自己的感受，引起对方主动思考；可以引起对方的注意，为他的思考提供既定的方向；还可以帮助自己控制谈话的方向，使话题趋向结论。

提问问得巧，才能为说服工作减少阻力。怎样才能问得巧，首先就是选择恰当的提问方式。

1. 限制式提问

限制式提问的特点是限制对方回答的范围，有意识、有目的地让对方在提问者所限的范围内做出回答，因此它是一种目的性很强的提问方式。运用这种提问方式能够避免对方给出否定回答或提问者难以接受的回答，最终使提问者获得较为理想的回答。

有两家饭店都为顾客提供早点，一家饭店的服务员在客人点餐时，总会问一句："要不要茶叶蛋？"有的客人会选择要一个，但有的客人也会拒绝。而第二家饭店的服务员会这样问："要一个还是两个茶叶蛋？"大多数客人会选择要一个，当然也有选择要两个。结果，每天打烊后，第二家饭店的茶叶蛋都能卖完，而第一家饭店经常会有剩余。

“要不要加鸡蛋？”这种提问方式留给顾客的选择范围是“要”还是“不要”。而“要一个还是两个？”这样的提问缩小了客人的选择范围，把范围限制在“一个还是两个”之中，这样一来，茶叶蛋当然会卖得快。

2. 启发式提问

启发式提问主要是不直接告诉对方问题的对错，而是通过一个个问题来启发和点醒迷失在错误中的人们。它与顺势提问有异曲同工之妙，但这种提问方式通常会在劝导对方的过程中提出一个充满诱惑的解决方案，但是一定要注意，所提出的方案一定要符合实际、合情合理、能够实现。

由于痛恨沙皇，十月革命之后，成千上万的农民聚集到莫斯科，坚决要求烧掉沙皇曾经住过的房子。列宁得知此事之后，指示干部们对农民进行说服教育。可是，多次说服都没有成效，于是列宁决定亲自和农民进行交谈。

列宁对农民们说：“烧房子可以，在烧房子之前请让我讲几句话。”

农民们表示同意。

列宁问：“这座房子原来是什么人住的？”

农民们答：“是沙皇统治者！”

列宁点了点头，又问：“那房子是谁建造的呢？”

农民们坚定地说：“是我们农民自己建造的！”

列宁再问：“既然是我们自己建造的房子，不让沙皇住是理所当然的。那现在就让我们的农民代表住，好不好？”

农民们点点头。这时，列宁微笑着再问：“那这座皇宫还烧吗？”

“不烧了！”农民们齐声答道。就这样，皇宫保住了。

列宁采用的就是启发式的提问方法。他通过一个个问题点醒农民，让他们从对沙皇的仇恨和愤怒的情绪中走出来，以一种理智的思维来思考问题，最终让农民们放弃烧皇宫的想法。因此，采用启发式的提问方法，所提出的问题最好能关系到对方的利益，这样能更好地达到说服的目的。

3. 逼迫式提问

当面对情绪特别激动或性格执拗、蛮不讲理的对象时，可以采用逼迫式提问的方式。这样能够增加提问的力度，也显得更加犀利。

销售员已经向顾客详细地介绍了汽车的性能与售后服务等，但顾客始终犹豫不决，此时就可以采用逼迫式的提问："就这台车了吧，我们马上给您做个新车整备，并给您贴膜。不知道您是付现金还是刷卡呢？"或者是："这款车最近卖得很不错，现在就剩这一辆了，最近天气不好，估计新车还要等至少半个月，要不您就买了吧？"

4. 攻击式提问

提问时要考虑对象，尤其是被提问者与自己的利害关系。如果对方是自己的对立方甚至是竞争对手，这时提问的目的只是为了直击击败对手，你不妨采用具有攻击性的提问方式。

雷根与卡特在竞选美国总统时有一段精彩的论辩。当时，雷根向卡特挑战性地提出了这样的问题："每一个公民在投票前都应该好好想一想这样几个问题：你的生活是不是比四年前改善了？美国在国际上是不是比四年前更受尊重了？"雷根的提问犹如一枚重炮弹，极富攻击性，在美国选民中激起了巨大波涛。结果在论辩之后，民意测验表明：支持雷根的人显著上升。

攻击式的提问方式以击败对手为直接目的，所以在运用时，要求问话要具有简练、直白、利己和直击对手要害等特点。

总之，不管是采取什么样问话方式，只要能在说服的过程中巧妙地使用，就能使对方在不知不觉中进入谈话的"圈套"，谈话的主动权就掌握在你的手中，结果也就能轻松达到说服的目的。

六、引发思考，疑问句更有效

1984年，美国曾播出过一则电视广告：一个老太太在速食店买了一个牛肉汉堡。当她将包装撕开一看，汉堡里只有一块非常小的肉，于是她既惊讶又生气地问："Where is the beef？（牛肉在哪里？）"意思就是说这个牛肉汉堡里的牛肉真是小到了极点。

这是当时美国的一个汉堡品牌做的广告，暗喻竞争对手的汉堡里牛肉实在是太少了，对不起顾客。这个广告引起了不少消费者的共鸣，结果产生了极大的影响，不但大大提高了该品牌汉堡的销售额，就连当时的民主党总统候选人蒙代尔在总统竞选时，都用这句话来攻击他的竞争对手："牛肉在哪里？总统先生。"

这则广告对当时的广告业产生了巨大而深远的影响，人们第一次认识到了疑问句的非凡的说服效果。广告公司发现，疑问句能够产生比陈述句更大的说服效果。从此以后，广告界的创意者们都偏爱使用疑问句。

疑问句有着不同凡响的说服力，在日常生活中，当我们说服别人的时候，也应当有意识地使用疑问句。如果你是某幼儿园的招生老师，为学校招生做宣传，不妨这样说："你忍心让孩子输在起跑线上吗？"而不是通常所说："不要让孩子输在起跑线上！"

也许你会惊讶，这两句话的差别很大吗？语言学家研究、分析证明，这两句话的确有很大程度上的不同，其说服效果也大不相同，而且很多情况下，疑问句比陈述句更具说服力。

在说服对方的过程中，应该尽量引发他们的思考，让他们变得主动积极，仿佛那些你希望他们接受的观点是他们自己想出来的一样，这样更有利于减轻对方的逆反心理。那么，怎样引发对方思考就变成了一个迫切需要解决的问题。一种最简单便捷的方法就是提问。俗话说，有问就会有答，疑问句通常会使人在不知不觉中产生思考，一旦有了思考，不论对方是否认同这句话，都会对这句话产生较深的印象。

有个男孩想让母亲为自己买一条牛仔裤，但他怕被拒绝，因为他已经有了一条牛仔裤。男孩没有像其他孩子一样苦苦哀求或者撒泼耍赖，而是一本正经地对母亲说："妈妈，你见过一个孩子，他只有一条牛仔裤吗？"

这颇为天真而又略带计谋的问话，一下子打动了母亲。事后这位母亲谈到自己的感受时说："儿子的问话让我觉得若不答应他的要求，简直有点对不起他，哪怕在自己身上再节省一些，也不能太委屈了孩子。"

这就是问句的功效，相反的，陈述句很难达到这样的效果。在我们平时说话中，出现概率最大的是陈述句和肯定句。这些句子出现的概率越大，我们对它们的感觉也就越淡，也就最容易忽视它们。

当我们想要强调一句话或某个观点时，最好使用相对来说出现较少的疑问句，比如“你想让自己的身材更苗条吗？”、“你想拥有一辆更省油的座驾吗？”这样更能引发对方抛开既定的立场和成见，引起他们的思考，进而促使他们接受你的意见。

七、巧设“优势问题”

在说服别人的过程中，我们会发现，对方给予我们的信任是非常有限的，尤其是在一些商务场合。当我们将自己的优势用陈述的语气直接表示出来时，不可避免地就会产生推销的意味。而一旦有了“自夸”的嫌疑，对方很快就会对我们失去信任，从而产生抗拒心理。在这种情况下，我们再想说服对方就会非常困难。

其实，在说服过程中，我们可以摒弃那些呆板的直接说服方式，通过巧设“优势问题”的方法达到说服的目的。

我的邻居刘红有一个上初中的儿子，为了提高儿子的学习成绩，她想给儿子找一个英文家教。刘红对英文家教的条件要求很高，她开出了很高的价码，吸引了很多家教来应聘。经过很多面试，她都没找到一个符合她心目中要求的人。一天，她接到了这样一个电话。

“刘太太！听说您想帮孩子找一位在教学上很有创意的家教，是吗？……刘太太是否看重孩子的学习兴趣？您肯定也希望孩子能够在快乐中学好英语吧？我是留美博士，我有一套充满创意且讲究乐趣的直觉式学习法，能让孩子不需要背单词就轻松学好英文，这个方法可以绝对避免孩子对英语学习产生恐惧感……”

这位应聘者在谈话中就巧妙地利用设置“优势问题”，首先激起了对方的期望，然后再表明自己的优势之处——他不但英文水平高，而且还有一套颇有创意的直觉式学习法，正好能够解决对方心中所担心的问题，自然使自己的说服水到渠成。

设置“优势问题”是一种舍弃直接诉求的说服方式，它的用意是引导对方主动思考。设立“优势问题”的具体方法是，先通过提问点出对方最在乎的事，或是对方面临的不利情况，创造出一个有利于自己的情境，然后再将自己（或产品）的优势顺势展现出来，进而达到说服的目的。

如果你并不认为自己具有一定的优势，也同样可以利用“优势问题”的设计流程，为自己创造一个有利于完成目标的情境，最终让对方更容易接受你的想法，达成最终说服的目的。

假设你是一家广告公司的业务经理，为了确保展览会能够顺利进行，你想让企划部主管同意再增加 20%的广告预算，另外策划一系列的广告活动，为展览会抬高声势。请对比下面两种说服方式。

方式一：

“冯经理，感谢你们规划了这次展览会，这是本季度公司最重要的大事，为了确保展览会顺利开展，我希望您能增加25%的广告预算，另外再策划一系列广告活动，为展览会造声势。”

方式二：

“冯经理，感谢你们规划了这次展览会，这是本季度公司最重要的大事。我想为了这次展览会，我们的责任和压力都很大，是吧？”“不知道冯经理有多少把握可以将这次展览会的人数提升到比上次更高的水平？”“如果人来得太少，是不是不能够达到预期的目标呢？”“您觉得如果再增加25%的广告预算，多在媒体上宣传这次展览活动，是不是可以吸引更多的人？我想，与其为了节约一点广告费用，要冒着人流稀少的危险，不如多花一点宣传费，进一步确保活动的成功，您觉得呢？”

很明显，方式一直接诉求的说法，因为说服的意识很明显，很容易引起对方的防范，对方更会倾向于保持自己的观点和立场。

而方式二就是利用了设立“优势问题”的方法，它把对方或问题本身面临的不

利情况提出来，借此创造了一种有利于达成自己目的的境况，然后再提出自己的想法，这样成功的概率必定会大大的提升。

虽然设定“优势问题”的说法会显得比较啰唆，但不要忘了，我们最终的目的是说服别人。考虑到它的实用效果，在说服别人的过程中应该善于利用设定“优势问题”的方法。当然，如果你能够做到不啰唆，又能让对方对你的话做出真心回应的话，那就更完美了。

八、八大提问技巧，让你提出魔力问题

法拉奇采访南越总理阮文绍时，她想获得他对外界评论他是“南越最腐败的人”的意见。法拉奇向阮文绍直接发问，阮文绍矢口否认了这种传言。

于是，法拉奇转换思路，问道：“您出身十分贫穷，对吗？”阮文绍听后，动情地描述了小时候他家庭的艰难处境。得到了上述问题的肯定答案后，法拉奇接着问：“今天，您富裕至极，在瑞士、伦敦、巴黎和澳大利亚都有银行存款和住房，对吗？”阮文绍虽然否认了，但为了澄清这一“传言”，他不得不详细地道出他的“少许家产”。

如此一来，阮文绍是否真的如传言中的那么腐败，还是如他所言并不富裕，已呈现在大家面前，读者大可根据他所列的财产清单得出自己的判断。

法拉奇的每一个提问都展现了她过人的智慧，每一个提问都暗含玄机，最终巧妙地将对方引入她事先设好的“圈套”中。

任何事都要遵循一定的技巧和法则，当然，提问也是有技巧的，掌握了下面的八大法则，就能让你的提问在一定的框架下运行，让你提出“魔力”问题，增强你的说服力。

1. 做好充分准备

对未知信息的提问，是建立在已知信息的基础之上的，很多事情我们之前没有

接触过，自然就不知道该如何对对方进行提问，因此，这就需要我们认真准备一些材料，帮助我们了解对方，了解我们希望从对方口中获知的答案。只有做好充足的准备，才能一语中的，提出关键性的问题，最终了解事实的真相。因此，在提问之前，做好充足的准备是非常重要的。

（1）明确要问哪些问题。比如，你要清楚目前提问的背景是什么？我究竟想问什么？提问的目的是什么？只有事先多问自己几个问题才能更清楚自己想向对方提出哪些问题。

（2）掌握分寸。要能够掌握提问的分寸，弄清楚对方究竟能否听懂你的问题。因为每个人对语言的理解能力不同，而且人与人的逻辑思维也有差异，因此并不是每个人都能抓住你问题中的关键点，这些都很可能会导致对方不能理解你的问题，甚至对你的问题产生误会，最终你将得不到想要的答案。

2. 给出明晰的前提

所谓前提，就是你要让对方明白，你的提问是善意的，不存在任何让对方感觉敏感的话题或词句。比如，你想向一位客户提问项目预算，一般客户是不会向你透露的，这时你不妨在问题中加入一个前提："为了向您推荐一个最适合您的方案，我想知道这个项目的预期投资大概在什么范围呢？"这样，通过设定一个前提，就可以让对方明白，将项目预算告诉你是有必要的，这样更容易使客户对你的问题做出正面回答。

3. 适当保持沉默

交谈中出现沉默会令双方感到尴尬，但是如果对方需要进行思索，适当的沉默是很必要的。比如，当对方犹豫不决、不知道是否应该接受你的观点时，这时如果你给他一个短暂的思考时间，你的沉默会让对方感受到你对他的尊重。

4. 富有感情地提问

提问的时候需要适当倾注自己的感情。而且，倾注感情并不是一个浅显的微笑和拉拢，而是要将自己的感情巧妙地融合在话语中，让对方能够隐约预见到事情的发展结果。比如，销售员就可以对一位犹豫不决的女顾客这样说："你知道背着这个包走在街上，会让多少人羡慕吗？"

5. 每次只问一个问题

同时提出多个问题会造成对方的思维混乱，让他记不清问题，此外，狂轰滥炸似的提问还很容易引起对方的反感。而且，尽管你提问了很多，但是对方只记住了一个，也只回答了一个，接下来你又不方便再重复提问，这样其他的问题你就不能得到答案。很明显，你的提问也就显得毫无意义，所以，最好的办法就是一次只提一个问题。

6. 运用反问

如果对方向你提出一个问题，而你又不知道应该如何回答时，你有两种方式可以选择：一是实事求是，自己怎么想就怎么回答，或者直接告诉对方你不知道怎么回答；二是反问对方，让对方说出他对这个问题的看法。也许对方就是希望可以由他来告诉你答案，而你反问他正好是投他所好。

7. 掌握提问方式

（1）二选一的问题。这种问题就是为了达到一定的目的，在提问中给出对方两种选择，其实这两种选择都在你的接受范围内，只是你希望对方缩小范围，尽量排除对你不利的方案。如：“我什么时候去见你，周五上午还是下午？”、“给她送水果还是鲜花？”

（2）有诱导意味的问题。带有诱导意味的问题，是指你基本上已经能够确定问题的答案，只要引导对方回答“是”即可。如：“配眼镜最重要的是镜片，不是吗？”对方当然会说“是”。又如：“这个广告拍得很好，对吧？”对方也很容易会做出肯定回答：“是啊！”

（3）开放性的问题。开放性问题最大的好处就是能够让你充分发现对方的需求，比如用“怎么样”、“为什么”等引导的问题。将对方的疑问解释清楚后，可以向对方提一个开放性的问题，进而掌握谈话的主动权，引导对方的思维。顾客向你提问：“这个产品可以打几折？”你可以这样回答：“我们都是明码标价，非常合理，并且，折扣也不能作为衡量购买该产品是否划算的标准，不是吗？”

8. 使用商量性词汇

在日常生活中，有一些词汇带有商量的意思，我们在使用它们的时候，几乎不会引起对方的反感或反对。

（1）“你是否认为……？”如：“你是否认为我们应该在方案中增加一点创新元素呢？”

（2）“如果……，你是否愿意……？”如：“如果现在有个办法能够让贵厂节约生产成本，你是否愿意实践一下？”

（3）“你相信……？”如：“你相信人有灵魂吗？”

（4）“想一想，……”如：“想一想，不努力怎么会成功呢？”

第四章

CHAPTER 04

心理“对弈”，说服“心理揣摩术”

在与人沟通中不能逞口舌之利，更重要的是心理上的揣摩。只有将心比心，真正掌握对方的心理感受和需求，我们才能有的放矢，又快又准地说服对方。因此，说服过程其实也是一种心理博弈，而只要我们学会了运用心理策略，从心理上占据有利地位，把话说到对方心坎里，才能真正打动对方，征服人心。

一、迂回诱导，"曲线救国"的神奇功效

曹伟在深圳一家外贸公司工作，最令他头痛的就是和海关部门打交道。海关工作人员执法森严，公司准备的文件材料稍不及时或小有疏漏，就很难顺利通过，而且带来严重后果。

有一次，部门主管亲自带他去海关解决一批货品出口的手续问题。在主管与海关人员沟通的过程中，他听到如下对话：

部门主管："这次的货品不能进关，是因为单位重量不符，对吗？"

海关工作人员："是的，按照规定，必须修改全部装箱文件。"

部门主管："每箱的重量差异在200克左右，是吧？"

海关工作人员："是的。"

部门主管："这有可能是因为称量工具和包装材料等因素造成的，是这样吧？"

海关工作人员："有可能，但是这次的差异较大，是不允许的。"

部门主管："那么按照规定，通常是允许1%的重量差，是不是？"

海关工作人员："没错。"

部门主管："我们的商品用的是较大的包装，25公斤一件，1%的话其实是允许……250克的差异吧？所以200克其实也在允许的范围之内？"

海关工作人员："这个……但是你们出口企业应该尽量保持文件和实际货品的一致。"

部门主管："的确。所以确实给您的工作造成了不便，我们也深感抱歉。如果

时间允许的话，我们理应是修改和再次提交相关文件的。但这次船期实在太紧张了，回去修改文件的话，错过了船期，我们企业的损失就太大了。您看，能否这次就放行，我们引以为戒……"

海关工作人员："那好吧……下不为例。"

在上面的对话中，主管通过一个个合理的提问，循序善诱，不断诱导对方肯定自己的想法，使对方放松心理戒备，从而跟随主管的思路思考问题，最终达到了说服的目的，这种方法就是迂回诱导说服。

有时直来直去的说话并不能收到令人满意的效果，所以采用迂回、委婉的方法也能够帮助自己达到说服的目的。而这其中最有智慧的迂回策略就是诱导。所谓诱导，就是有次序、有耐心地诱发、引导对方思考，诱导说理，心平气和，步步引导，耐心商讨，这种方式易于让别人接受，易于"心中点头"。

诱导说服的关键在于"诱"字，立足在"导"字。要想在说服中"诱"得巧妙，"导"得自然，就必须注意以下几点：

1. 诱导要表现出自己的真诚

要想使说服对象对自己心服口服，你就需要以诚待人，真诚开导，对对方不讽刺、不挖苦。说服中表现自己的诚意，能够使被说服者在接受说服的过程中存在一个认识的过程，以使自己的感情得到缓冲，来接受新的认知。

2. 诱导要以说服的目的为中心

在采用诱导方式说服他人的过程中，要有一个明确的目的，让所有诱导的话有的放矢，所有的诱导内容都要紧紧地为总目的服务。否则，就会显得杂乱无章，还可能会严重跑题，这样肯定达不到说服的效果。

3. 有步骤地进行诱导

诱导就如同设计一座高楼，既要有一个整体的蓝图，又要有具体的分步计划。因此，每一步怎样诱导、怎样发问事前都要经过认真思考，做到胸有成"话"。只有这样才能做到环环相扣，步步深入，诱使对方在无法解决的矛盾面前自我否定。

4. 对对方的反应要有预料

在诱导有目的、有步骤的基础之上，还要考虑到每步诱导时，对方的不同反应或回答，从而做到随机应变。否则，很可能会因为找不到相应的对策而被对方赢得优势地位。

其实，说服的过程就是被说服者心理渐变的过程。运用循序渐进的说服技巧，符合心理学的基本规律，只要运用得恰当巧妙，就能收到理想的说服效果。

二、相似因素，拉近你与他的心理距离

一次，相声演员姜昆到某地演出，当地的多位记者想采访他，但都遭到了姜昆的婉言拒绝。但是有一位记者例外，他对姜昆说道：“姜昆老师，我是一名相声迷，我非常喜欢您的相声，而且我对您的相声有些意见……”姜昆一听，便热情地接待了他。这位记者利用自己和姜昆共同的爱好及兴趣做文章，巧妙地打开了姜昆的话匣子，顺利地完成了采访任务。

人们都喜欢和与自己有共同点的人谈话、交往，以此来寻求共鸣。在说服的一开始，就寻找双方的相似点，有助于加强彼此之间的感情，拉近双方的心理距离。相似点越多，双方的感情就越显得密不可分，即使对方是异常顽固之人，也会很容易被说服。

人与人之间存在的相似因素很多，有些显而易见，有些隐藏在深处，只要注意观察对方的言谈举止，就不难发现双方的一些相似因素，从而将其作为交谈的话题和说服的突破口。常见的相似因素主要有以下几个方面。

1. 兴趣相同

共同的兴趣、爱好能够在人们的心理上诱发出一种特定的吸引力，从而拉近交往双方的距离。比如，你的上司喜欢打篮球，而你也恰恰爱好此道，不妨在与上司

交谈时主动说些“打篮球不但能放松身心，还能强身健体”、“昨天的 NBA 比赛让人看得真是太过瘾了”等表现对篮球感兴趣的话。

2. 地域上的相似

这里所谓的地域是说生活、居住、工作的地方。虽然和某些人并不相识，但是却在相同的地方居住、学习或工作过，这一地域的自然风情、人情事态都能够成为他们的共同话题。

比如，在交谈的过程中，你听出了对方的口音，就可以说：“听您的口音是东北人，我曾经在那里工作过一段时间，那里的人们很是乐于助人啊！”这样利用双方在地理上的相似点就能很快地打开话匣。

3. 职业的相似

俗话说“同行易相知”，即使初次见面，彼此之间并不熟悉，但双方对于所从事的职业的性质、特点、工作方式以及工作中的甘苦都了如指掌，自然就有话题可聊，很快就能够消除彼此之间的陌生感。

4. 经历上的相似

相似的社会经历，会使人产生相似甚至相同的亲身体验，容易得到他人的理解，引起情感上的共鸣。如果一方讲述的亲身经历，就能够引起另一方的回忆；一方吐露的心声，能够引发双方的感慨，那么，“同是天涯沦落人”的双方自然就有了共同语言。

三、狭、对、远的环境，气场让他屈服

由汤姆·汉克斯主演的电影《费城故事》，主要讲述了一个艾滋病患者用法律维护自己权益的故事。电影中汤姆·汉克斯是一名非常出色的律师——安德鲁，所有人都喜欢他、依靠他，但不幸的是他罹患了艾滋病，周围的人对他的态度立刻发生了 180 度的大转变，不仅不再亲近他，老板还因一点小事就将他解雇。之后，电影中出现了经典的一幕——在一个空旷的会议室中，几位老板端坐在那张特别长的 T 形会议桌的一端，而安德鲁只能远远地坐在另一端，他们之间足足有十几米的距离。在这一刻，任何台词都是多余的，利用环境就将双方之间的距离感表现

得淋漓尽致，更是与之前的亲近形成了强烈反差，让人唏嘘不已。

电影是艺术的加工，自然要利用环境表现特殊的情节。当然，在现实生活中，环境的因素也会发挥重要的作用。沟通是多种因素共同作用的结果，环境就是其中非常重要的一个因素。在沟通中，如果我们想要占据上风，便要先声夺人，选择“狭、对、远”的环境，利用环境和气氛来改变沟通的条件，进而影响对方的情绪，实现说服的目的。

（1）“狭”是指狭小的环境。身处狭小的环境中，相信很多人都会有压抑之感，迅速逃离这个环境是一种本能的反应，因此，我们可以利用这样的环境击溃对方的心理防线。如警匪片中的审讯室——狭小的房间，阴冷的环境，打开的刺眼的台灯，轮番的审讯，这样的环境足以对嫌犯的心理造成巨大的压力，令其崩溃。

（2）“对”也就是面对。很多事情，如果不通过面对面地交流就无法说清，所谓的当面对质就是这个意思。当双方面对面沟通时，交流的不仅仅是语言，一个眼神、一个动作都能反映出当时的心态。只要我们留心观察，就一定能够发现对方的破绽，并从中获取真实有用的信息。

（3）“远”指的自然就是距离。与人交流时，如果我们故意和对方保持较远的距离，不必明说，对方肯定能从中感受到心理上的距离感。例如，一位异性追求你，你又不喜欢他，但又担心直接拒绝会给对方造成伤害，这种情况，你就可以利用环境这个因素。你可以拉开双方的物理距离，尽量不和对方接触，慢慢对方也就会明白你的意思了，这样既不会伤害对方，又能清楚地表明你的态度。

人与人的沟通，绝对不能忽视环境因素的重要作用，越是重要的沟通，越要慎重选择环境。而如果想要在沟通中占据上风，就要选择“狭、对、远”的环境，让对方的心理在自己的掌控之下，为自己的沟通创造优势。

四、快速打动人心，“杀伤力”问题就要这样问

意大利著名女记者奥莉娅娜·法拉奇可谓20世纪新闻采访女王，在她那些举世瞩目的采访活动中，其思维敏捷、言辞犀利，尤其是她那“海盗式”的提问，为后人留下了堪称典范的提问艺术。

在她采访基辛格的时候，她想让基辛格谈谈他对南越问题的看法，但是基辛格始终不愿合作。于是法拉奇对基辛格提出了一系列问题。

法拉奇：“基辛格博士，如果我用手枪对准您的太阳穴，命令您在阮文绍和黎德寿之间选择一人共进晚餐，那您选谁？”

基辛格：“我不能回答这个问题。”

法拉奇：“如果我替您回答，我想您会更乐意与黎德寿共进晚餐，是吗？”

基辛格：“不能，我不能，我不愿回答这个问题。”

法拉奇：“那么您能不能回答另一个问题，您喜欢黎德寿吗？

基辛格：“喜欢。”接着基辛格谈了他对黎德寿的看法。

法拉奇：“对于您跟阮文绍的关系，您也做同样的评价吗？”

基辛格：“我过去与阮文绍的关系也很好。过去……”

法拉奇：“对了，过去南越人说你们相处时不像朋友。您想说的正与此相反吗？”

基辛格：“关于这一点，当然我们过去和现在都有自己的观点，也无须强求一致。我得说，我和阮文绍像盟友那样互相对待。”

最终法拉奇问出了结果，达到了自己的采访目的。

面对不愿回答问题的基辛格，法拉奇通过提出一个假设性的问题，然后对问题进行合理推导，再层层逼进，诱导对方发表见解，最终迫使基辛格就越南问题发表了观点。

说服的过程需要向对方提出问题，但如果提出的问题过于乏味，对方很可能甚至不想与你继续交谈。平淡无奇的问题难以达到说服的效果，只有提出具有“杀伤力”的问题，才能迅速攻入对方的内心。

1. 开门见山，直接明了

所谓开门见山，就是直接明了地提出一个足以吸引对方注意力的问题。比如，你到一家名企应聘，就可以以一个问题抓住面试官的注意力：“对贵公司来说，一年节约 10 万元以上的成本是不是非常重要？”得到面试官的肯定回答后，再将自己的水平展现出来：“我的研究生阶段主攻方向就是节能效应，如果我有机会进入贵公司，我的专业技能一定能够为贵公司节约成本。”以这样的提问开始，足以吸引每位面试官，更容易求职成功。

2. 攻其不备，乘虚而入

首先要明确自己对对方进行说服的最终目的是什么，之后通过提问让对方从中做出选择，而不是一上来就表现出想要说服对方的态度，最后再按照自己已经准备好的方法开门见山地对其进行说服。

因为面对突如其来的提问，对方一般是没有准备的，如果再加上亲切、耐心、积极的引导，被拒绝的可能性是非常小的。

比如，推销某件商品，面对顾客千万不要上来就说：“您愿意试一试我们的产品吗？”这样生硬的话语只会让顾客迅速离开。不妨这样问：“先生，您好，请问您用过最省电的冰箱吗？”待顾客对你的话题产生兴趣后，再接着说：“您可以试试这一款省电冰箱的效果。”然后再向其介绍并展示产品功能。

3. 抛出诱饵

运用这个方法最关键的一点就是诱发对方的好奇心，然后再顺势完成下一个销售环节。但是你提出的问题不能让对方产生反感，也要注意不要让对方识破你的“花招”。

例如，女儿想让妈妈给她买一件衬衣，她可以这样说：“妈妈，学校要举行运动会了，您看我有实力竞选班里的领队吗？”妈妈为了鼓励女儿通常都会做出肯定回答，此时，女儿就可以说出自己的请求了：“可是我还缺少一件适合做领队的衬衣，领队可是代表整个班级的形象呢。”妈妈考虑到真实情况一般会同意女儿的请求。

4. 拆分问题，层层深入

这个方法就是将说服过程拆分成若干个小问题，而每个问题都具有明确的目的性。当提出的每个问题都按照你预先设想的结果得到肯定回答的时候，就是说服成功的时刻。这些小问题的设置一定要层层深入，这就需要你有清晰的逻辑力和准确的判断力，能够让对方按照你的思路做出回答。

刘叶是广告公司的策划，关于公司的某个产品，她做了一个详细的策划案，于是便提交给了总监。她对总监说：“总监，我看了公司最近的报表，我们去年的业绩不如之前的好啊，是吧？”

总监点头道：“嗯，与前几年相比是有差距。”

刘叶继续说道：“您觉得是不是我们的文案缺乏创意，客户看不到我们的变化呢？”

总监：“是存在这样的问题，会上总经理也提到了这个问题。”

刘叶：“现在策划案很多，那如果是富有创意的策划案，您是不是会优先考虑呢？”

总监：“当然，充满创意的策划案当然是求之不得。”

刘叶：“那总监，这个策划案请您过目。”

5. 以问答问，避免纠缠

例如，顾客提出疑问：“你们的保险业务有额外费用吗？”面对这样的问题，有的销售员可能向顾客反复解释这个问题，最终反倒是越解释越混乱，反而让对方更加关注费用的问题。此时，销售员不妨这样说：“相较于费用，对于您来说最终的收益是更重要的吧？”这样，只要通过一个简单的反问，就可以避免再在这个问题上纠缠不清了。

五、建立“锚点”，牢牢抓住他的注意力

在《爸爸去哪儿》第二季中，有一个情节瞬间牵动着全国观众的心。姐姐Grace挨家大哭道歉解释：“对不起，我无法完成任务”、“拜拜，我要先走了”，似乎要告别四家提前离开，一时间引来网友纷纷猜测：姐姐是要退出《爸爸去哪儿》吗？姐姐为什么去其他萌娃家解释告别？又是因为什么原因让她这样决定？其实这就是湖南卫视为观众抛下的一个锚点，要想知道答案只有守候下周五的节目播出。

想要说服他人，首先你必须要让对方对你的话产生兴趣，因此，你要做的一件事就是吸引他的注意。这时，你就需要一个“锚点”，以便在谈话的一开始就能吸引对方，让他记住你。

当然，找到一个足够有吸引力的锚点并不是一件简单的事，你需要考虑多个方面：

（1）这个锚点是否以最终的说服目标为指向；

（2）这个锚点是否与被说服者相关联；

（3）这个锚点能否激发对方的兴趣？

寻找真正有吸引力的锚点，就要能够找出话题中的四个“最”：即话题中最特别、最有趣、最生动、最幽默的地方。

当然，除了运用语言外，我们还可以充分利用可见的视觉“锚点”。视觉比听觉更为直观，因此视觉“锚点”的强烈效果往往是语言“锚点”所远不能及的。

比如，在一个为某大公司开设的技巧研讨会上，有人以“女人到哪里去了”为题向公司的高级管理层做了一个演示。他们在房间中央摆放了两把椅子，椅子下面分别搁置一双女鞋。他们这个演示的开场白是：“这些鞋子的主人在哪里？”

这个演示就是一个精心设计的视觉“锚点”，它与巧妙的开场白相搭配，起到了意想不到的效果。

六、反复强调，加强对方的记忆

日本理研光学公司董事长市村清先生，想说服W先生购买新发明的阳画感光纸，但他听说W先生对这类新技术、新发明一向不感兴趣。

一次拜访中市村清先生细心观察，讲话很有礼貌，向他解说蓝色晒图应如何改变阳画感光纸，一次、两次……六次、七次，一再拜访。有一天，W先生不耐烦了，破口大骂："我说不行就是不行，要讲几次你才了解。"

他生气了，证明他已经开始在意你的行为了，这是有希望的事情。既然已经生气了，让他情绪稳定下来就太可惜了。如此，市村清第二天清晨又去了。

"昨天跟你讲过，怎么你又来啦？"

"哦，昨天很难得挨骂，所以我又来了。"市村清先生微笑着回答，"打扰你了，再见。"W先生一下子呆住了，而市村清先生认为他已经有了反应，达到了一定效果，所以暂时以退为进。

第三天一早他又去了，"早安"，在第四天再次相接触时，W先生终于被市村清说服了。

经过市村清先生的反复强调、再三坚持终于达到了自己的目的。市村清先生之所以成功的想法，就在于他反复强调自己的产品，让本来毫无兴趣的W先生记住了这件事，并最终被说服。

作为说服者，在说服中应该学会反复的技巧。所谓反复就是重复相同的内容。一再地接受相同的信息，会让人形成一种它们确实很重要的错觉，因而将它们储存下来。在说服中，运用这种方式，就能让你的想法给对方留下深刻的印象，并使对方将其转化成自己的记忆保存起来。因此，优秀的说服者要会使用反复的方法。

1. 重复相同的语句

即多次运用字义相同或相近的语言。例如，某个患者得了癌症，只有动手术才能存活，但是这个患者对手术十分反感，这时作为医生就必须要说服他。医生就要不停地反复告诉他：“你想活下去，就一定要动手术，否则的话……还是赶快接受手术吧！”

2. 换汤不换药

即通过不同的方式表达相同的思想。如果总是重复相同的语句，也有可能会让双方觉得你婆妈、啰唆。因此，如果换种方式表达相同的意思，就能避免这种情况的发生。例如，当一名医生遇到一个患者拒绝手术的情况，医生就可以说：“你想继续活下去，对吧！如果你现在放弃的话，只会让情况变得更糟！目前没有比动手术更有效的办法了！你看临床的患者，手术后不是痊愈得很快吗？如果你接受手术，你可以像他一样继续享受接下来的美好生活，振作一点！别说丧气话了。”

七、得寸进尺，巧登门槛

在澳大利亚墨尔本，女记者帕兰要去采访一位权威人士，打算请他就海洋动物保护问题做一个15分钟的广播讲话。

这位权威人士非常忙，曾经拒绝了很多记者的要求。如果直接提出要占用他宝贵的15分钟时间，他很可能会拒绝，所以帕兰在电话里是这样说的：“在百忙中打搅您很抱歉，我们想请您就海洋动物保护问题谈谈看法，大概只要3分钟就够了。听说您日常安排极有规律，每天下午4点都要走出工作室，到户外散步。如果可能，我想是不是可以在今天下午的这个时候拜访您？”

结果这位权威人士接受了这个要求，采访于当日下午4时准时开始。当帕兰与这位权威人士告别时，时间已过去了整整20分钟。帕兰的目的达到了，因为把20分钟的录音采访编制成15分钟的广播讲话，材料是足够的。女记者帕兰为了让对方接受采访，先提出一个小要求（只谈3分钟），当对方接受以后，在谈话中再诱导发问，使对方实际上接受了更高的要求（谈20分钟）。

说服对方接受一个较小的要求后，再说服他接受一个更大的要求就有了较大的可能性。心理学家把这种逐步接近目标的说服方法叫作“登门槛术”：就如你想进一间房子，又怕遭到主人的拒绝，就先说服主人让你的脚踏上门槛，然后再说服他让你的脚踏进门槛内，达到了这个目的，再说服他让身体进屋就不难了。这实际上是一种“得寸进尺”的策略。

1. 以小求大

在一般情况下，先提出较小的要求，人们总是容易接受的。接受了较小的要求，也就等于缩短了劝说者的观点与被劝说者的见解之间的差距，以此逐步提出最终要求，他也就不会感到惊奇，不会觉得不可接受了。

在现实生活中运用这种技巧是有效的。父母要求爱睡懒觉的孩子早起床，先让他每天早起半个小时就很容易做到，待他养成习惯以后，要求他再提前半个小时。而如果一下子让他提前一个小时起床就比较困难。这实际上是一种循序渐进的劝说方法。

2. 以大求小

有时候相反的技巧也会起到作用，就是首先提出一个大的要求，接着再提出一个较小的要求。这与直接提出较小的要求相比，接受的可能性会大大增加。这种方法对于那些小商贩来说是经常使用的。我们都有这样的经验，卖主先是漫天要价，再讨价还价，当他降低价格的时候，人们以为他退却了，便接受了这个价格。而实际上他仍然按照自己的意图进行了交易，却让双方都感到了满意。

第五章

30 秒电梯说服术

30 秒就能达到说服目的？没错！电梯说服术就能让你在说服中如鱼得水：5 秒开场，语出惊人，让你在说服中瞬间占据优势；20 秒演讲，引导对方跳进你的思维矩阵，让你给犹豫不决的他吃一颗定心丸，让对方在不知不觉中欣然接受；5 秒结尾，一锤定音，让你用最快的速度决胜说服！

电梯说服术就是要让你学会使用最简短的语言达到最佳的说服效果，让你在 30 秒内实现“菜鸟”到“说服达人”的大变身！

一、电梯说服，说服只需30秒

世界级领先的全球知名管理咨询公司——麦肯锡公司曾经得到过一次沉痛的教训：该公司为一家重要的大客户做咨询，咨询结束的时候，麦肯锡的项目负责人在电梯里遇见了对方的董事长，该董事长问这位项目负责人："你能不能说一下现在的结果呢？"由于该项目负责人事先没有准备，而且即使有准备，也很难在电梯从30层到1层的30秒内将结果讲清楚。最终，麦肯锡失去了这一重要客户。

自此以后，麦肯锡对公司的员工做出要求：凡事都要在最短的时间内将结果表达清楚，要直奔主题、直奔结果。因为麦肯锡认为，在谈话过程中，一般情况下人们最多能记得住一、二、三，但记不住四、五、六，所以任何事都要将其总结在3条以内。这就是如今在商界广泛流传的"30秒电梯理论"，或称为"电梯演讲"。

现今生活中，人们似乎习惯了将事情复杂化，错误地认为越复杂就越有技术含量，越复杂就越有魄力。殊不知这种习惯是本末倒置，我们的出发点本来应该是将复杂简单化。

你的方案如果不能使本单位的员工听得懂，那么你的顾客也一定不懂并且他们也不会购买你公司的产品；一个计划如果策划人在30秒内讲不清楚，说明计划有问题并且计划不具有操作性；同样，一个员工如果在30秒内讲不清楚公司、所在部门以及他自己的任务分别是什么，那么这个员工就已经不称职了。

因此，我们的任何计划都必须要简单而有效，在沟通交流中也要有"化繁为简"

的精神，如果你说了半天也没有将自己想要表达的内容解释清楚，使对方听得云里雾里的，怎么可能会说服别人呢？那么，化繁为简究竟要怎样操作呢？

（1）语出惊人。良好的开端等于成功的一半，开头一定要足够吸引人，一言既出要如晨钟暮鼓般警策动人，有一种让听众坐直身子，竖起耳朵，精神为之一振想听下去的感觉。例如，西南联大著名学者刘文典教授教学生们写文章，上台后仅向学生说了五个字“观世音菩萨”，这五个字让学生们不知所云，刘文典教授解释道：“‘观’是说多多观察生活，‘世’就是要明白世故人情，‘音’即要讲究音韵，‘菩萨’则是说要有关爱众生、救苦救难的菩萨心肠。”学生们听后恍然大悟，于是对老师所教的写作技巧终身难忘。

（2）短小精悍。要注意抓住根本，要直达主题、提纲挈领、化繁为简。著名作家郁达夫有一次演讲，一上台就写了“快短命”三个字。听众面面相觑，疑惑不解。郁达夫接着说：“这三个字就是写作的秘诀，‘快’就是痛快，‘短’就是简明扼要，‘命’就是不要离开命题。演讲和作文一样，不可以说得天花乱坠，离题万里，完了。”整个演讲前后不到两分钟，这就是郁达夫针对写作和演讲所提出的“快短命”原则。

（3）提炼观点。不论是写文章还是与人沟通交流都要在观点提炼和归纳上下功夫。观点要响亮，归纳要紧凑，最好不要超过三条，要做到一挥而切中肯綮，一语而击中要害，一笔而入木三分的程度。

这就是麦肯锡电梯理论带给我们的启示。但是，说服一个人不仅仅要做到以上几点，同时还需要其他能力的支持。

麦肯锡方法论将处理问题分成了七个步骤：陈述问题、分析问题、去掉所有非关键问题、制订详细的工作计划、进行关键分析、综合调查结果并建构论证、讲述来龙去脉（在沟通文件中将数据及理论联系起来）。这样得出的结果要在 30 秒内将其表达出来，因此一个人要具备的不仅仅是缜密的逻辑思维、精准的分析能力、高超的系统把握能力，还要有高明的情商。

2010 年 8 月 20 日晚，湖南卫视《快乐男声》6 进 5 比赛中李行亮和刘心这对平日里的好兄弟要一起接受残酷的终极 PK。当轮到为自己拉票时，李行亮突然表示：“我决定放弃，我不是在做一件冲动的

事情，因为我非常欣赏刘心的创作，真心希望我的好朋友应该继续走下去。”说完，向大家深深地鞠了一躬，现场霎时一片哗然。

这时，主持人汪涵马上劝导说：“花不在春天完全绽放，热爱音乐只要你有梦想，花早晚会开，梦想在别的地方也可以实现。但我想以一个男人的身份而不是主持人的身份提出建议，最尊重对手的方式，就是站在他的面前接受大众评审的支持，而不是你放弃，把这个机会让给他。”听了这话，李行亮沉默了两秒，拿起话筒感慨道：“我决定听大哥的。”于是，重新回到舞台上，接受终极 PK，现场又恢复了平静。

李行亮的突然放弃令比赛现场气氛紧张起来，而汪涵的一番妙语及时救了场，难怪广大网友评价“他表现得十分完美，显示了极大的智慧以及绝佳的口才”。汪涵的话语之妙主要表现在以下几点：

首先，语含理解。一句“花不在春天完全绽放”的映衬之法，既道出了对李行亮才华的肯定，又表达了他对主动放弃 PK 做法的理解，一下子拉近了两人的感情距离，也为进一步劝导奠定了基础。

其次，语含平等。“以一个男人的身份而不是主持人的身份”，充分反映了他与对方平等对话的态度，又避免了超越主持人之职权而擅做决定的嫌疑。既体现了对选手的尊重，也体现了对节目的尊重。

最后，语含原则。一个“最尊重对手的方式”的建议，不仅提醒了李行亮要“尊重对手”，更暗示了他“既然来了，也要尊重比赛规则，坚持到底，不论谁留下或者淘汰，都应该尊重对方，尊重评委和观众”。

如果说智商体现了一个人做事的本领，那么情商则反映了一个人做事的智慧。汪涵的劝导之言情真意切、丝丝入理，李行亮岂能无动于衷，于是决定“听大哥的”了。

可见，情商在说服他人的过程中发挥着异常重要的作用。你不一定要有文学家的素养，演讲的口才，谈判家的气势，只要有高情商的智慧，就能以只言片语说服他人。因为高情商的人往往能抓住沟通中的关键因素，与对方心灵相通，他们懂得，如果在情感上不能被对方所接受，那么再正确的话也不能将对方说服。

二、5 秒开场，占据优势（1）：瞬间占据有利位置

相信大家对《快乐大本营》并不陌生，不知道大家有没有注意过五位主持人在节目中的站位：何炅站在中间，谢娜站在他的左边，维嘉站在他的右边，谢娜的左边是杜海涛，维嘉的右边是吴昕。而当嘉宾上场后，主持人就会让嘉宾站在中间的位置。为什么何炅要站在中心的位置？因为他不仅要调动现场的气氛，还要顾及每一个主持人的发挥。而嘉宾上场后，全场的焦点就应该聚集到嘉宾身上。

主持节目中要讲究站位，因为站在不同的位置会产生不同的影响。而在说服他人的过程中，在你和他开口说第一句话的时候，彼此就已经展开了心理上的较量，有助于取胜的一个战术就是一开始就占据有利位置，通过占据对方的个人空间取得心理上的优势地位，为说服对方增加砝码。

但是在具体的说服过程中，其所处的环境千变万化，怎样才能一眼就占据有利的位置呢？这里为你提供了几点参考。

1. 在室内

双方在室内进行交谈，可以利用身边的日常小道具来创造有利位置。在商业谈判中，要想在谈判中处于优势地位，首先就要能够占据最有利的位置，因为占据最有利的位置就意味着能够争取到更多的利益。

在谈判桌上，刚开始的时候双方处于平等的位置，此时，我们就可以利用身旁的一些小物品来扩张自己的个人空间。比如，把自己的资料、水杯或者笔等物品往前放，不动声色地侵占对方的空间，于无形之中给对方施压。当然，对方也有可能利用这类物品或者其他物品侵占你的空间，这种情况下，你就要想办法扭转局面，同样要采取不着痕迹的方法进行还击。你可以将自己的一份资料拿给对方进行翻阅，此时你就可以整理桌面，用这种方法，你不仅可以对对方进行还击，还能利用自己的资料去占据对方的空间。

2. 在室外

交谈的地点位于室外，左边是最好的突破口。当两人面对面站立的时候，如果你想在开口之前给对方以气势，在心理上占据优势，最好从对方的左侧靠近。此时，如果你迈出右脚，伸出右手以握手的姿势接近对方，那双方的距离就会拉得很近了。

此外，心理学家研究发现，当两个人并肩行走的时候，站在左侧的人能够较好地控制另一个人的正常思维。这是因为人的心脏一般在左边，人会下意识地进行保护，所以当不熟悉的人在我们左侧的时候，就容易感到不安；相反，如果不熟悉的人在我们的右侧，就会感觉比较放松。

3. 相对狭窄的空间

很多时候两个人交谈的时候是处于一个相对狭窄的空间里，比如电梯里。此时要想占据有利位置最好是在站在靠近电梯按钮的位置，背靠左边或右边的墙壁。

电梯是一个相对封闭的空间，在电梯里，人们一般会保持60~80厘米的距离，如果电梯空间较小，人们彼此会尽量靠墙壁站立，以维护个人空间不受侵犯。但是对于陌生人在不得已的情况下的近距离接触人们还是可以接受的。

通常情况下，先进入电梯的人会靠里面站立，面朝电梯门，后进入的人依次排到电梯门口。如果当你进入电梯时，对方就是背对着你，这样双方就无法进行眼神交流，若从背后轻拍对方的肩膀或者以其他的方式引起对方的注意，就很容易引起对方的反感。但是如果你站在电梯按钮的旁边，当对方进入电梯后，你便可以帮助他按楼层，给对方一个好印象，以此打开话题。

背靠左边或右边的墙壁站立，不但不会为后面进入电梯的人造成障碍，而且不管对方站在什么位置，你都可以从正面或侧面与他进行眼神交流，增加双方的感情交流。

三、5秒开场，占据优势（2）：开场有礼：称呼得当+敬语

我有一个同事叫李楠，为人圆滑，尤其是在称呼别人的时候，他有一套自己的原则：宁可高叫，也不可低叫。因此，对公司的创意总监高总监，他总是称其为“高总”，高总监听了也很高兴地答应。但是，就是因为这种“高称呼”，李楠从中吃了一次亏。

一天早上，我和李楠一起乘坐电梯的时候，发现公司真正的总经理和高总监都在。李楠热心地打了招呼，对于高总监，他想都没想地随口就是“高总好!”高总监当时尴尬地“嗯”了一声。走出电梯，我对李楠说：“你怎么能当着老总的面叫高总监为‘高总’呢？这不明显有越权的意味吗？你没看见刚才他们两人的脸色都变了!”此时，李楠才恍然大悟。事后，李楠被高总监狠狠地批评了一顿。

一声称呼，能够左右一个人的前途，在沟通过程中，双方都存在如何称呼对方的称呼语。称呼语是沟通的先锋，人们对于他人如何称呼自己，一般来说都很敏感。在说服人的过程中，称呼是否得当对说服的成败有非常重要的影响。

称呼他人是一件很有讲究的事，称呼得当，可以给对方带来亲切感，给别人留下一个良好的印象，帮助自己奠定良好的沟通基础。相反，称呼不当则往往会引起对方的不快甚至恼怒，使双方陷入尴尬的境地，最终导致沟通不畅甚至中断。那么，在沟通交流中如何才能做到称呼得当呢？

1. 泛尊称

在初次相见的情况下，人们通常会采用泛尊称的称呼方式，如称男士为“先生”，称女士为“小姐”或者“太太”。同时，也可以将泛尊称和姓名或职业、身份组合起来使用，如“秘书小姐”、“李先生”等。需要注意的是，当称呼女士的时候，一般要根据对方是否结婚来决定是称其为“小姐”还是“太太”，如果不确定其是否已婚，可统称为“女士”。

2. 仿亲属相称

在中国人的习惯里，人们常常会用“仿亲属”的称呼方式来称呼对方，比如称呼中老年男性为“大爷”、“伯伯”，称呼中老年妇女为“大妈”、“阿姨”等。使用这种称呼方式尤其要考虑对方的年龄，且一定要力求准确，否则很容易闹出笑话，惹得对方心里恼怒。如果你称呼一位三十几岁的女性为“大嫂”，可其实人家还没有结婚，这就会让人家不高兴，而称呼其为“姐姐”会更合适。

3. 职务相称

以对方的职务相称，这样比较不容易犯错。常见的职务有总监、总经理、主任、科长等。这些职称可以和姓氏组合使用，比如张经理、陈主任等。但是使用这种称呼方式，一定要事先观察或了解对方的基本信息，知道对方的具体的职称，否则称呼错了职称，很容易造成“一着不慎，满盘皆输”的结局。此外，在职称前面加上对方的全名，是一种比较郑重的称呼，这种称呼方式适用于那些较为正式的场合，如商业洽谈、高端会议等。

4. 荣誉相称

如果对方在某一领域小有成绩，在称呼他时可以使用荣誉性称呼，包括军衔、学术性头衔以及职称等，如老师、博士、教授、将军等。这些荣誉性称呼也可以与姓氏、名字组合使用，如称对方为“曹教授”、“吴博士”等。

当然，有了得体的称呼，要想给对方留下一个有礼有节的好印象，还不能少了敬语的支持。所谓敬语，就是在人际交往活动中，对对方表示尊敬、谦让、礼貌的语言。好比锦上添花，称呼得当若有敬语再来添上一笔，定会让对方心情舒畅。

在沟通交流中，敬语主要有以下几类。

1. 问候式

问候式敬语，就是人们在相互问候时使用的敬语，如“早上好”、“您好”、“久仰”等。这种敬语表现了对对方的尊重，显得亲切、自然，同时也显示了自己的修养。

2. 道谢式

当自己获得别人的尊敬、支持、帮助、关照或表扬之后要对对方表示谢意，最简洁、有效也是最常用的就是说一声“谢谢”。除此之外，还可以用“承蒙关照”、“承蒙夸奖”、“承蒙提携”、“不胜荣幸”等敬语表达你的感激之情。

3. 请求式

请求别人帮忙时千万不可忘记使用敬语，如“请”、“劳驾”、“拜托”、“请多关照”等。使用这些敬语能够显示我们的谦恭，更容易获得对方的理解和支持。

4. 致歉式

当自己的行为对别人造成影响甚至伤害的时候，就要向对方表示歉意，最常用到的表示歉意的敬语有“对不起”、“抱歉”、“打扰您了”、“请多包涵”、“给您添麻烦了”等。

四、20秒演讲，心理说服（1）：让对方在催眠中自我说服

在热播情景喜剧《爱情公寓》中，关谷和悠悠想要将新买的车推销给另外一位女士，于是他们开始向那位女士描述买了车后的美好的生活画面。

关谷对那位女士说道：“每天清晨，我送我太太去上班，行走在川流不息的车流中，迎着朝阳，摇下车窗，心中没有一丝的慌张和焦虑，轻轻地摆动方向盘，划出优美的弧线。一路上可以听歌，可以上网，可以品茶，可以谈心，无噪声之乱耳，无家务之劳形。周末、过节我们还可以结伴出游，最好的朋友坐在后座，最爱的人坐在右边。”

女士听了关谷的描述，说：“虽然我不懂车，不过听上去好像挺赞的。行了，我买了。”

关谷就是为顾客创造了一种美好的想象，通过让顾客联想美好的画面，进行自我催眠，从而达到自己的目的。

这里所说的“催眠”，是指通过某些话语将对方引入一种更容易接受你的影响的状态。而这种“催眠”的基础就是联想，也就是将真正想表达的意思隐藏在所说之话的背后，让对方联想接受你的意见可以给他带来的好处，联想享受你的服务可能给他带来的舒适，联想不接纳你的想法可能会产生的一些损失。这种联想能够让你的讲话给对方留下深刻的印象，并产生让其自我说服的神奇效果。

通过一些特殊的话语可以让对方在不知不觉中被你“催眠”，促使他按照你的意图进行活动。当你想邀请一个朋友到公园走走的时候，你可能会说：“愿不愿意到这个公园里走走，享受一下清凉的自然之风，那样身体会感觉非常舒适。”这就是一种催眠式的话语，通过你的引导，让对方开始想象一件事，并进行一定程度的“催眠”。

比如，下面的这些都可以归为具有催眠性质的话语行列：

“也许你会想参加这个课程的培训，亲身体验一下培训的效果。”

“你有没有兴趣参观一下我们的样板间呢？”

“您是不是觉得穿上这条裙子显得您更有气质了？”

“您觉不觉得和我一起合作感到非常愉快和轻松？”

“如果我有解决的办法，您愿意试一试吗？”

下面具体地介绍两种交谈式的催眠语言技巧，以便各位能够在说服别人的过程灵活运用。

1. 因果引导

在说服人的过程中，因果引导的典型说法就是“为了……所以……”或“为了……请你……”。

所谓种因得果，如果大家仔细观察就会发现，人们往往很重视做一件事的原因，如果你不说明原因而直接地要求一个人去做某件事，他肯定会忍不住问一句为什么，若你不能给出一个令他信服的原因，对方一般就会产生反抗心理，因为没有人愿意毫无理由地去做一件事。

请看下面两句话的对比：

请保持安静，不要窃窃私语。

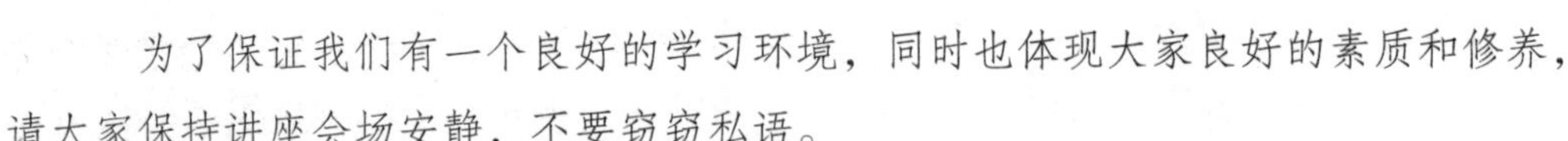

为了保证我们有一个良好的学习环境，同时也体现大家良好的素质和修养，请大家保持讲座会场安静，不要窃窃私语。

很明显，第二句话更容易被人接受，因为人人都会更加愿意在别人面前表现自己的素质和修养。

例如，两个学者因为对某个问题有不同的观点，争论不休，其中一个人提议明天去图书馆，他就可以采用因果引导的说话方式：“为了让我们的讨论更具科学性，明天我们去图书馆查阅一下资料，好吧？”这样更容易被对方接受，而不是简单地问道：“明天我们去图书馆吧？”让人感觉有一种命令的意味。

在说服过程中，运用因果引导的说话技巧需要注意的是，当你想要得到对方的回复时，要避免使用“怎样”、“如何”这样的问法，因为那样等于将主动权交给了对方。可以使用“好吧”、“行吧”这样的词语，既能为问题设置附加条件，又能在一定程度上加重语气，如此对方提出反对意见的可能性就比较小了。

2. N+1 式语言

什么是 N+1 式语言？就是先给对方设置几个疑问，然后再给出答案。

“你想让肌肤保持紧致有弹性吗？

你想一个月内瘦身 20 斤吗？

你想让你的朋友投来羡慕的眼光吗？

现在，你只需投资 288 元，就能拥有这套减肥套装小礼盒。”

五、20 秒演讲，心理说服（2）：A 或 B，你选哪一个

还是《爱情公寓》中的场景：陈美嘉、唐悠悠、胡一菲和林宛瑜一起到婚纱店看婚纱。陈美嘉穿上梦寐以求的婚纱非常兴奋，结果不小心将穿在身上的婚纱弄坏了，婚纱店的店员听到声音赶了过来，看到破损的婚纱，大吃一惊。

于是陈美嘉讨好地说道：“如果我说这件婚纱本来就是这样的，你信吗？”

可是店员只微笑着回了一句：“现金还是刷卡？”

留下陈美嘉在那里无奈地哀号，最终只能照价赔偿婚纱。

对于陈美嘉的侥幸心理婚纱店的店员并没有回应，只是给了她两个选择：现金还是刷卡，这就让陈美嘉无法拒绝，只得为弄坏的婚纱付钱。如果店员按照常规回应陈美嘉的请求，陈美嘉就会有机会和她讨价还价，这件事也不会这么干脆地解决。

在这里，婚纱店的店员所用到的就是“二选一法则”。所谓“二选一法则”，就是在交流的过程中，不是直接将一个问题抛给对方，而是给对方设定两个选项，让对方从中二选一，这样就等于自己掌握了主动权，而对方就会在毫无察觉的情况下进入你的思维矩阵。

比如下面的话术就都运用了二选一法则：

“女士，这两种款式的衣服都是新到的，不知您更喜欢哪一款？”

“您喜欢哪一种颜色呢？是黑色还是白色？”

“你想去看电影还是去喝咖啡？”

“您是付现金还是刷卡？”

从心理学上来讲，任何人在被问及选 A 还是 B 的时候，往往都会忘记其实自己是可以哪个都不选的，这就是一种错觉。我们可以将其充分利用以产生神奇的说服效果。

运用“二选一”法则的核心就是转移对方的注意力。一般来说，可选择的选项越多，人们就越认为自己可以进行更严格的比较，进而从中做出最佳选择。但事实上却并非总是如此，因为我们有时无法有效地控制自己复杂的心理，潜意识里希望有人能够给自己做出提示。

运用“二选一”法则要选对时机，在说服过程使用“二选一”法则的最佳时机就是你已经成功引起对方求知欲之后，这个时候基本上能够确定对方的想法，可以大胆地让他二选一。如果对方还没有弄清你究竟想和他谈些什么，还未对你的话题产生兴趣，你就突然让对方做出具体选择，那最终结果多半是碰钉子。所以，使用二选一法则要掌握恰当的时机。

有时候，过多的选择容易分散人们的注意力，如果我们帮对方缩小可选择的范围，就能帮他在心理上减少选择上的无助感，从而最大程度地聚焦对方的注意力，以达成我们说服对方的目的。

“二选一”说服术关键在于通过妙用“双重束缚”，封锁住对方说“不”的反应，因此只要能够灵活运用“二选一”的说服技巧，就能够让对方的“不”字说不出口，从而轻松达到说服的目的。

六、20 秒演讲，举证说服（1）：请个“权威”来助阵

众所周知，麦哲伦是近代航海事业的开拓者之一，当时他想完成环球航行的伟大计划，但是却没有足够的经济实力，于是便向西班牙国王卡洛尔罗斯寻求帮助。

可是，那个时候因为哥伦布航海成功的影响，很多骗子都觉得有机可乘，于是就都打着航海的招牌，骗取皇室的信任，从而骗取金钱，因此国王对一般的所谓航海家都持怀疑态度，不愿意去资助别人航海。

于是麦哲伦请帕雷伊洛来帮助自己说服国王。帕雷伊洛久负盛名，是公认的地理学权威，国王不但对他相当尊重，而且非常信任。

见到国王后，帕雷伊洛分条论证了麦哲伦环球航海的必要性以及种种好处，其中还穿插了不少地理常识。国王听后十分信服，出于对帕雷伊洛的信任，最后心悦诚服地答应支持麦哲伦的航海计划。

麦哲伦说服国王是巧妙地利用权威人物也就是帕雷伊洛对国王的影响，由于帕雷伊洛这个负有盛名的地理学家早已在人们的心中形成了一种权威，人们对他存有一种信任感，所以国王最终才会同意麦哲伦的请求。

有时候，仅靠自己一个人的力量很难说服一个人，这个时候如果我们能够找到一个“权威人物”来帮助我们，那么，说服就比较容易了。

一个人如果地位高、有威信、受人敬重，那么他所说的话以及所做的事就容易引起别人的重视，并让人们相信他的正确性，这就是所谓的“权威效应”。为什么权威人物的话更具说服力呢?

一方面是源于人们的“安全心理”，人们总是认为权威人物比自己知道得多，他们往往是正确的楷模，听从他们让自己有一种安全感，为自己做出的选择增加安全砝码；另一方面人们有“赞许心理”，总是认为权威人物的要求往往和社会规范相一致，满足权威人士的要求能够得到社会的赞许和奖励。

说服中，通过呈现具有权威性的资料，或引用权威人士的话语，可以比较容易

地改变一个人的想法。比如，对方以某某为偶像，如果你对他说："你知道吗，某某曾说过……"很快你会发现，当他听到这些话语的时候，就会非常认同你的话，当然也会愿意接受你的说服了。

所以，当我们要说服别人的时候，若能请一个权威人士来助阵，说服工作就会简单得多。那么，请权威助阵究竟要请什么样的人呢？首先，引用的权威资料或人物必须是对方所熟悉并感兴趣的，如果你说的那个人对方并不感兴趣甚至都不知道，那这个人也肯定不会对他造成影响；其次，不能随意杜撰"子虚乌有"的权威人物或资料；最后，要在最恰当的时机将权威人物或资料请出来，以使他们发挥最大的效用。

七、20 秒演讲，举证说服（2）：用典故来说事

第二次世界大战期间，美国的一批科学家要研制原子弹，他们草拟了一封信，由爱因斯坦签署后，交给美国经济学家、罗斯福的私人顾问亚历山大·萨克斯，由他面呈给罗斯福总统，信的内容是敦促美国政府要抢在德国希特勒前面研制出原子弹。

1939 年 10 月 11 日，萨克斯与罗斯福进行了长谈，向罗斯福面呈了爱因斯坦的信，并向他读了科学家们的备忘录。可是罗斯福听不懂那些艰深生涩的科学论述，因而反应十分冷淡。总统说："这些都很有趣，不过政府若在现阶段就做此事，看来还为时过早。"萨克斯讲得口干舌燥也无济于事，只好告辞。罗斯福为了表示歉意，便邀请萨克斯第二天共进早餐。

萨克斯喜出望外，他感到面前又出现了生机。怎样才能三言两语使总统大彻大悟、茅塞顿开呢？他一夜未眠，苦思冥想。

第二天早晨 7 点，萨克斯和总统共用早餐，但他还未开口，罗斯福就先发制人地说道："今天不许再谈爱因斯坦的信，一句也不许谈，明白吗？"

"是的，一句也不谈。我只想谈一点历史。"萨克斯说道："英法战争期间，在

欧洲大陆上不可一世的拿破仑，在海上却屡战屡败。这时，一位年轻的美国发明家富尔顿来到拿破仑的面前，建议他把战舰的桅杆砍断，撤去风帆，装上蒸汽机；把木板换上钢板，这样可以大大提高海军的战斗力。可是拿破仑认为这简直是笑话，船没有帆能航行吗？木板换成钢板能不下沉吗？拿破仑眉头一皱，把富尔顿轰了出去。总统先生，如果当时拿破仑稍稍多动一动脑筋，郑重考虑一下富尔顿的建议，那结果将是什么样子呢？19 世纪的历史是不是就得重写？”说完，萨克斯用深沉和期待的目光注视着总统。

罗斯福沉默了几分钟，然后取出了一瓶拿破仑时代的法国白兰地，斟满了一杯，递给萨克斯，说道：“你胜利了！”

萨克斯在苦劝无效的情况下搬出拿破仑的失误，最终成功地说服罗斯福进行原子弹研制。

“以古为镜，可以知兴替”，历史是一面镜子，映照出无数大浪淘沙、得失沉浮的往事。当说服陷入僵局，左冲右突难以前行时，这面明镜可以驱散穿越千年的迷雾，使我们看清前方的道路。

为什么通过历史典故更容易说服他人呢？首先，历史典故之所以被称为“典故”，是因为它具有代表性，具有普遍意义，往往被大多数人所知晓，能够表现出一种无形的权威。其次，历史典故一般很早就留在人们的印象中，只要一说出来很容易引起人们的内心感触。所以，在说服人的时候，灵活运用典故来举证说明，能够起到很好的作用。

引用典故要用得巧，用得妙，只有用得恰到好处才能收到切实的效果。

（1）故事要典型。引用典故的时候，最好选择那些流传度广，为大家所熟知的，如历史上的帝王将相、知名人士的故事。不要选择那些较生僻的事例，如很少有人知道的古代典籍中的故事。此外，街头巷尾、家长里短的故事如果不被大家所熟知，往往也不会产生较好的效果，反而容易引起对方的怀疑，所以尽量不要用这样的故事。

（2）典故要与谈话的主题相关。引用的典故要与现实的情况密切相关，或者是同类的故事，或者是相反的故事，说服人的角度要鲜明，这样比较容易对人的内心造成冲击。比如，劝解领导要能够与下属同甘共苦，正面的典故可以是岳飞对待下属，反面的典故可以是项羽对待下属。

（3）多个典故连用。有时候使用一个典故“势单力薄”，难以说服人，这个时候就要多举几个，形成一种排比的气势，彻底将对方说服。比如说服领导要礼贤下士，除了举刘备三顾茅庐的故事，同时还可以用周文王亲自迎接姜子牙，曹操赤脚迎接许攸的故事。

八、20秒演讲，感官说服（1）：手势说出你的心

侧屈腿半蹲，右臂向右前方伸展，右手食指和中指指向飞机起飞方向，左手握拳放于背后腰际，脸背对起飞方向，口中默念“走你!”2012年11月25日，中国首艘航母“辽宁舰”成功起降歼-15舰载机，这个下达起飞指令的动作也火了！被网友戏称为“走你”。

其实，“走你style”的真正含义为“放下止动轮挡和偏流板，战机起飞！”这个姿势一是为了最大限度地减轻飞机起飞时气流对指挥员的冲击和影响，二是为了最大限度地让飞行员清楚地看到指挥员的手势，从而保证安全。

由于航母的特殊环境，选择手势作为沟通方式是最为稳妥的，在噪声嘈杂的环境中通过视觉进行交流的手势是最直观最没有歧义的，能够避免语言上同音字的沟通歧义。可见，在沟通中，需要的不仅仅是语言，肢体语言也能发挥非常重要的作用。

想要说服别人，除了运用语言打动对方的心之外，恰到好处地运用一些肢体语言来表情达意，也会起到意想不到的效果。在说服别人的时候，不但要“说”得好，还要“演”得妙。当然，“演”不是一般的即兴表演，而是一种有准备、有策略的“演”，通过“演”让对方对我们所讲的内容更感兴趣，而身体上最便于我们利用

的表演的就是双手。

交谈中，恰当地使用手势能够增强语言的表达效果和感染力，增加谈吐的魅力，增强说服力。要想成为一个拥有良好谈吐的人，必须重视手势的辅助作用，注意规范自己的手部动作。

沟通中常用的手势有以下几种。

1. 情意手势

主要用来表达说话者的情感。比如说“通过这个方案一定能够扭亏为盈！”在提高声音的同时，说话者的右手由右上方向向左下方向劈下，并在句尾的“盈”字顺势握成拳头，显得有力而果断，给人以信心和力量。

2. 指示手势

指示具体的对象，引导对方看到实物。比如，在说到“你”、“我”、“他”或者“这边”、“那边”时，可以用手指一下，辅助说明实物的具体位置。

3. 象形手势

用来描摹、比画具体事物的形状或大小，给对方一种形象的感觉。比如当说到“迷你冰箱只有这么大”时，用双手比画一下，对方就能知道该物品的大小了。

4. 象征手势

这种手势用来表示抽象概念，启发思考，引起联想。比如老师对学生说：“只要你们现在努力，将来一定能得到回报，前程似锦。”这时可以将手向前伸，以示“将来”。

当然，手势虽然是加强说话感染力的一种辅助动作，但是绝对不能代替说话。说话的时候，应该使身体保持自然，用好你的声音，必要时用面部表情配合自己的语调，真正需要加强语气或想引起别人注意的时候，才让手帮一下忙。总之，不要以为将手静放不动会显得笨拙，真正笨拙的反而是说话时毫无节制地挥手。

（1）忌乱动手

乱动手有两种情况。一种是纯粹的下意识的动作，比如拉耳掰手，捣弄铅笔、拉链之类的东西，这些动作无非就是为了掩饰内心的不安。另一种是有些人主观上为加强语气而特意采取的手势动作，但是他们又使用得不当，双手毫无规律地乱摆。

由于手势太多，有许多就成了毫无意义的多余举动，这会让别人感觉这个人轻浮、狂妄。

（2）忌手势与感情表达不协调

当要表达强烈的感情时，语速快，手势动作也要快，这样才能使整个节奏显得协调；音调提高时，手势不仅要强有力，幅度也要相对加大，反之，手势要稳重、收缩。

（3）忌手势动作保持时间过短

说话过程中，不要让自己的手势结束得过快。比如，你伸直食指，辅助你表示某种意思的时候，最好将这个手势保持到说完这句话，否则，过早地结束手势很可能会使说服效果大打折扣。

（4）忌使用不礼貌的手势

在说话过程切忌使用一些不礼貌的手势，比如用手指指着别人的鼻尖或做一些侮辱性的动作，这些动作很可能会把友好的交谈演变成争论甚至引发冲突。

九、20秒演讲，感官说服（2）：站姿，也要讲策略

我在一家汽车4S店曾经遇到过这样一件事：汽车店的一位销售员几乎已经成功地说服了他的客户，于是销售员便邀请顾客到吧台前谈谈具体的交车事宜。他们来到吧台后，销售员歪歪斜斜地靠在吧台边上，一只脚还不停地点地，好像打拍子一样。我注意到，那位顾客脸上的笑容马上消失了，没一会儿，顾客对销售员说了声“下一次再说吧”，然后就离开了。

在顾客看来，销售员的那种站姿是在表示不耐烦和催促，因此本该成功的交易以失败告终，这就是举止无礼的后果。

站立是人际交往中的一种最基本的举止，同时也是发展人的不同动态美的基础和起点。优美的站姿能彰显一个人的自信，衬托出

美好的气质和风度，并给人留下美好的印象。

标准的站姿应该是这样的：从正面观看，全身笔直，精神饱满，两眼平视，表情自然。两肩平齐，两臂自然下垂，两脚跟并拢，两脚尖张开 60 度，身体重心落于两腿正中；从侧面看，两眼平视，下颌微收，挺胸收腹，腰背挺直，手中指贴裤缝，整个身体庄重挺拔。

在日常社交活动中，良好的站姿是非常重要的。一般来说，标准的站姿关键要看三个部位：一是髋部向上提，脚趾抓地；二是腹肌、臀肌收缩上提，前后形成夹力；三是头顶上悬，肩向下沉。只有这三个部位的肌肉力量相互制约，才能保持标准站姿。

1. 男女不同，站姿不同

男性的标准站姿应该是，身体立直，挺胸抬头、下颌微收、双目平视、两膝并严、脚跟靠紧，脚掌分开呈“V”形。挺髋立腰、吸腹收臀、双手置于身体两侧自然下垂；或者是两腿分开，两脚平行，双腿分开的距离不能超过肩宽，双手在身后交叉，右手搭在左手上，贴在臀部。

同样，女性的标准站姿应该是，双脚成“V”形，并且膝和脚后跟尽量靠拢；或一只脚略向前，另一只脚略向后，前脚的脚后跟稍稍向后脚的脚内侧靠拢，后腿的膝盖向前腿靠拢。

这些站姿都是规范的，但要避免僵直硬化，肌肉不能太紧张，在站立的同时可以适宜地变换姿态，追求动感美。还需要注意，站立时不要弯腰驼背或挺肚后仰，也不要东倒西歪地将身体倚在其他物体上，两手不要插在裤袋里或叉在腰间，也不要抱臂于胸前。

2. 场合不同，站姿不同

针对不同的群体，所采取的标准站姿侧重点不一样。同样，在不同的场合，人们所采用的站姿也有所区别。

当站着与人交谈时，如果空着手，则可双手在体前交叉，右手放在左手上。若手上拎着皮包，则可利用皮包摆出优美的姿势。同时还要注意，不要双臂交叉，更

不能两手叉腰，或将手插在裤袋里或下意识地做小动作，如摆弄打火机、香烟盒等。

当与外宾交谈时，要面向对方站立，且保持一定的距离，太远或太近都是不礼貌的。站立的姿势要正，可以稍弯腰，但切忌身体歪斜，两腿分开的距离过大，或倚墙靠柱、手扶椅背等不雅与失礼的姿态。

当向长辈、朋友、同事问候或做介绍时，不论握手或鞠躬，双足应当并立，相距约 10 厘米左右，且膝盖要挺直。

当在穿礼服或旗袍时，最好不要双脚并列，要让两脚之间前后距离 5 厘米，以其中一只脚为重心。

标准的站姿是一个人自信的表现，能够给人以“精神抖擞”、“乐观愉快”的印象。站姿常常是我们展现在他人面前的第一种身体姿势，因此它是非常重要的。在人际交往中要保持一种良好的站姿，同时还要避免出现如下错误的站姿：

（1）站立的时候避免有一些不雅的小动作，如摆弄衣角、用手转动发梢或摆弄旁边的一些小物品等，这些小动作会使你显得很拘谨、幼稚。

（2）站立的时候不要双手抱胸，因为双手抱胸会给人一种傲慢的感觉。其次，在听人谈话时不可采取双脚交叉的站姿，因为这样代表着排斥和审视的态度，同时也是紧张、不安等情绪的流露。

（3）站立时不能过于随便。过于随便的站姿容易引起他人的反感，比如身体倚靠其他物体、弯腰驼背、身体歪斜，或者双脚叉开距离过大，双手叉腰或双手交叉等，这些姿势都是不尊重人的表现，交谈时会造成距离感。

十、5 秒收尾，一锤定音：“活话”为交谈画上句号

我的邻居程建华是一家公司的总经理，一次他和一位重要的客户洽谈生意，这位客户对于这次合作有点犹豫不决，尽管未对产品提出任何异议，但就是迟迟不下定决心签约，最后还是丢下一句：“我晚些时候再和你联系吧。”程建

华马上判断出这很可能是客户不好意思直接拒绝而找的借口。为了尽量争取到这位客户，程建华又进一步详细具体地介绍了公司的产品，并给了这位客户一定的优惠，但仍未奏效。于是，程建华只好送别这位客户。

当客户上车后程建华并没有马上离开，而是一直陪在客户的车旁，帮他指挥倒车。当他倒到一半的时候，客户突然摇下车窗问："如果今天签约的话，要交多少定金？"听到这句话，程建华马上意识到这位客户是留下来了。在他礼貌地作答后，客户考虑片刻，便下车跟随程建华进办公室签订了合同。

即便是告别，依旧暗含着机会，重要的是你能不能抓住这个机会。案例中的程建华就是抓住了告别中的一线生机，成功地打动了客户的心，赢得了合作。

心理学认为人的记忆具有"最初效果"和"新近效果"两种功能，也就是说，最初见面时的印象和告别时的印象都会给人留下深刻的记忆。因此，在与人告别的时候给对方留下一个好印象也是非常重要的。所以说，说好第一句话，就是摆好了龙头，说好结束语就等于给双方的交谈画上了完美的凤尾。

在说服人的过程中，双方的意见大多数时候是不同的，那么在结束谈话时总结一下对方的看法，强调一下双方共同的观点和看法是很有必要的。但是这样做就一定要保持客观，以对方能够接受的方式进行，以尽可能有利的方式描述对方的看法，比如：

"占用了您不少时间。"

"你的话对让我受益匪浅，非常感谢。"

"感谢您在忙碌中抽时间接见我。"

"总体来说，你的想法也有很多合理之处。"

对于一般性的谈话，人们在结束的时候通常会说一句"再见"、"改天见"、"常联系"等作为结束语，这样结束语自然比什么都不说要好，但是平淡无奇，很难给人留下深刻印象，也难以让对方感受到你情感的流露。因此，如果你想锦上添花，就要会说一些"活话"来作为结束语。

1. 煽情式

告别的时候说话一定要真诚，能打动人心，稍微煽情一点也无妨，最重要的是要让对方感觉到你的情真意挚。比如，告别时我们可以这样说，“真是听君一席话，胜读十年书，受益匪浅啊”、“能和您聊天真是莫大的荣幸”等。

除了话语要真诚之外，告别时再次提到对方的姓名也是很关键的，如“那么赵经理，我就先告辞了”，这样的说法向对方传达出“我已经记住你的名字了”这一信息，一方面显示出了你对对方的重视和尊敬，另一方面也能给对方留下一个谦恭有礼的好印象。另外，如果双方的交谈是在你的场所进行的，那么对方告辞时至少要将其送到门口。当然也可以将对方送到电梯口或楼外，以表达你非常重视和对方的关系。

2. 询问式

将客人送到了门口或电梯口，除了说“再见”、“慢走”之类告别的话之外，还可以询问一下对方要以怎样的方式、路线离开，对附近的环境是否熟悉等。而且询问的时候态度一定要自然、真切，不要出现应对、草率的神情，这样才能给对方一种值得留恋和感情绵长的感觉。

3. 邀请式

此次交谈的结束并不意味着双方关系的终止，有时还要为下一次的交谈埋下伏笔。所以此时，与其说“再见”不如以一些邀请的话语作为结束语更能深入人心。比如，“改天找个时间我们一起打网球吧”、“以后经过这里，就到我家来，我一定好好地款待你”，这样的结束语先不管它将来能不能实现，但在说服人的过程中使用这样的结束语，肯定能引起对方的赞同，尤其是在求人办事的时候，更能给对方留下一个感恩知报的好印象，让对方觉得帮助你是值得的。

4. 关照式

结束谈话时可以说一些关照性的话语作为结束语，如“刚才我讲的话是一些不太成熟的建议，我觉得没必要让其他人知道，请不要告诉别人，免得引起不必要的麻烦。”

在双方说完了自己的想法、意见或流露出某些内心的意向之后，觉得谈话中的有些话或观点带有保密性、对象性和重要性，当结束谈话时就可以关照对方不要将其中的某些话张扬出去，以免引起误会，给自己带来麻烦。使用这种结束语，有一种提醒对方注意、防患于未然的意味，同时还有强调重点的作用，能使双方增进了解并加强责任感。

第六章

计谋超强说服术

在说服他人的过程中，计谋很重要，在举世闻名的 FBI 中，有很多谈判专家，说服高手，他们反应灵敏，善用谋略，拥有丰富的谈判经验和高超的说服本领。在很多突发情况下，在无数险恶的环境中，通过他们的一张巧嘴，就可以避免许多不必要的损失。从 FBI 独特的沟通方式中，相信你会学到更多有效、实用的说服技巧，让自己的工作、生活如虎添翼。

一、拉近心理距离（1）：姿态表露，公正＋无奈＋适度

2009 年 12 月 18 日，在哥本哈根联合国气候变化大会上，奥巴马阐述了美国在气候变化问题上的立场和采取的行动。他在讲话中称，美国在三方面始终坚持立场：第一，所有的主要经济体必须提出明确的国家行动以减少各自的排放量，着手在气候变化问题上开创新局面；第二，建立一种审查机制，并以透明的方式交流信息，保证减排承诺的兑现；第三，在满足前两个要求的前提下，美国将提供资金帮助发展中国家，特别是那些最不发达和最容易受气候变化影响的国家适应气候变化。

在奥巴马的谈话中，他清晰地表露出美国的立场，也就是说，要想获得美国的援助资金，就必须在可实现、在组织控制下对发展中国家进行强制减排行动。奥巴马适时表露姿态，让其他国家看清了美国的立场，同时提出条件，给发展中国家以警醒。这样就大大增强了美国在谈判中的气势，使其更容易争取主动权。

在谈判中，立场问题是一个非常重要的因素。有时为了迷惑对方，混淆视听，你可以站在一个模棱两可的立场上。但有的时候，就需要你明确地表明自己的立场，让对手心中有数，如果大家志不同道不合，根本就不是一路人，那么也就没必要再继续谈下去了。因此，适时表露姿态，亮出自己的立场，能够更好地让自己掌握主动权，增强说服力。模棱两可、拖泥带水的姿态要不得，表露姿态需要掌握以下几点要领。

1. 以公正表尊重

有时在说服对方的时候，你要对他表现出一种对他没有搞特殊化的感觉。毕竟在实际说服中，对方的身份有高有低，而说服的目的也不尽相同，让对方觉得自己并没有受到某些特殊的不公正待遇，是尊重他人，并且说服他人的基础。

2. 以无奈表示弱

摆出一副无奈的姿态，以示弱的方式麻痹对方，使对方处于心神松懈的状态，更容易暴露出破绽，进而被说服。例如，明明自己没什么困难，却摆出一副无奈的样子，一再表明自己很困难，没有条件，那么，对方也就会不好意思再强迫你接受他的要求，然后你可以趁机提出自己的要求，将对方转换成被说服的一方。

3. 以适度表稳重

在说服的过程中，无论是对对方的心理暗示，还是想对方虚张声势，抑或是个人姿态的表露，都不能做得没有限度，超出普通说服的范围。要知道，对手可不会觉得，一个表情夸张，甚至夸张到做作的人，会是一个合格的谈判对手。因此，对于此种类型的说服，对方心底的抵抗甚至会更加坚决。

在说服的过程中，运用以上三个技巧，表露出适当的姿态，可以收到更好的说服效果。即使在说服中双方的地位差距甚大，也可以相应的增强一定的说服力。

例如，一个是普通的业务员在面对总经理谈判时，表现出一副不慌不忙、尊重而不畏惧的姿态，这就会在无形中给总经理一种暗示，他见过的大人物多了，你只是其中一个而已。在接下来的谈判中，业务员如果再表示自己曾经和多家知名企业合作过，并且和这些企业的高管都有一定的业务往来和感情联系，这样势必会提高你的地位，地位高了，说出的话自然也就更具说服力。

二、拉近心理距离（2）：“想当初”，和对方一起回忆

罗伯特和杰克曾经是同一期 FBI 培训班里的毕业生。当时的两人是班里的佼佼者，同学们都称他们两人是 FBI 的未来之星。正式加入 FBI 后，两人的命运发生了很大的变化，罗伯特因屡立奇功，顺利地当上了地区负责人；而杰

克却在工作上遭受连番挫折，郁郁不得志，很快就离开了这个让他无比热爱的岗位。

多年以后，罗伯特破获了一起间谍案，出乎意料的是，间谍组织中的一名成员竟然是杰克！

“杰克，多年以后，没想到我们会在这种情况下见面……”罗伯特一阵唏嘘。“杰克，告诉我，在你身上究竟发生了什么？为什么你会变成这样？难道你忘记了当年我们在毕业典礼上的誓言了吗？想当初……”

“够了，别再说过去的事了，我的痛苦你是无法想象的！”

“你不是杰克，当年的杰克意气风发，疾恶如仇！是个为民请命的好探员！”

“不，不要再说了！”杰克以手覆面，痛苦地说道。

“不，我必须说。想当初，你对我说过什么？你说你要为国家，为人民贡献自己的力量，你说你永远是正义的化身，保卫人民的利益。可是现在呢，你都做了什么？”

“我……”杰克无言以对。

“杰克，告诉我，你都做了些什么，一切都还来得及，你还年轻，还有未来，你还有时间变回那个曾经的你，那个为民请命的你。”

“还来得及吗？好，我说……”

为什么杰克能够被罗伯特的寥寥数语说服呢？这一切都是因为那一句“想当初”的重要作用，就是这个话题让杰克解除了戒备心理。

正是因为罗伯特对杰克非常了解，和他一起“想当初”，共同回忆过去的经历，唤醒杰克心中的宝贵记忆，打开现在他心灵上的枷锁，从而将他说服。由此可见，和对方共同回忆过往，能够使他放松戒备，拉近双方的心理距离，进而说服对方。

在运用“想当初”和对方共同回忆的时候，有几个问题值得注意。

1. 你对“当初”要足够了解

在说服别人的时候，首先你必须足够了解你们的“当初”，如果了解不深或一知半解，也许就会适得其反。

比如，案例中，罗伯特足够了解杰克，他相信杰克的变化绝对不是出于他的本意，这样就为自己使用“当初”说服杰克提供了条件。相反，如果当年的杰克并不是疾恶如仇，而是另外一种人，进入 FBI 只是为了寻求刺激，那么罗伯特的“当初”肯定不会起到什么作用。因此，如果对方的“当初”并不是你所想的那样，此时你再利用“当初”对对方进行说服，势必会搬起石头砸自己的脚。

2. 推心置腹，以情动人

确定了自己对“当初”足够了解，在具体的运用时可以采用动之以情的方法说服对方。因为在进行说服的时候，很大程度上对方是被感情所征服。善于运用情感技巧，动之以情才能让整个说服过程更能打动人。因此，在说服的过程中要做到推心置腹，给对方以一种遇到知己的感觉，让他感觉你是没有任何个人目的的，完全是为了他的切身利益着想，这样更能增加自己的说服力。

3. 不必纠缠“当初”，重要的是未来

运用回忆当初的技巧，一旦用不好，就容易令人陷入对往事的回忆中而无法自拔。所以，在说服中，一定要掌握好尺度，不要总是把话题围绕在“当初”上，要适当地讲一些未来。

比如，在规劝别人改邪归正的时候，虽然对方在人生道路上选错了方向，但如今你完全可以给他指引一个正确的方向，让对方形成一种潜意识，虽然以前犯了错误，但是听了你的话发现未来还是光明的。只有为对方营造出这种潜在的氛围，才能更好地说服他。因为你说到对方的过去，映衬了他现在的不如意，但是和不如意的现在相比，光明的未来才是说服对方最有效的保障。

因此，在使用“当初”回忆过去的时候，一定要适度，在恰当的时候和对方进行美好的回忆，在快要达到说服目的、自己的利益即将实现的时候，就要将双方的注意力转移到现在的合作以及将来的发展上来。

三、情报战术：筹码怎样用

我曾经在美国留学，结交过一名 FBI 的探员卡尔，卡尔向我讲述了他的一次谈判经历："我曾经被联合国派往叙利亚担任一名非武装军事观察员，与我的同伴一起，试图了解并缓解这个国家的内部危机。一天，我和同伴驱车出城不料遇到袭击，袭击者向我们射击后马上逃走了，我们立即开车追赶。四名袭击者逃进一个村庄，见逃不开追捕，便闯进一幢居民楼，用枪挟持一对母子，要求同我们谈判。

由于我富有经验，所以被临时推选为谈判专家，与袭击者进行谈判。袭击者宣称，我们必须交出自己的车辆，供他们离开，否则他们就枪杀这两名人质，并且炸毁这幢居民楼。毕竟当时我们只有三人，而且也没有精准打击的武器，若是双方起冲突，很可能会造成更大的伤亡。

听了袭击者的要求，我们开始讨论。因为我们知道，我们来到叙利亚的目的是为了观察和调停，而不是制造更多的杀戮，所以我们是不会让这对母子受到伤害的，这是最根本的条件。虽然我们对袭击者们深恶痛绝，但苦于没有更好的办法，只好满足他们的要求。

最后，袭击者开车逃走，虽然没有抓获他们，但是我们并没有违背维护和平的使命。"

看起来，卡尔他们是吃了大亏，不仅被袭击，甚至连车都被开走了。的确，袭击者挟持了人质，相对于观察员们来说，他们手中拥有更多的筹码，而观察员们没有先进的武器，可以说是在谈判的筹码上就丧失了优势。

在说服中，拥有更多的筹码确实能够提高说服效果，但是，谈判中没有筹码也不是毫无胜算可言，说服才是最廉价的征服。

针对谈判而言，其实质就是双方筹码的交换，也就是说你手中有对方想要的东西，对方手中同样也有你想要的东西，整个谈判过程，就是在为交换筹码做准备。在决定和对方进行谈判之前，就要首先清楚彼此的筹码有哪些，并将这些筹码进行分类：哪些是我必须得到的，哪些是可要可不要的，哪些是可以让出去的。

具体的筹码及其作用有以下几个方面：

（1）金钱。对于谈判双方来说，最首要的筹码都是金钱，关键要看其在谈判中所占的比重如何。如果运用得当，金钱可以成为最无敌的筹码。

（2）信息资源。在当今信息爆炸的时代，掌握了更多的信息，也就意味着拥有了相对更多的筹码。但是值得注意的是，信息具有时效性，一旦掌握了有用的信息，就要及时使用，否则一旦过期，就会变得一文不值。

（3）空间资源。空间，顾名思义就是指地理位置，比如公司需要租赁的活动场地、公司的位置、建筑的位置等，这些都可以作为交换的筹码。

（4）渠道资源。在销售行业中，渠道是成功的王道。国美在面对上游供货商的时候之所以那么有底气，就是因为国美拥有强大的销售渠道，并且能够得到消费者的认同，因此，即使供应商对种种高额费用不满，也不得不与国美合作。

（5）专业技术。对于以高新技术为核心的公司来说，拥有某种专业技术的人员通常会以技术入股的形式参与到公司的发展中。公司需要的是技术，技术人员需要的是股权以及技术带来的利润，所以双方就形成了交换筹码的条件。

（6）声誉。一个好的声誉或名誉就是一张最好的名片，尤其是生意上的往来，名誉更是价值千金。就拿银行来说，大笔的贷款通常会批给信誉好的企业或个人。

（7）人力资源。脑力劳动、体力劳动、人际关系等都属于人力资源的范畴。比如，IT 行业销售的是脑力劳动；保洁公司销售的是体力劳动；而工程招标方案，销售的不仅是工程技术，更有人力资源以及社会资源。

（8）行为。比如，在英国和伊朗的外交中，英国要求伊朗停止发展核武器，否则就将对其采取严厉的制裁，

这就是以行为作为筹码。在国际外交中，国家之间就常常通过制裁措施逼对方改变做法。不管是个人还是组织，都可以把行为作为谈判的筹码进行运用。

谈判就是拿自己的筹码和对方的筹码进行交换的过程，在谈判中让对方相信你拥有他们迫切需要的筹码，诱使对方主动与你进行交换，这才是筹码的价值所在。

1. 将话题引到筹码上

拥有筹码并不意味着就能取得成功，还要通过巧妙的谈判来说服对方。不可否认的是，拥有的筹码越多，就越能增强我们的说服力。那么，怎样使用筹码才能更好地说服对方呢？一个简单有效的办法就是，尽量将话题引向筹码。

在某个商业谈判中，其中甲方的代表客气地说道："听说你们公司的 X 型机器销量很好啊！"

乙方谦虚地答道："哪里哪里，贵公司的 M 型机器才是业内的销售冠军呢！"

在类似的客套话中，甲方不着痕迹地就将谈判的话题转移到了筹码上，然后以自己的 M 型机器是销售冠军作为筹码，让乙方形成一种潜意识——人家的产品确实比自己强，我们不如人家。在这种潜意识的客观引导下，甲方更是提高了说服的成功率。

2. 找到隐秘中的筹码

筹码有明暗之分，当然对方并不会轻易地让你知道他究竟有什么筹码，从而让你掌握主动权。一名穷凶极恶的犯罪分子的筹码并不一定就是他手中的武器或者人质，迫使他直接触犯法律的最终原因多半是走投无路的绝望。因而，谈判专家通常都能够从更深入的地方寻找突破口，家中嗷嗷待哺的幼儿、病重的双亲，这些都有可能成为压倒歹徒的最后一根稻草。如果你能通过其他渠道了解到，和你谈判的公司其实已经负债累累，急于还债，那么你又将多了一个筹码。

四、套取信息（1）：想要套话，第一句话已经决定胜负

想要说服对方，就要尽量弄清对方心中所想，那么套取对方的真实想法就显得尤为重要，这就需要我们掌握一些套话的技巧。

俗话说："万事开头难"，说好第一句话能够帮助我们在交谈中获取主动权。可以说第一句话的好坏，几乎可以决定一次交谈的成败。所以，在与人交谈的过程中，

必须选好第一句来打开对方的心扉，以便从接下来的交谈中套取更多的有效信息，为说服工作奠定良好的基础。因为你的真诚与创意不仅仅会对整个谈话的气氛产生影响，它还将会影响到对方聆听的态度。

如果在沟通的一开始就给予对方足够的关注与尊重，消除对方的防备之心，让对方在不知不觉中掉入我们为他们设下的“陷阱”，从他们身上套取更多信息，最终达到说服对方的目的；相反，如果开场第一句话就让双方陷入僵局，那么交谈很可能就会自然终止，再想要套取信息更是不可能实现的，那么接下来的说服必定也会举步维艰。

FBI 的探员们都是套话的高手，往往在沟通的一开始，他们就能够灵活运用多种手段尽可能地套取更多的信息。

1. 以亲和的话为开篇

众所周知，美国人常常会以谈论天气来展开一次谈话，FBI 的探员们也不例外。在审问嫌疑犯的时候，由于刚开始掌握的资料并不多，所以探员们会先从对方的口中套取一些无关的话。于是便常常会说：“今天的天气真不错，让人感到舒心。”或者是：“今天的大雨真是太令人感觉舒畅了。”

在我们与被套话者说出第一句话的时候，也不妨以此类话题展开，因为这样很容易让对方感到放松，卸下心防，觉得这不过就是一场朋友间的交谈，自然就会无所顾忌地聊开了。

2. 以故事为开篇

当然，也有一些嫌疑犯会对自己所犯的罪行表现出不知所措的态度。面对这种情况，FBI 的探员们经常会以一个故事作为开头，进而调动对方的情绪。例如：“我有一个弟弟，在你这个年纪的时候也是对任何新鲜事物都好奇，比如毒品……”

同样，在生活中，我们也可以以一个故事作为话题的开头，以此来吸引对方的注意力。但是要切记，使用的故事不能是随便想象的，而是要非常具有引导性和启发性，要能让对方通过故事对自己的行为进行反思，同时还要能给对方一个正确的引导。

3. 以威慑的话为开端

对于那些本身就心存抵触的罪犯，显然温和的方式是行不通的。所以，此时就需要先给对方施加适当的压力，如："你要明白这是你最后一次机会了。"让他知道不合作的后果，增加紧迫感。

当然，生活中我们不能像FBI面对罪犯那样与人交谈，但是适当的暗示还是能产生不错的效果的。如销售员向顾客推销商品："这是我们优惠促销的最后一天，明天我们将恢复原价。"这样对顾客造成一种紧迫感，帮助顾客下定决心购买。

在套话获取对方信息时，恰当的第一句话是不可或缺的。第一句话看似简单，但却是至关重要的。只有第一句话说对了，开启了一个良好的开端，接下来的交流才能顺畅、轻松地继续下去。

五、套取信息（2）：早上VS晚上，哪个时间效果更好

想要套话，什么时间套更有效？是上午、下午还是晚上？是在对方精力充沛的时候还是在对方精神疲劳之时？面对这些问题，我们最应该做的就是弄明白不同的时间，给人带来的影响有什么不同。一旦我们发现了这其中的区别，再根据交流对象和将要谈论话题的重要程度来决定进行套话的时间，就很容易收到事半功倍的效果。

联邦调查局科学实验室曾经对人类的理解力、记忆力和运动力做过专门的测试，结果显示，人们的理解力和记忆力在接近中午之时是最高的，而到了下午便会有些许下滑，虽然在下午3点之时会有所上升，但是随后就会持续下滑；而运动力则恰恰相反。也就是说，人们的思维在上午的时候较为理性，下午的时候则较为感性。基于此，FBI探员们根据嫌疑犯们在上午、下午、晚上不同时间所处的状态分别制定了不同的讯问内容。

1. 不同时间段对人的影响

（1）上午：这个时间段人们的大脑非常活跃，所以人在这个时候会表现得异常机警，会更加注重具体的细节，所以套出实情的概率相对较小。但是由于上午的时间是比较充裕的，因此在这个时间段可以谈一些较为深入的话题。

（2）下午：此时，人们的心理和生理都处于疲惫状态，所以这个时候是套话的最佳时机。但是下午的时间通常比较短，很多人会考虑到下班等问题，这样就不利于对话题的深入探讨，所以下午最好选择一些能够速战速决的事件。

（3）晚上：晚上之时，人们可以说已经是身心俱疲，此时是放松休息的时间，同样也是最容易套取信息的时机。当然对于FBI来说他们更喜欢选择晚上到被约见对象的家中，因为这样更能让被约见者感受到压力，让他在孤立无援的境地下选择与探员合作。

当我们选择在上午与人交流时，最好的方式就是表现出理性的一面，通过理性缜密的逻辑套取对方的真实想法；如果是在下午与对方见面，那么，在交流过程中一定要注意渲染气氛，因为此时人们的大脑已经不是特别清醒了，思维更加感性，所以，在特定的氛围中更容易吐出真言。

2. 避开于己不利的时间

不同的时间段会对被约谈对象造成不同的影响，与此同时，在与对方交流时，还要尽量避免于己不利的时间。因为自身的状态对套话也会产生重要影响，所以一些情况需要我们特别注意。

（1）不要在自身身心处于低潮时期与对方交流。比如盛夏的午后，此时人是最容易感到困乏的时候；如果要到异地或异国，由于经过长途跋涉，也不适于马上与对方进行沟通，而是要在自己充分休整之后再进行约谈。

（2）不要在连续的紧张工作之后进行约谈。因为这时人们非常疲惫，思绪零乱，缺乏条理。

（3）**不要在身体不适的时候约谈。**因为身体的不适，会使我们难以集中精力与对方进行交流，并从对方口中套取有用信息。

六、自我说服（1）：欲语还休，吸引对方的注意

在警匪剧中看到过这样的场景：

一个黑帮的诸多高层人物在某地举行庆祝活动，临走前，留下一名得力干将看守老巢。

警方得知消息后，决定趁机捣毁他们的老巢，并且希望能够尽量减少不必要的损失。警员小刘接受上级指令，潜入黑帮，尝试说服黑帮成员离开这里。

小刘伪装成一名刚加入的小弟，见到了菲克："菲克先生，是老大让我来的，他说……"

"老大让你来的？他有什么指示？是不是和科斯那小子有关？"菲克主要负责新地盘的接收工作，一直和科斯有矛盾。

"老大，让我来喊你过去开心一下。"

"开心什么？你把话说清楚一点。"

"科斯先生不让我说。"

"可恶，科斯不让你说，我让你说你敢不说？开心？开心？难道老大他弄到了金三角那边的上等货？"想到这里，菲克拍案而起。他染上毒瘾多年，尤其对高纯度的毒品格外上心。

小刘当然不了解他们内部的问题，只是装出一副欲语还休的样子，似乎因为某些人的关系，不好直接把话说出口。但是他的行为却吸引了菲克的注意和兴趣，当他猜想可能有一批高纯度的毒品到来的时候，激动不已。

"既然是老大派你来通知我，那我就过去，科斯也无话可说。"说完，菲克带着几名心腹离开了。

得知消息后，警方立即攻入这个盘踞多年的黑帮窝点，一举将它捣毁。

其实从头到尾小刘并没有说什么实质性的话，但是为什么却能把菲克忽悠走呢？明明什么都没说，但却让对方觉得你说了什么，这就是谈判专家欲语还休的技巧。因此，在说服别人的时候，有时候不将话说全，反而能起到意想不到的效果。因为通过你的语气和表情，对方也能达到一种心理暗示。一旦对方陷入了你设置的语言陷阱中，就会在潜意识中把这个语言陷阱完善下去，一步步跟随你的意志，最后彻底被你说服。

1. 欲语还休的内容要能够吸引对方的注意

欲语还休是交流过程中的一种状态，给人一种你是因为内心有所顾虑才不能将话讲明白的感觉。那么究竟是什么顾虑呢？是不是和这次谈话有关呢？这样就会让对方产生一种猜想，然后渐渐进入你所期望的状态。

欲语还休的内容必须涉及谈话的双方，最好是能够对对方产生重大影响的某项事物，这样才能刺激对方尽快做出决定，接受你的说服。

2. 欲语还休以迟疑的态度表现

运用欲语还休的技巧，就是想办法让对方自己说服自己，因此，对于对方提出的要求，我们要尽量表现出一种迟疑的态度，尽量让对方自己否定自己的意见。

商务谈判中，在针对产品定价的讨论中，双方意见不同。我方主张按市场价定价，而对方却表示市场价利润小，市场难做。此时，我方可以说：“市场价利润小，那又怎么会有市场价呢？其实，按市场价来卖对我们来说也是很难的，毕竟我们这一行在成本和税收方面的开销都是……”

对方再表示：“可是其他公司都不是这样定价的。”

我方可以说：“其他公司不这么定价？难道他们的定价比市场价还低？不会啊，这个产品的生产成本一直都很高，我们公司使用的原料都是最优质的，因为采购量大才享受了一部分优惠，在市场同类型产品中，我们这个绝对可以说是最低价了。”

此时，对方就会产生怀疑：“同类产品价格最低？那就是有可能比贵方价格低的产品与贵方的不是同一个类型了。可是两边报的都是同一个类型，那边价格低，那也许是他们的原料稍微差一点……”

3. 欲语还休要配合其他动作

有时候只是靠嘴说，力度还不够，再加上一些小动作，比如看表、叹气、摇头等，能使语气得到加强，从而增强说服力。

例如，在一场谈判中，双方都耗费了很长的时间，对方基本已经同意了你方的条件，但始终不做出决定。此时，你的手机刚好响起，电话那头另有邀约，于是你回应道："请稍等一下，我有事在忙，大概……稍后再说吧。"一边说一边看手表，这样对方就会明白，你要赶时间，他必须尽快做出决定。于是一个小动作，就将你想要表达的意思通过半句话传递给了对方，促使对方尽快做出决定。

七、自我说服（2）：假装把消息不小心说漏嘴

我的表姐在一家电子公司当秘书，她经常陪同总经理参加商务谈判，从中收获颇丰。就在前不久的一次谈判中，她又学到了一招。

"陈总，是致远科技公司的电话。"表姐当着对手的面向陈总说道。

"你就说我现在在开会，让致远科技的人等一等。"陈总故意做出一副惊慌失措的表情。

"陈总和致远科技的人也有联系？"对方惊讶地问道，因为致远科技正是他们公司的一个竞争对手。

"没有，当然没有了，我们只会和你们一家合作。"陈总笑着和对方打马虎眼道。

后来，表姐对我说："其实，陈总就是故意让我在对方面前说那句话的，不得不说陈总这一着真是产生了非常好的效果，那次的谈判非常顺利，对方基本上同意了我们所有的条件。"

故意让秘书在对手面前说漏嘴，泄露己方和对手的竞争对手之间的合作关系，对对手的心理上产生了一定的威慑作用，让对方想要捕捉更多的信息却又无迹可寻，这样既能够引起他们的足够重视，又不敢轻举妄动。

1. 说漏什么样的信息有效

在假装说漏嘴之前，你首先要清楚说漏什么样的信息才是最有效的，因为并不是所有的信息都能产生良好的效果。你要认真考虑，什么样的信息才能够颠覆对方的思维，打乱对方的步骤，让你掌握更多的主动权。

（1）在日常生活中沟通，可以作为故意说漏嘴的信息，比如邻居不礼貌、物价上涨、子女教育、医疗卫生等，这些信息看似与沟通毫不相关，但是就是这些琐事更容易拉近彼此的距离，为你赢得对方的信任，进而接受你的说服。

（2）如果是在一场商业谈判中，你必须能肯定，说漏的信息关系到这次谈判，以及和在座的人员有关，而且是与这次谈判进程中的敏感点有密切的关系，如原料价格上涨、竞争对手、物流环节等都可以成为说漏嘴的信息。只要这些信息对你赢得谈判有帮助，那么就可以使用。

（3）作为一名行政人员，如果你想向老板表示忠心，却故意说漏顶头上司的缺点和不足，这种行为就是不明智的。如果你“泄露”的信息只是小事情，起不到作用，不管你的老板是否维护你的上司，都注定你将来的日子不会好过。如果你的信息能够对顶头上司造成沉重的打击，使他再也无法翻身，那么试想，又会有哪个老板愿意任用背后放冷箭的人呢？所以，这种信息即使知道也要憋在心中，千万不能说漏嘴。

2. 合理安排每一步的话

将信息说漏嘴的最终目的是说服对方，所以，除了选择合适的信息之外，还要做好应对对方反应的准备。说信息是第一步，但是如果不能将每一步的话进行合理安排，即使说漏嘴的信息非常惊人、异常重要，也难以达到应有的说服效果 。所以，在打算说漏嘴之前，可以在心中事先模拟一遍，从说什么，什么时候说，怎样说，到最终成功地说漏嘴而实现自己的目标，设想对方的反应，并设计出应对策略。

八、寻找利益切合点（1）：弄不清底线，你铁定要吃亏

我的表哥唐华因为工作的原因，曾负责过销售渠道拓展与管理方面的工作，接触过苏宁、家乐福、沃尔玛等不同类型的各种卖场，并与其进行全国范围的渠道合作谈判。他曾经向我讲过工作中的收获，他告诉我，不管是哪一种合作模式，谈判者都希望能了解对方的底线，比如对方所能接受的最低扣点是多少、租金最低是多少、账期最长是多少等。这就要求谈判者能够弄清双方的底线，并对之做出最合理的处理。

1. 分析对手，弄清底线

在谈判中，为了保证实现自己的目标并限制对手，谈判专家通常会对对手进行仔细的分析，在坚守自己底线的同时，试探对方的底线。那么，要怎样设置自己的底线，并试探对方的底线呢?

（1）分析对手时，按照损失最小化，利益最大化的原则设置自己的底线。这里所说的利益包括尊严、人格以及个体或集体的经济利益。

（2）试探对手能够接受的范围。实现双赢是说服的最完美结局，如果只是单方面地考虑己方的利益，盲目地设置过高的底线，只会使说服的过程僵化，增加说服的难度。所以，设置底线的时候，说服者一定要注意将自己的利益和对方可接受的范围相结合，在对方能够接受的范围内实现自己的利益。

2. 底线，是坚守还是妥协

在设置了合理的底线之后，无论对方提出怎样的要求或条件，说服者都要尽可能地坚守自己的底线。但是，在说服的过程中一味地针锋相对，有时并不能收到很好的效果，如果强硬坚持无法打开局面，那么就应该考虑妥协了。

当然，所谓的坚守和妥协，是说在底线范围内，说服者可以在坚守底线的前提下灵活地做出妥协。但是如果对方的要求超出底线，那么宁可说服失败，也不能够放弃自己的底线。因为说服者一旦妥协，将会换来对手更无理的要求。

3. 要求稍高于底线

在说服中，说服者要尽量让自己的要求稍高于设定的底线。虽然在谈判的开始，说服者在心中已经设定了自己的底线，而且确定自己的底线一旦得到满足，自己的

利益也就得以实现。但是，在说服的过程中，双方都不会让对方轻易探知自己的底线，成功的说服者都知道，谈判通常是在相互交换条件中进行的，要想在坚守自己底线的前提下实现己方的最大利益，所提出的要求要稍高于底线。比如，如果你想让你的产品卖到50元，那么你向对方报出的价格就要是100元，甚至120元。

作为说服者，只有你提出的要求超出自身的最低期待值，也就是高于底线的时候，才能尽可能地为自己争取更大的利益。假如过早暴露出最低期待值，你将会失去主动权。不仅无法为自己争取更大的利益，甚至会让谈判陷入僵局。

九、寻找利益切合点（2）：分歧，就这样解决

在中俄天然气10年拉锯的谈判中，价格是其中主要分歧所在。俄罗斯不愿以低于输往欧洲的天然气价格出售，中国则不愿以高于其他国家的进口价购入。俄罗斯每年要向欧洲出口天然气1600亿~1800亿立方米，若低于欧洲的售价，对俄罗斯而言是挑战。同时中国也从其他国家进口天然气，若从俄罗斯的进价高于其他国家的价格，对中石油的挑战也是巨大的。

说服的一开始，双方的不同立场就决定整个过程一定会存在分歧，因为双方的利益各不相同。作为说服者，要想成功说服对方，最关键的就是解决双方的分歧。而在解决分歧之前，最重要的就是找到与对方之间的分歧。

双方产生分歧的原因可以从以下四个方面来考虑：

（1）客观认知不同。双方所掌握的信息不同，双方对问题的认知不同，对事实的态度不同，或者是双方对所掌控的利益有不同的评价。

（2）主观认知不同。双方分歧的根源来自于彼此的价值观、道德观不同，而这种分歧往往会对双方在谈判中目标和策略的使用产生影响。

（3）目标不同。谈判双方所追求的目标不同，进而产生分歧。这种分歧可以

是小组的既定目标、部门的销售额、月销售额等。

（4）策略不同。很多时候，谈判双方会存在共同的目标，但是却在实现目标的方法、策略上存在分歧。

成功的说服者在面对分歧时，通常会采用四种处理方式并结合具体的情况来应对。

1. 尽量避免产生分歧

创造和谐、愉悦的谈判氛围，本着友好合作的原则，尽量避免非重要因素的分歧，赢得对方的好感，从而为自身争取更大的利益奠定基础。

2. 压制分歧

谈判中，对方意见强烈，此时说服者应当通过恰当的措施来遏制对方的不良情绪，对对方意见进行压制，为己方创造有利条件。

3. 将分歧转化为创造力

通常双方在分歧的碰撞下，会在说服中产生意想不到的火花，而正是由于这种分歧的存在，才会使说服者更具创造力。

4. 分歧演化为冲突

谈判中，出现冲突不可怕，可怕的是出现僵局。所以，在谈判即将陷入僵局的时候，说服者不妨尝试，将双方的分歧演变成冲突，接着在冲突中寻找解决的办法。

第七章

CHAPTER 07

演讲说服，激情四射引发“舌尖风暴”

一个人的成功，与他的影响力密切相关，而演讲无疑就是提高个人影响力的最佳方式。通过演讲，可以让你获得更多的理解，取得更大的影响力，赢得更多的支持，从而让你更具说服力。演讲大师都是最有力的说服者，他们往往能够用激情四射的演讲，打动人心，赢得支持，最终让听众接受自己的观点，实现影响听众思想的目的。

一、激情效应：用热情“燃烧”对方

曾任微软 CEO 的史蒂夫·鲍尔默除了具备商业天赋和卓尔不群的市场直觉之外，他最引人注目的特点就是“易于激动”。激动的时候，鲍尔默习惯把任何东西都强调三遍。

1994 年的一天，微软公司召开大会，员工们听见一个无与伦比的大嗓门喊道：“有用的是市场份额！市场份额！市场份额！原因只有一条，如果你占有市场份额，你实际上就使对手们只剩下呼入维持生存的氧气的能力，而我们需维持的就是对手们奄奄一息！”

1998 年 7 月 27 日，在新奥尔良召开的一年一度的销售大会上，鲍尔默又扯开嗓子：“我爱微软！我爱微软！我爱微软！”使得 5 万多名销售人员热血沸腾，欢呼声长达 5 分钟。

鲍尔默是天生的销售明星和演说家，一站上讲台就会表现出难以抑制的澎湃活力，来回走动、大声喊叫都不足以宣泄他的热情。如果身临其境，你的情绪很难不被他异乎寻常的煽动性所感染。

演讲不仅需要对听众进行语言刺激，还要感染听众的情绪。富有激情的演讲，会让听众热血澎湃，内心涌动，更能给听众带来空前的震撼，或是让人振作，或是让人悲叹，甚至是让人流泪，与你产生极大的共鸣，进而说服听众，使听众接受你的思想。鲍尔默的演讲之所以能够鼓动人心，就是因为他在演讲中灌注了莫大的热情。

怎样才能使演讲充满激情，达到说服听众的目的呢？

（1）语意传达激情。当演讲的内容到达关键点时，为了强调可以使用排比、感叹、反问等手法来增加激情，洋溢出或喜或悲，或爱或憎的情感，通过这样的方式往往能给人带来一种酣畅淋漓的感受。

（2）语调传达激情。不同的语调能表现出一个人不同的情绪，所以，在演讲中要懂得适时地转换语调，不论是坚定的、犹豫的、高兴的、悲伤的，还是期待的、失望的、低迷的、高昂的情绪，都可以通过语调的平缓快慢表现出来。

（3）姿态传达激情。滑稽演员之所以能够逗人发笑，就是因为他们的形体动作所传达出的信息。在演讲中，形态动作能对语言进行有效的补充。通过适度、得体的姿势辅助语言，直接表达某种情绪或感情，可以使听众产生兴奋感，引起情感共鸣。

当然，充满激情的演讲还需要散发你的热情，向听众释放你的热情更能使演讲获得格外的成功。因为人都是有感情的，当我们"热"起来的时候，也会将"热"传导给对方，使对方的情绪也"热"起来。向听众表达自己的热情，可以从下面几个方面努力：

（1）演讲的声音要洪亮，吐字要清晰。

（2）要有让别人听到自己内心的跳动的期待，每句话都要从自己的心底发出，而不是随便地脱口而出。

（3）讲话的时候要围绕一个中心，要体现出你为了这个中心目标付出的努力以及你强烈的感受。

二、抑扬顿挫：语速+停顿+语调＝生动的语言

乔布斯能够赋予演讲以生命，让它"自由呼吸"。当他阐述一个关键点时，他常常会缄默几秒，从而达到意想不到的演讲效果。

2008年1月，乔布斯在Macworld大会上说道："今天，我们将为大家推出第三类笔记本电脑。"

说到这里，他停顿了数十秒，然后接着说："它就是所谓的MacBook Air系列。"他又停顿了一下，然后抛出了震惊全场的关键性话题："它是世界上最薄的笔记本电脑。"

演讲中，乔布斯的热情表现得淋漓尽致。乔布斯站在舞台上，他的气场就像旋涡一样富有吸引力，他的声音充满激情，语言充满活力。他的每一小节都条理清晰、重点突出，语言技巧处理得极其恰当，语气、语调、节奏富有变化。

演讲感染人的重要手段之一就是通过生动的语言去流露感情，尤其是在说服性演讲中，要想让听众接受你的思想，首先就要能够吸引住听众，这样才能步步为营，妙语攻心。成功的演讲者大抵都能够利用生动的语言抓住听众的心理，句句掷地有声，在听众平静的心湖里激起层层波浪。

1. 语速：快慢相间

语速和演讲的节奏密切相关，语速有快有慢，快慢相间，变化有致，能给人以一种变化的美感，如果总是保持一个语速，一个节奏，那样不仅不利于表情达意，而且还会令听众感到索然无味。

（1）正常语速。当表达一些无关紧要的内容时，语速既不要太快，也不要太慢，维持在一个适当的速度即可。

（2）加速。当表达兴奋、热烈、激动、愤怒、紧急、呼吁的思想感情时，语速要适当加快，要有滔滔不绝、势如破竹的气势；当内容达到精彩的高潮，或为制造结尾“戛然而止”的效果蓄势时，语速要有一个陡然加速的过程。值得注意的是，加快语速并不是说要一口气说完，如果句子较长，喘不过气来，反而影响效果。

（3）减速。当所讲的内容涉及极为严肃的事情，想以此给人以警醒时；当表达悲伤、怀念、失落、失望等情绪，想特别唤起听众的注意时；想在自己的讲述中做特别的强调时；故意设疑问引人思考时，都要注意减慢语速，以让听众有时间进行思考。

2. 停顿：适度得当

停顿是演讲中的“休止符”，恰到好处的停顿能够使听众对主题进行深入的关注和思考，使演讲者的信息更加有效而巧妙地得到传达。此外，它还带有一定的悬念，从而可以提高听众的注意力，激起听众急切听下去的愿望。

（1）停顿的时机。一是在语义转化的时候停顿，比如说到“但是”的时候，演讲高手经常连续使用几个“但是”来提醒听众注意；二是在强调中心思想的时候，比如当说到“这就是我今天演讲的目的”这句话后，马上停顿一下。

（2）停顿的时间长短。一般的停顿最好控制在10～30秒的时间，如果是要让人进行深思的话，往往停顿一分钟的时间，最好不要超过一分钟，以免停顿时间太长，听众的注意力跑掉。

3. 语调：高低、轻重变化有致

所谓语调，是指说话时声音的高低、轻重的变化。语调的变化不仅能表现出说话者的情绪，还可以造成声音的多样化，从而使听众乐于接受。

（1）语调高低的变化。一般来说，高音为升调，即句子语调由低到高，句尾发音往往最高，通常用于疑问句；低音为降调，即句子语调由高到低，句尾发音往往最低，通常用于陈述句、感叹句和祈使句。

（2）语调轻重的变化。为了突出某个意思，而将某些词语、句子甚至段落的音量加大，讲得重一些，就是重音。同时由于表情达意和创造特殊表达效果的需要，有时又必须将话讲得轻一些，音量小一些，就是轻音。语调的轻重起伏要配合说话的内容，呼吁、号召的时候自然要提高音量，加重语气。

三、目光交流：用眼睛和对方说说话

演讲中的目光语很重要，眼神在演讲中能够起到很重要的作用，它能够表达复杂多变的感情，增强表达效果，使听众加深印象。统观全场能够帮助演讲者审时度势地控制演讲的进程。在演讲中，演讲者应该两眼向下平视，目光自然亲切、专注，积极和听众进行交流和沟通，及时地了解和掌握听众的情绪、反应。

演讲中，演讲者随意自然，有时盯着某处看，似乎在专门说给一个听；一会儿向左边微笑，一会儿向右边点头，一会儿朝后边示意，目光流盼，使全场每一位听众都感觉到演讲者是在看着自己说话，造成一种极为亲切的交流氛围。

美国的第四十任总统里根出身演员，拥有高超的表演技巧，每次演讲他都能充分运用目光来表达自己的意思，这被称为“目光语”。里根的目光有时像聚光灯，把目光聚集到全场的某一点上；有时则像探照灯，目光扫遍全场。因此有人评价他的目光语是一台“征服一切的戏”。

目光的交流就是人际交往中最能传神的非语言交流。无论是公开演讲，还是其他艺术表演形式如歌唱、话剧，演讲者和演员都会在大部分时间保持面对观众，目的就在于保持与观众的目光交流。

演讲中保持与听众之间的目光交流的好处在于，可以与每一位听众都有一对一的交流；你也可以及时了解听众是否理解你的演讲内容，同时也在鼓励听众注意你的演讲，积极地促进听与讲互动。

除了演讲之外，在日常生活中，与人沟通时进行目光交流也同样重要。掌握好目光接触的技巧，可以消除他人内心的不安并减少压力，创造融洽的气氛。交谈中，目光接触太少，对方就会觉得你对他的话不感兴趣，或者你对自己的发言没有信心；目光接触太多，又会让人产生压力。如果你是讲话者，当说到重要的地方时，可以与对方保持目光接触，传达出“你们应该相信我说的话”的意思，这样也能帮听众集中注意力。如果你是听话者，当对方认真地、充满激情地讲话时，也应该与他保持目光接触，以表示“我对你的话很感兴趣”，让对方感觉到你对他的尊重和鼓励。

与人沟通中，进行目光交流主要有三种方式：

（1）凝视。集中目光看对方，如果是公事，目光限于前额到双眼，让对方感觉到你的诚恳与认真；如果是社交，目光限于双眼到口的三角区域；如果彼此是关系非常亲密的朋友，注视对方的目光限于双眼到胸的位置。

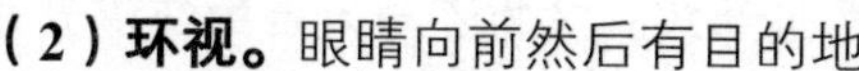

（2）环视。眼睛向前然后有目的地扫一下，这样能够使所有的听众都能感觉到你的注意，不觉得你只是单独地在和某个人交流。此外，环视听众也能让你较全面地了解听众的心理反应，进而可以随时调整说话的内容、语调和节奏，把握说话的主动权。

（3）虚视。就是似视非视，当面对众人讲话的时候需要这种虚与实相交替的目光，“实”看某一部分人，“虚”看大家，要做到“目中无人，心中有人”。

此外，与人交谈中进行目光交流还要注意以下一些细节：

（1）不要不停地眨眼，不要眼神飘忽不定，不要怒目圆睁，不要目光呆滞。其中最忌讳目光闪烁，盯住对方或逼视、斜视、瞟视，因为这会使对方产生不信任感。

（2）注视他人时，应以对方面部中心为圆心，以肩部为半径，这个视线范围就是目光交流的范围。

（3）随着交谈话题、内容的变换，你如果是倾听者，目光应做出及时恰当的反应，或喜，或惊。用目光会意，可以使整个交谈融洽和有趣。交谈结束时，目光抬起，表示结束。道别时，目光表现出惜别。

四、归属意识：用“我们”建造“命运共同体”

1969年美国总统尼克松在就职演说中有这样一段话：

“我们若获成功，下几代人在谈及现在在世的我们时会说，正是我们掌握了时机，正是我们协力相助，使普天之下国泰民安。

这是要我们创立宏伟大业的召唤。

我相信，美国人民准备响应这一召唤。

经过一段对抗时期，我们正进入一个谈判时代。

让所有国家都知道，在本届政府任期内，交流通道是敞开的。

我们谋求一个开放的世界——对各种思想开放，对物资和人员的交流开放，在这个世界中，任何民族，不论大小，都不会生活在怏怏不乐的孤立之中。

我们不能指望每个人都成为我们的朋友，可是我们能设法使任何人都不与我们为敌。

我们邀请那些很可能是我们对手的人进行一场和平竞赛——不是要征服领土或扩展版图，而是要丰富人类的生活。

在探索宇宙空间的时候，让我们一起走向新的世界——不是走向被征服的新世界，而是共同进行一次新的探险。

让我们同那些愿意加入这一行列的人共同合作，减少军备负担，加固和平大厦，提高贫穷挨饿的人们的生活水平。

但是，对所有那些见软就欺的人来说，让我们不容置疑地表明，我们需要多么强大就会多么强大：需要强大多久，就会强大多久。”

林肯总统曾经说过：“如果你想劝说一个人信从你的立场，首先要让他相信你是他忠实的朋友。”尼克松就是深刻懂得其中的道理，他将自己置于民众之中，让民众产生了一种很强的集体归属感，进而营造出一种“一振臂而应者万千”的场景。

心理学家指出，在每个人的潜意识里，都或多或少地存在“自我意识”，因此，每个人都不希望被人指使。一旦某个人认为你是在说服他，他的自我意识会变得更加强烈，就更不易向你妥协，即使你说得天花乱坠、头头是道，在他看来你也只是在为你自身的利益进行一场表演而已，他自然不会听取你的高见。如果此时你能使用“我们”这一字眼，就立刻会使人认为你我利益一致，于是原本坚强的防御堡垒也终会倒塌，听者便会在不知不觉中钻入了你的圈套。

为什么使用“我们”能够达到这样的效果呢？因为“我们”、“我们的”、“我们大家”是具有共同意识的字眼，频繁地使用这些字眼会给人带来好感。首先，缩短了双方的心理距离，让对方觉得你和他或者他们是一个整体，是与他们同呼吸共命运的。其次，表明你对对方有感情，愿意接受他们，并主动与他们融为一体。

因此，在一些著名演说家的演说词中，常常会出现“我们所想的”、“我们这种表现”等词句。这就是演说家的高明之处，他们使用“我们”、“我们大家”等字眼，激发听众的归属团体意识，表示他们所说的内容与你我众人息息相关。所以，他们往往只需简单地几句话，即可笼络人心，增强在场听众的同类同族意识，使他们产生同生共死的意识，最终成为被说服者。

想要说服听众，就应尽量避免说“我和你”，而多多使用“我们”、“我们大家”等这类共向意识的字眼。这样，对方才会产生你我一体的共同意识。对于那些立场与自己原本不一致的人，这种策略也适用。比如推销员面对客户，在提到客户公司时说：“我们公司……”

对于立场敌对者而言，这个策略也很有效。面对打算攻击你的人说“我们”，会让对方陷入迷惑，搞不清你的立场为何。这时，即便对方要攻击你，也会投鼠忌器或无法全力以赴。这样能让对方产生错觉，让听者感觉，这是我们大家共同的事情，并非某一个人的事情。

要想掌握好这种说服技巧，就要从平时做起。第一，学会使用“我们”，比如当我和你在一起共事的时候，不说“我”和“你”，而要直接说“我们”。第二，尽量少说“我”，在表达意见时，不要说“我认为”，要说“我们认为”。第三，当你和对方不是同一个集体或同一阵营的时候，要说“咱们”，不要说“我们”，因为“咱们”明显是将对方包括在内的，而“我们”则不一定包括对方。

五、自己人效应：让对方感觉你是“自己人”

1858年，林肯在竞选美国上议院议员的时候，在伊利诺伊州南部进行演说。那时蓄养奴隶的恶霸们平时对废奴主义者就非常仇恨，当然对林肯到此做反对奴隶制的演说更是恨之入骨，并发誓只要他来就置他于死地。

演说之前，林肯说：“南伊利诺伊州的同乡们，肯塔基州的同乡们，密苏里州的同乡们，听说在场的人群中有些人要下决心和我作对，我实在不明白他们为什么要这样做。因为我也是一个和你们一样爽直的平民，那我为什么不能和你们一样有着发表意见的权利呢？

好朋友，我并不是来干涉你们的人，我也是你们中间的一人，我生于肯塔基州，长于伊利诺伊州，正和你们一样是从艰苦的环境中挣扎出来的，我认识南伊利诺伊州的人和肯塔基州的人，也想认识密苏里州的人，因为我是他们中的一个，而他们也应该认识我比较更清楚一些。他们如果真的认识了我，他们就会知道我并不是做一些对他们不利的事情。同时他们也绝不再想对我做不利的事了。同乡们，请不要做这样愚蠢的事，让我们大家以朋友的态度来交往。

我立志做一个世界上最谦和的人。绝不会去损害任何人，也绝不会干涉任何人。我现在诚恳对你们要求的，只是求你们允许我说几句话，并请你们静心细听。你们是勇敢而豪爽的，这一点要求我想一定不致遭到拒绝。”

林肯根据听众的情况，简明扼要地把自己与听众相关的情况、经历加以介绍，利用听众的“自己人”心理，使听众形成“认同感”。因而收到了非常好的效果。他的话竟把可能面对的敌对怒视变为大声喝彩，据说还有打算与他作对的听众成了他的好朋友。

“自己人效应”是社会心理学上的一种效应，就是说如果想让对方接受你的观点、态度，就要想方设法地让对方把你与他归为同一类型的人。人们总是喜欢和与自己相似的人在一起，所以往往对“自己人”所说的话更信赖，更容易接受。

演讲的听众往往是各式各样的，从对听演讲的态度上说，有愿意听的，有持无所谓态度的，也有不愿意听的；从对观点、感情的接受程度上讲，有采取极力赞同的，有将信将疑的，也有抵触、反对的。而在演讲中利用“自己人效应”更容易消除听众的逆反心理，拉近与听众的心理距离，使他们更容易接受你的观点、你的情意。

同样的，在进行说服工作时，被说服者也会本能地产生自卫心理，因此，最关键的一点就是要清除对方的警戒心理。所以，在开展说服工作之前，一定要使自己尽量向对方靠拢，让他觉得你是“自己人”，你越是使自己等同于他，你就越具有说服力。“你也喜欢游泳？”、“你也在关注这部电视剧吗？”、“我们的工作性质很接近啊”……在诸如此类的话题中，只要找到相似点或共同点，就要赶快利用起来。要知道，你越是让对方感觉彼此的相似点很多，你的说服效果就会越好。

在说服中，我们可以在谈话中插入一些可以让对方感觉有相似感的话题，比如

双方的经历、兴趣、爱好、家庭背景以及价值观等，寻找双方的一些共同点，从而使对方成为某种意义上的“自己人”，消除对方的心理屏障。一旦对方消除了内心的戒备，就会有可能接纳你的说服。

1. 寻找共同点

在说服的一开始就寻找双方的共同点，有利于加强彼此的感情。这种共同点越多，双方的感情也就会显得越密不可分，也就更有利于说服工作的展开。

一些看起来毫无意义的共同点都可能产生意想不到的效果。例如，同乡的老乡、同校的校友、去过相同的地方、同样是工薪阶层，甚至连姓氏、血型这种没有利害关系的琐碎小事也能当作双方的共同点。

在生意场中，人们惯用的手法多是以双方的出身地为话题而展开工作的。也许只是在旅行途中路过一次，也可以一知半解地说上一句：“听说是个好地方啊。”于是，双方就能顺利地开始交流了。

只要你去寻找，双方之间一定会存在某些共同之处。即使你一时找不到有说服力的共同点，也可以试试这种说法：“我们之间至少有一点是相同的，那就是我们双方有解决这个问题的热忱。既然如此，不妨让我共同努力，一定可以找出彼此的其他共同点。”

2. 要遵循原则

在说服中，运用“自己人效应”要遵循以下两个原则。

（1）给对方以平等的感觉

说服他人的过程，其实也是角色互换的过程。想让对方愿意听你说的话，就要让对方感觉他和你的地位是平等的，如果你总是摆出一副高高在上的态度，用说教的口吻和对方交谈，多半会让对方对你产生厌恶情绪，产生抵触心理，更不会接受你的说法。

（2）要让对方感觉你对他很感兴趣

有一句平常却又发人深省的话：“要使别人对你感兴趣，那你首先要对别人感兴趣。”纽约一个电话公司曾经做过有趣的调查：在电话中哪一个词出现得最多。结果，他们吃惊地发现，在 500 个电话谈话中，使用了 3 950 次的词竟是第一人称的“我”。这说明在人际交往中，人们总有一种“想使别人对我感兴趣”的心理趋向。因此，在说服中要对对方表现出有兴趣的感觉，这样才能使交谈走向平衡、和谐的状态。

（3）给对方以“可信度”

所谓“可信度”，是指使他人相信你的言行真伪的程度。在说服中，你的话语必须要使人感到你说得中肯，这样才能使你说的话语具有说服力。要让对方知道你的话语是出自高尚的动机，完全是为了别人，为了大众，而不是别有用心、贪图私利。

在说服他人的过程中，我们要懂得运用演讲中的“自己人效应”的方法，以此引导他人对我们的心理定位，从而使彼此之间建立起良性的互动关系，进而引导和感化被说服者。

六、数据效应：让数字为你说句话

2008 年，乔布斯在 Macworld 大会上为 iPhone 手机发布 200 天举行庆祝活动。乔布斯说：“我非常高兴，到目前为止，我们已经售出了 400 万部 iPhone 手机。” 他本来可以就此打住（大部分演讲者都会到此为止），但是乔布斯继续解释说：“如果你除以 200 天，那么这意味着平均每天售出两万部 iPhone。”乔布斯也可以在这里停住，但他仍然继续补充说：“在这么短的时间里，iPhone 占领了近 20% 的市场份额。”到此你可能会说，这下乔布斯肯定说完了，但是他没有就此作罢。

“这对于整个市场而言意味着什么呢？”他开始发问。接着，他展示了一张幻灯片，该幻灯片反映了美国智能手机市场的市场份额竞争状况，其中包括黑莓手机生产商加拿大 RIM 公司，全球首先推出掌上 PDA 的 Palm 公司、诺基亚和摩托罗拉等竞争对手。其中，RIM 的黑莓手机市场占有率最高，已经高达 39%，而 iPhone 排在第二位，拥有 19.5%的市场份额。

接着，乔布斯又比较了 iPhone 和其余的竞争对手的市场份额，他得出结论：只比较头 90 天的出货量，iPhone 的市场份额可以同市场上其余 3 个竞争对手的市场份额的总和相提并论。

面对作为听众的投资者，乔布斯在演讲中使用了大量数据，且这些数据与听众密切相关，通过和 iPhone 手机既定的竞争对手进行比较，乔布斯成功地说明了 iPhone 第一季度销售 400 万部的业绩，最终使得整个演讲的效果达到了空前的好。

数字是一种语言符号，一种语言信息。它能给人一种真实、具体的感觉，让对方在脑海里形成清晰的图像。在演讲中，用数据说话更具说服力。任志强曾经说过："我演讲都是用数据说话，每次演讲前我都要做大量的功课。"他就是在强调数据才有说服力的观念。

在交流、沟通、说服他人的过程中，我们如果能够恰当地运用数据，将会取得事半功倍的成效。当然，要想在说服中恰当地运用数据还要掌握以下一些技巧。

1. 数字形象化

将要换算的数字形象化，使那些难以认识和感知的数字变得形象、生动，易于理解。

2005 年 2 月 23 日，苹果的产品线上增加了一款新的 iPod。这款新的 iPod 拥有 30GB 的海量存储空间。大多数消费者可能无法理解 30GB 对他们意味着什么，他们只知道这比 8GB"大一些"，但仅此而已。但乔布斯告诉大家，30GB 的内存足够存储 7 500 首歌曲，25 000 张照片，或长达 75 小时的视频。

2. 数字对比性强

使用具有对比性的数据，这样能够在对比中形成强烈的反差，效果会比单纯地罗列数字更为明显。

1922 年，来自纽约的一位女国会议员贝拉伯朱格进行了一次演讲，呼吁在政治生活中给妇女以平等的地位。

她说：“几个星期前，我在国会倾听总统对全国发表讲话。在我周围落座的有 700 多人。我听到总统说：‘这里云集了美国政府的全体成员和内阁成员。’我环视四周，在 700 多名政府要员中，只有 12 人是女性；在 435 名众议员中只有 11 人是女性；内阁成员中没有女性；最高法院中也没有女性。”

贝拉伯朱格列举的数字具有鲜明的对比性，深刻地印证了她的论点。不管你对她的观点赞同与否，在这些确凿的数字面前，你都不得不承认在国家的政治生活中确实存在严重的性别歧视的问题。

3. 运用数字的心理作用

不同的数字单位会给人的心理带来不同的感受，在说服别人的过程中，我们也可以利用这一点，通过变换数字单位来减轻对方的心理压力。

20 世纪 70 年代，日本著名的畅销书策划人神吉先生策划了一本以《读心术》为名的心理学方面的书，并邀请心理学家多湖辉先生来撰写。但对于从未有过写书经验的多湖辉来说，这的确不是一件简单的事，他感觉非常困难。可神吉先生却不理会多湖辉心中的顾虑，语气轻松地说：“怎么样，挺不错的吧！马上开始动手写吧，300 页左右就够了，每天你只要写 5 页就行。”

奇怪的是，经神吉先生这么一说，开始还觉得很困难的多湖辉先生忽然感觉肩上的负担一下子轻了许多，这样算下来，两个月后交稿也并非是不可能的事。刚开始，一想起时间长达两个月，原稿长达 300 页，一种难以承担的重压感不免袭上心头。可经神吉先生提到“每天写 5 页”时，多湖辉先生顿时放松了很多，因为他想起自己给杂志社赶稿子时，一天能写十几、二十几页，所以心里的压力减轻了很多。

神吉先生巧妙地运用分解数字的方法减轻了多湖辉先生心理上的包袱，让对方

减少了对“300 页”文稿的恐惧。

其实在生活中，这样的例子随处可见。在房地产广告中经常看到这样的广告语：“每平方米仅需××万元”。销售商并不是将房子的总价写在上面，因为那样会给人一种沉重的压力感。

此外，运用数据资料进行说服有以下几点需要注意。

（1）数据越精确越好，这样更能得到对方的关注和信任。

（2）所用数据一定要真实、有效，否则很容易会得不偿失。

（3）引用的数据宜精但不宜过多，太过繁冗的数据罗列反而容易引起对方的厌烦。

（4）引用的数据一定要和你所讲的内容有必然的联系，能够鲜明而准确地说明问题。

（5）给出数据之后最好能够阐明其出处，让对方觉得你是“言之有据”，进而增加他对你的信任感。

七、讲故事：创造身临其境的真实感

演讲最重要的目的就是要让听众接受自己的思想观点。但是，如果你只是对着一个抽象的题目大讲道理的话，不免让人听着感觉乏味、枯燥，更是难以感染别人，演讲也就很难达到良好的效果。但是，如果在演讲中能够加入现实的事情或者故事，就能让大家如身临其境，从而触景生情，受到极大的感染。

我参加了一个号召环保的演讲，题目是《未来的后代喝什么》。演讲非常具有感召力，在一开始，演讲者就讲述了自己游览长江三峡时亲自经历的一件事：几名外国人去游览长江三峡，一路上，他们饱览了长江两岸醉人的风光，但他们低头看去，却是令人惨不忍睹的画面，滚滚东流的长江水面上漂满了果皮、废纸、饭盒、塑料袋……这几个外国朋友不忍心这样对待大自然，在无法找到垃圾桶的情况下，他们只好将旅程中的废弃物装在了塑料袋里，下船前交给了乘务员，请他代为处理。可是，他们刚一转身，乘务员竟毫不犹豫地把垃圾袋扔进了长江里，顺着江水漂流而下。

故事讲完，演讲者痛心疾首地说道："这时，我们应该问一句：《长江之歌》中描述的‘用巨大的臂膀挽起高山大海’的长江，能够挽起她所养育的人们对她一次次无情的摧残和重压吗？"听到这里，现场一片沉默……

这位演讲者为了众人加深环保理念，一开始就讲了一个触目惊心的长江三峡的事例，在外国游客和乘务员两种截然相反的做法的对比中，任谁都不能认同乘务员的做法。演讲者通过这个故事引起了大家的共鸣和思考，让大家深刻地意识到应该向外国游客学习，支持环保。

演讲时，之所以要用故事，就是因为故事是活生生的，会在最短的时间内引发人们的共鸣和思考，从而让他们从心底深处接受你的思想观点。

说服听众最有生命力的工具就是故事和举例。说服高手就非常善于利用通俗易懂简洁有趣的故事，借助比喻的委婉、类比的趣味性让听众很快地从中领会自己想要表达的意思。

当然，讲故事也是要讲究技巧的。选择的故事一定要具有典型性，故事首先要能触动自己，然后才能感动他人。其次，讲故事的时候一定要讲好，只有将故事讲好了，才能充分发挥故事的光芒，达到说服的目的。最后，讲完故事后，还要进行画龙点睛的总结和陈述，加深听众的理解。

要想说服听众，你就应该满怀信心地讲好、讲完你的故事。讲故事的时候还要遵循以下几条原则：

（1）不要对你的听众说“这个故事会让你明白这个道理”这样的话，也不要一开始就向他们道歉说“其实我不太会讲故事”之类的话，因为听众一旦有了这样不好的陷入观念，就很难再被扭转过来，即使你讲的故事真的很具有说服力。

（2）故事要围绕一个中心展开，这样才有说服力。中心是一个故事的灵魂，没有中心的故事，就好像一盘散沙，没有凝聚力，所产生的效果最多也就是增添乐趣罢了，甚至有时还会适得其反。

说服力较强的故事一般要包括事件、观点、结尾三个部分。其中事件是故事本身，观点常常是通过诸如“从中我学到的是……”之类的话语来表达，而结尾是用“这就意味着……”来表达。

（3）在故事中只提及重要的人物、场景或事实。如果你说：罗丽是阳光传媒集团的经理，那么听众就会等你说关于这位经理的下文。如果你不提及人物，故事的冲击力就会消失，听众的思想就容易被吸引到别的地方。

（4）讲故事的时候要注意和听众的眼神保持接触，观察听众的反应，与听众进行积极的互动。

（5）故事要简洁有力，去掉一切与说服目的无关紧要的部分，只保留它的精华，不要让无关的细枝末节转移了听众的注意力。

八、道具支持：小道具吸引大眼球

卡耐基在一所学校进行演讲，演讲开始的时候，他别出心裁地拿出了几根头发展示给听众，然后问听众：“这是什么？”听众笑着回答：“头发。”然而，卡耐基话题一转，问听众：“大家都知道，头发是长在头上的，但这几根头发为什么掉下来了呢？”一句问话引起了听众的关注，开始专心等待卡耐基接下来的演讲。卡耐基接着说：“这就是烦恼的副作用。如此乌黑的头发长在头上是多么的漂亮，可是它却无可奈何地离开了养育它的‘土地’。我们为什么要烦恼呢？……”

卡耐基在演讲的开始使用几根头发，巧妙地吸引住了听众的注意力。由此可知，在演讲中，使用适当的道具，其效果不容忽视。

首先，道具可以吸引听众的注意力，唤起听众的兴趣，使其将注意力集中到你的身上。其次，听众可以通过道具了解我们传达的信息。话语并不是最有效的传递信息的方式，如果我们能够使用某些小道具传递信息，效果会更佳。最后，使用道具能够加深听众的记忆。对一般人而言，看到的事物往往比听到的事物更容易长驻心中，如果能够使听众接触到或者直接操作道具的话，那就更容易在他们心中留下深刻的印象，这就是我们常说的“百闻不如一见”的道理。

同样，说服不仅仅是语言的表达，有时还是肢体的表演。所谓“耳听为虚，眼见为实”，就很清楚地说明了人们对实物的认知度要高于人们的口头表达。所以，要想成为一名说服高手，就要善于利用各种道具，这样能够使说服事半功倍。

（1）证明材料。证明材料是多种多样的，如市场调查报告、统计资料、客户反馈信息、权威机构的评价、专家内行人士的证词、政府认证、获奖证书、专利证书、鉴定证书等。有时一封言辞恳切的顾客来信也能起到很大的作用。

（2）图片。图片能够更加强烈地突出你的观点，使对方通过视觉加深印象，从而产生更加深刻的说服力和感染力。比如，你想说服对方注意防火，只是使用言语不一定有效，但是如果你向对方展示出数张火灾的照片，从视觉上给他带去强烈的冲击，大部分人定会听从你的建议。

（3）音像资料。比如录音、录像、幻灯片、影视资料等，这些道具能够最大限度地调动听众的各种感官，尤其是视觉、听觉。通过这些辅助手段，不仅能生动、真实地表达你的观点，更能增加你的可信度，富有吸引力地向听众传递你的信息。此外，还能充分利用对方的感情，活跃气氛，使平淡的说服工作变得富有趣味性和强烈的感染力。

实战篇

说服是一门不可或缺的生活技能，无论你想求人办事，还是处理亲戚、邻居关系；无论你是领导，还是下属；无论你是在进行商务谈判，还是在向顾客推销商品，你都要说服别人。面对不同的听众、不同的场合又该如何表述观点、说服他人呢？在实战篇中，就让你学会在不同的社交场合下，做到挥洒自如、充满自信、富有说服力和震撼力，让你成为一个所向披靡、不可思议的说服者！

第八章

CHAPTER 08

日本、美国、韩国、英国，各有说服绝技

不同的国家有不同的沟通技巧，日本人、美国人、韩国人、英国人，他们各自拥有自己的说服绝技。日本人、韩国人讲究礼仪；美国人说话讲究短和快，喜欢直截了当，一语中的，同时还伴有丰富的肢体语言；英国人在与人沟通时讲究绅士风度。可以说，不同的国家有不同的说话方式和沟通方法，从不同国家的人身上更是可以学到独具特色的说服技巧。

一、日本人（1）：鞠躬+名片，说服先讲礼

日本是一个礼仪之邦，日本人无论是集体还是个人交往，无论是正式场合还是非正式场合，无论是面对外国人还是本国人，无论是对陌生人还是对熟人，他们首先想到的，想得最多的就是礼节。

日本人在人际交往中使用频率最高的见面礼是鞠躬。鞠躬标志着对别人的尊重和尊敬。天皇、首相、电视播音员、公司老总、各行各业的各类人士无论在什么场合，都会以鞠躬来表示自己的敬意、谢意或歉意。

1. 鞠躬表达的含义

根据场合及表达的敬意程度，将腰弯曲不同的角度，以表示不同的问候、敬意和歉意等。

（1）礼节性最高的90度的鞠躬，表示特别的感谢，特别的道歉。

（2）45度的鞠躬，一般用于初次见面，也应用于饭店或商场等服务员对顾客的欢迎。

（3）30度的鞠躬，一般用于打招呼的时候，比如早上遇到同事的时候，也可以用于关系比较亲密的朋友之间。

（4）15度的鞠躬，常用在机关接待客人或公司见顾客的时候使用，有“欢迎光临”之意。

无论哪一种鞠躬，都要慢慢地，有节奏感。鞠躬时挺直脊背，颔首将视线向下并将头完全低下。如果鞠躬时即使上半身前倾但脸部仍朝着对方，或者头连续不断地低下，点头哈腰，这些做法都不能向对方表达出你的诚意。

作为一名说服者，要时刻记住你的说服目标，不要随便放弃。松下幸之助的成功说服就是因为他有明确的目标：以无担保的形式取得贷款。当银行已经同意为他

提供贷款后，但并不是以他所希望的方式，这时松下幸之助并没就此放弃劝说，而是继续努力，最终按照自己的理想方式取得银行贷款。

2. 鞠躬的分类

（1）标准的鞠躬。男的双手贴紧裤缝身体直立头慢慢向下成 90 度，两眼要看鞋尖一秒，同时腰成 38～45 度，然后和头同时抬起，全过程 3～4 秒。女子则必须双手于前交叉、左手叠在右手上，其他的和男子没有多少区别。

（2）普通的鞠躬。和中国人的点头示意差不多，通常是在熟人之间、谈话的时候或者不太严肃的场合，只是一种打招呼的表示。

3. 鞠躬因地、因人而异

日本人在不同的场合和对不同的人，其鞠躬的标准和先后也有不同。

（1）在严肃、正式的场合一定要用标准的鞠躬礼，且身份分明。晚辈要先向前辈行礼、下级先向上级行礼、女子先向男子行礼等。比如当你初次和某大人见面时，自己就必须先恭恭敬敬地向这个人行礼，然后某大人要用同样规格的礼仪还礼。

（2）在行礼时一般不能说话，寒暄通常是在行礼以后，当然先打声招呼再鞠躬别人也不会不理你。但是在正式严肃场合行礼的时候千万不能说话，否则对方将视为不敬。如果对方是自己十分尊敬的先辈，可以在称呼名字时附带一个鞠躬以表示敬畏。

（3）比较熟悉的人见面，一般互相鞠躬两三秒；如果遇见好友，腰弯的时间要稍长些；在遇见社会地位比较高的人和长辈的时候，要等对方抬头以后把头抬起来，有时候甚至要鞠躬几次。

鞠躬是日本的传统问候方式，现在已渐为握手所代替。在日本，如果主人伸出手来就握手，如果主人鞠躬，最好回以鞠躬礼，鞠躬时两手垂放，身子弯到与腰平。如果日本人回家，一般是开门的先鞠躬，回来的人再回以鞠躬。

对日本人来说，交换名片是人际交流最简洁而又不使双方感到尴尬的方式。日本人重视名片，也热衷于交换名片，因此，人际沟通中，他们具有一套独特的交换名片的礼仪。

1. 名片上的内容

在日本，名片上的内容和在中国的情况类似，上面除了印有姓名之外，还会印有工作单位、团体名称、所属部门、担任职务、地址、电话号码等。不过，通常女士的名片要比男士的小。

2. 交换名片的方式

日本人互换名片时，首先双方必须直立，然后递出方以双手的大拇指和食指倒握住名片，以正面面向接受方微微弯腰恭敬地递向对方。而接收方首先要点头表示感谢，同时鞠躬双手接过名片，然后再重复相同的动作把自己的名片递交给对方。

日本人交换名片时，一般是地位低或者年轻的一方先给对方，这种做法被认为是一种礼节。而且在递名片的时候，要将名片面向对方。此外，需要注意的是，折叠名片或在名片上涂画，都会被看作对对方的不尊重。

二、日本人（2）：“对不起”，不只是道歉那么简单

我的表弟在一家日企工作。有一次，他的一个日本同事福田的房租到期了，但一时又找不到合适的房子，于是福田便向表弟求助，想先到表弟家借助一段时间，等找到房子后再搬走。表弟一直是自己住，家中房间还有空余，于是便答应了福田的请求。福田见表弟答应了，对表弟深鞠一躬，由衷地说了一句：“对不起。”这时表弟纳闷了，心想：我帮助了他，他应该和我说“谢谢”啊，为什么要跟我说“对不起”？他有什么对不起我的？

在日本，一边打电话一边还不时地说着“对不起”的人很多，为什么双方甚至连面都没有见却要如此真诚地道歉呢？因为在日本人的意识里，他们认为如果没有诚意就无法被世人所接受，“对不起”就是他们表现诚意的方式。而在欧美国家则恰恰相反，他们认为一旦道歉，就相当于默认了自己的过失。

当然，“对不起”不仅仅是道歉那样简单。在一部由日本作家榎本博明编写的

《“sumimasen”的国家》著作中，曾经提到，“对不起”有三种含义：一是表示非常抱歉（道歉）；二是表示非常感谢（道谢）；除此之外，它还有请教、询问时使用的“请问”一样的含义。

1. “对不起”式的道谢

日本人经常用“对不起”来表示道谢，案例中福田说“对不起”就是在表示自己的感谢之情。日本人非常重视与其他人的关系，身处于一个群体社会之中，人与人之间无法避免地需要互相帮助，但当日本人接受另一个人帮助的时候，他就会觉得自己亏欠了这个人的人情，这个时候就要先说对不起，而这个“对不起”的含义就是别人为了你付出了一些东西，所以你就要说“对不起”。

2. “对不起”式的询问

日本人在无意识之中作为开场白也会连声地说“对不起”。比如：“对不起，关于前些天拜托您制作本月报表的事，能不能请您在明天交给我？”虽然自己并没有什么对不起对方的地方，但在话语的一开始却使用了“对不起”，虽然这个“对不起”并不表示什么深刻的含义，但它对于日本人的交流却拥有异常重要的意义。

（1）表示“真心话”

虽然不是什么大不了的事情，但对于日本人来说，首先说一句“对不起”是非常重要的。一句“对不起”首先缓和了对方的态度，对方会回应道：“哪里，哪里，是我要说对不起，我这么长时间还没把报表制作出来，现在马上抓紧时间，请多关照。”这样，在缓和、良好的氛围中，事情就顺利地得以解决。

但是，如果心里怎么想，就怎么说，以一种质问的口吻问对方：“前些天就交给你做了，为什么到现在还没有完成？”试想结果会是怎样呢？很可能对方也会摆出一副强硬的态度：“这个很着急吗？你又没有说最后期限。”虽然仅仅是制作报表这样的小事，但也很有可能让两人的关系陷入危险。

（2）表示体谅

“对不起”其实也是一种场面话，日本人和对方说“对不起”就是为了体谅对方的心情，避免对对方的体面造成损害。因此，其实日本人说“对不起”也是体谅对方心情的表现。

虽然“对不起”只是一种场面话，但是面对主动说“对不起”的人，作为听众的人也会很容易产生“不能责怪这个人”的感觉，这是因为，如果你说了“对不起”，其质问和愤怒的情感就得到了缓解，对方也就比较容易接受。

三、美国人（1）：名字＋话题＋礼貌用语，拉近心理距离

美国人给人的印象，让人感觉他们就像一个长不大的小孩子，在与人交谈中，他们仍旧率直得像个大小孩。

1. 称呼亲切，舍姓喊名

在称呼别人的时候，大多数美国人不喜欢使用“先生”、“女士”或“夫人”之类的称呼，因为他们认为这样的称呼太过于郑重其事。美国男女老少都喜欢别人直呼自己的名字，并且把这视为亲切友好的表示。

美国人初次见面的时候，通常是连名带姓地一起介绍，比如说：“我叫汤姆·史密斯。”这时对方会称呼他为“汤姆”或“史密斯先生”。常见的情况是，交谈之初双方会互相用姓称呼，但是过不了一会儿就会改称名字了。

美国人很少使用正式的头衔来称呼别人。在美国人社会中，正式的头衔一般只用于称呼军官、医生、教授、法官、高级政府官员、高级宗教人士等。比如，杰克参议院、布朗将军、怀特教授等。值得注意的是，美国人从来不会使用行政职务如校长、局长、经理等头衔来称呼别人。

2. 选对话题，莫问私事

在美国社会，人们的一切行为都以个人为中心，个人利益是神圣不可侵犯的。在与人交谈中，美国人不喜欢涉及私人问题，有些话题甚至是他们所忌讳谈起的，

如婚姻状况、收入多少、询问年龄、宗教信仰、竞选中投谁的票等。

美国人与人初次见面，聊的通常是天气，另一个普遍的话题就是各自的职业。他们也可能会聊一聊周围的环境，比如他们所处的房屋或建筑，他们所在的区域。接着，他们会进一步谈论双方的某些共同经历，如去过某个地方、看过某场球赛或电视节目、去过某个特别的饭店吃饭等。

3. 礼貌用语，多多益善

美国人讲话嘴很甜，他们从来不吝啬向别人说好听的话，在美国，“谢谢”、“请”、“对不起”之类的话语随处可闻，常常令听者心舒意畅。

在美国，不管是什么人，在得到别人的帮助时总会说一句“谢谢”，即使是总统对待侍者也不例外。即使在家中，美国人也是客气话不离口，夫妻之间亦是如此，就是大人对小孩子们说话也是常常带着“请”和“谢谢”。

在商场里，售货员的脸上总是挂满笑容，当顾客进门时，他们会主动迎上去，问一声：“我有什么可以帮助你的吗？”当顾客付款的时候，他们也会微笑着道谢，最后还会微笑着以谢声送顾客离去。同样，顾客在接过商品的时候，也会向售货员反复道谢。即使你一文不花，售货员也是满面堆笑，临走时还会笑盈盈地说“谢谢你的光临”，“希望下次再来”等。

美国人还习惯向别人说“对不起”。当与人发生摩擦时，一方说一声“对不起”常常会使双方的矛盾烟消云散。即便是遇到一些微不足道的事，比如向别人问路、在电影院中从别人的座位前走过等，美国人都会向对方连声道歉。在与别人交谈时咳嗽、打喷嚏或者是在公共场合打嗝，这些都被美国人认为是不雅的行为，遇到这些情况，他们总是会说“对不起”，请求对方的原谅。

四、美国人（2）：肢体语言，生动的非语言表达

与美国人交往一段时间后，我注意到美国人在沟通中是很讲究身体语言的。

1. 手部动作

（1）手势。美国人谈话时爱用手势表达自己的意思或加强语气，非常简练。比如，伸出大拇指或食指与拇指捏在一起，形成一个圆圈表示“好”、“可以”；在餐馆吃完饭结账时，用手做写字的动作；把中指和食指相交，表示祝你好运；分手时，抬起手臂挥一挥。

（2）握手。在美国，朋友之间通常是毫不拘礼地招呼一声“哈喽”，哪怕两个人是第一次见面，也不一定握手，只要笑一笑，打个招呼即可，还可直呼对方的名字，以示亲热。

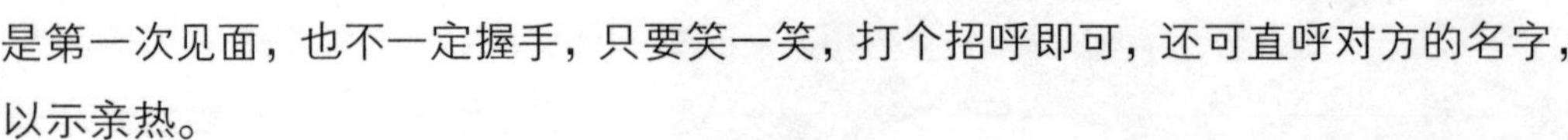

但在正式场合下，人们就要讲究礼节了，握手是最普通的见面礼。在美国，握手时，男女之间由女方先伸手。男子握女子的手不可太紧，如果对方无握手之意，男子就只能点头鞠躬致意。长幼之间，年长的先伸手；上下级之间，上级先伸手；宾主之间，则由主人先伸手。

握手时应注视对方，并脱下手套。如果因故来不及脱掉手套，须向对方说明原因并表示歉意。还应注意人多时不可交叉握手，女性彼此见面时可不握手。

2. 亲吻

在美国，和人初次见面可以只是简单地握一下手，因为亲吻是好朋友之间的身体语言。而亲吻的方式是：同性之间，脸接触对方的脸，然后空中亲吻；异性之间，可以亲吻对方的脸颊。父母亲吻孩子，吻孩子的额头和小脸蛋。

3. 目光接触

在与人交流中，美国人喜欢注视着对方的眼睛，以示对对方的尊重。美国人认为与对方保持目光接触可以直接看出对方是否对自己的话语感兴趣，或者对方是否在说谎。假如一个人不用正眼看你，美国人可能会觉得，我应该要对他的动机起疑，或者他不喜欢我。

4. 空间距离

每一个人都会假想在自己身体四周有一种隐形的盾牌。当有人太靠近时，他会觉得不舒服。而当他不小心撞到别人时，他会觉得非道歉不可。但是每个人的“舒服区”的大小各有不同，这与其文化或种族有关。

美国人强调个人主义，他们非常注重个人隐私，因此，美国人在交谈的时候不喜欢离得太近，而是保持一定的距离。在交谈时，许多美国人维持着大约四尺远的距离，也就是说，他们喜欢让彼此保持一只手臂的距离。

五、美国人（3）：谈话就是要短、快，直截了当入正题

我的闺蜜岳琳琳在美国工作，她就经常和我谈论与美国同事的相处之道。一次，她和我说起了这样一件事。

琳琳计划周末去新奥尔良度假，但是由于住的地方距离机场比较远，她希望可以有人开车将她送到机场。于是琳琳对她的一个美国同事 Alice 说道：“我周末打算去新奥尔良度假。”Alice 听了高兴地说：“太棒了！那里的风景真是漂亮极了！”随后 Alice 又惋惜道：“要是我能和你一起去就好了。你打算在那里待多久？”

琳琳希望 Alice 能提出送她去机场，于是又说：“计划在那里待三天，我现在唯一担心的就是去机场的时候会不太方便，因为我家距离机场太远了。”

“哦！三天的时间也够了，那祝你玩得愉快！”Alice 说道。

听了 Alice 的话琳琳郁闷了，心想，我已经暗示得这么明显了，她难道听不出来我是希望她开车送我去机场吗？

美国人在交际中喜欢直接表达，他们认为直接坦率地表达自己的想法是诚实的表现，因此，他们习惯用语言明确地将自己的想法告诉对方。当然，他们拒绝别人的请求时，往往也不会拐弯抹角，而是会非常直接地对人说“NO”，就像案例中的 Alice 一样。

Alice 听不出琳琳的话外音，因为她觉得如果对方需要她的帮助，她会直接说出来的，既然她不说，那就是不需要帮助。这就体现了美国人喜欢直截了当的交际风格。

1. 交谈就是要短、快

“快速问答”可以说是美国人之间最典型的对话方式。在交流中，任何一方都不会说很长时间的话，一个人说几句话，另一个人马上就会接过去。如果一个人说得时间很长，另一个人就会不耐烦，认为对方说得实在是太多了。当然，对于一次说得句子太多的人，美国人也是没有耐心听下去的。

2. 客套话就是要简单

美国人不喜欢讲太多的客套话，与人交流通常也只是简单地问候几句：“很高兴见到你”、“你最近怎么样”、“很好，谢谢”、“希望下次能够再次见到你”等。美国人会根据场合的不同说出这些话，而且这些话与其他的客套话一样，仅仅是一种形式，讲话的人并不关心话语的实质内容。也就是说，无论谈话双方有什么感受，或者心里有什么想法，都要问这些问题，也都要回答这些问题。

3. 直截了当表想法

美国人讲究实效，所以在对话中他们习惯很快就切入正题，一语中的。他们通常避免过长的寒暄，在尽量短地交流一番后他们就会开始讲“今天我和你谈话的目的是……”

按照美国人的标准，如果对方寒暄的时间过长，听话的人就会在旁边提醒“你想要表达什么”，或者说一些其他提示应该“谈正事”的话。交谈中，离题太远或者大谈事情的前因后果，美国人都会感到不耐烦。

六、韩国人：万事礼为先

韩国素有“礼仪之邦”之称，从韩剧中就可见一斑。在同韩国同事共事的期间，我更是体会到了这一点。韩国人在交往中十分重视所应具备的礼仪修养。在人际交往中，韩国人更是讲究“万事礼为先”。

1. 握手

在正规的交际场合，韩国人都采用握手作为见面礼节。在行握手礼时，他们讲究使用双手，或单独使用右手。当晚辈、下属与长辈、上级握手时，后者伸出手来之后，前者须先以右手握手，随后再将自己的左手轻置于后者的右手之上。韩国人的这种做法，是为了表示自己对对方的特殊尊重。

2. 称呼

在一般情况下，韩国人在称呼他人时爱用尊称和敬语，但很少会直接叫出对方的名字。要是交往对象拥有能够反映其社会地位的头衔，那么韩国人在称呼对方时一定会屡用不止。有些商人具有通报姓氏的习惯，并与“先生”等敬语连用。

韩国人在绝大多数情况下，不直呼他人的名字，韩国人即使在兄弟姐妹之间也是这样，在社会交往活动中，相互间可称对方为“先生”、“夫人”、“太太”、“女士”、“小姐”等；对有身份的人可称对方为“先生”、“阁下”等，也可加上职衔、学衔、军衔等，如“总统先生”、“总统阁下”，关系亲密的朋友之间，往往在对方名字之后加上“兄弟”、“姐姐”、“妹妹”等称谓，如“鸿哲兄弟”、“美延姐姐”等。对男性也可称“君”，但往往同其姓名连称，如“尹鸿哲君”、“金相镇君”等。

3. 使用名片

与外国人初次打交道时，韩国人非常讲究预先约定，遵守时间，并且十分重视名片的使用。初次见面的两个韩国人，通常先仔细阅读对方的名片，再比较彼此的年龄，然后才正式开始交谈。

4. 着装

韩国人非常看重自己留给交往对象的印象如何，为了维护个人形象，他们对社交场合的穿着打扮十分在意。

除个别墨守成规的老年人外，韩国人在交际应酬中通常都穿着西式服装。但是，他们的着装很讲究朴素整洁，并且较为庄重。比如，在商务活动中，韩国男子都会

穿深色的西服套装，而韩国妇女的着装则绝对不会过于前卫。在韩国，衣冠不整的人和着装过露、过透的人，都是让人看不起的。

5. 拜访守时

同韩国朋友约会，要事先联系，尽管韩国人对客人不苛求准时，但他们自己是严格遵守时间的，因而客人也应该守时，以示对主人的尊重。而主人总是按约定的时间等候客人的到来，有的人家还要全家到户外迎候。

七、英国人：绅士风度，最好的说服力

英国的“绅士风度”是对英国男性行为举止、文明礼貌、尊重女性等一系列行为规范的总称。我有一位叫亨利的英国朋友，是一位音乐家，他每次与人谈话时都坐得比较直，手势和谐，动作不大，语调适中，显得很有风度，这在无形中大大增加了他的个人魅力。

1. 服饰穿着

英国人在人际交往中十分注重衣着，经常是衣冠楚楚。而且他们还极爱以衣帽取人。在交往应酬之中的衣着，注意体现其“绅士”、“淑女”之风。在正式场合的穿着，十分庄重而保守。一般是男士要穿三件套的深色西装。女士则要穿深色的套裙，或者素雅的连衣裙。庄重、肃穆的黑色服装往往是英国人优先的选择。

英国人在正式场合的着装，大致有下列四条禁忌：一忌打条纹领带；二忌不系长袖衬衫袖口的扣子；三忌在正式场合穿凉鞋；四忌以浅色皮鞋配西装套装。

2. 握手

在社交场合，握手礼是英国人使用最多的见面礼节。在一般情况下，与他人见面时，英国人既不会像美国人那样随随便便地“嗨”上一声作罢，也不会像法国人那样非要和对方热烈地拥抱、亲吻不可。英国人认为那些做法，其实都有失风度。

3. 礼貌用语

在英国，与人谈话时动作很多、很大、高声喧哗，特别是前仰后合，以及谈话

中粗话不断，都会被看成是没有受过教育的粗野表现。英国人待人十分客气，"请"、"谢谢"、"对不起"、"你好"、"再见"一类的礼貌用语是天天不离口的。即使是家人、夫妻、至交之间，英国人也会经常使用这些礼貌用语。而在与人交谈中，如果没听明白，也会说声"对不起"，以示意对方再说一遍。

4. 称呼

在交谈时，英国人，特别是那些年长的英国人，喜欢称呼其世袭的爵位或荣誉的头衔，至少也要郑重其事地称之为"阁下"，或者是"先生"、"小姐"、"夫人"。

5. 宽容和容忍

在与人交往时，英国人一般都非常善解人意，并且非常懂得尊重人、关心人、体谅人。他们认为，既然要讲究个人自由，就肯定要宽以待人，对别人的所作所为要善于理解和容忍。在一般情况下，他们都不爱和别人进行毫无意义的争论，而且极少当着外人的面使性子、发脾气。

英国人的这种做法，并不意味着他们自命清高、难以接触。实际上，一旦慢慢地和他们成为了朋友，他们还是表现得十分友好、亲善的。

6. 讲究含蓄和距离

英国人普遍认为：只有适当的距离，才能使人与人之间的距离保持稳定。在与别人打交道的时候，没有适当的距离，对于双方都有害而无益。有位英国名人甚至说："因为我是英国人，所以请离开我远一些。我宁愿鼓励独处。"其实，英国人的这种性格是其高度自信的一种表现形式。

第九章

CHAPTER 09

求人办事，恭维的语言更能说服人

俗话说：“篱笆立靠桩，人立要靠帮。”任何一个人，即使能力再强，再能干，也有需要求人的时候，可以说人与人之间的相助相求是共同走向成功的必要条件。当然，求人不是一件简单的事，要想求人成功很有可能要“磨破嘴，跑断腿”，甚至即使你说得再多，做得再多，也不可能得到他人的帮助。

可是，有的人无论是求谁办事，肯定是马到成功，原因就在于他掌握了求人办事的诀窍。那么，这诀窍究竟是什么呢？下面的内容会给出你答案。

一、握手、打招呼，礼多人不怪

热播剧《爱情回来了》中有这样一个情节：明亮和高见为了当上公司的副总，两人可以说是明争暗斗，但是最终副总的位置却落在了资质平平的一个姓朱的职员身上。朱先生当上副总后为了表示对总经理的感谢，一个劲儿地双手紧紧地握着总经理的手，嘴上不停地说着一些感谢的话。但是却他没有注意到总经理已经明显的不耐烦的表情，仍然握着总经理的手不放。

握手，是人际交往的一部分，握手的力量、姿势和时间的长短往往能表达出不同的礼遇和态度，显露出自己的个性，给人留下不同的印象。恰当的握手，可以向对方表示自己的真诚，也是赢得他人信任的契机。

握手看起来是一件非常简单的事，但其中也有许多讲究。

一般情况下，与人握手时，把手自然大方地伸给对方即可。如要表示对他人的尊重，伸手与之相握时，掌心应向上。但切忌掌心向下压去握他人的手，那样会给人一种傲慢、盛气凌人的感觉。

有的人在和他人握手时，左顾右盼，心不在焉，或者一边同人握手，一边又与其他人打招呼，这些都是不礼貌的行为，是对对方不尊重的表现。与人握手时，两眼要正视对方的眼睛，以示专心、有诚意。

有人喜欢握着别人的手问长问短，啰嗦个没完没了。看似热情，实则过分。尤其是对异性，更不能握着人家的手长时间不放。那么多长时间合适呢？三四秒足矣。

有人为了表示自己的热情、真挚，与人握手时，非常用力，这种做法不仅会弄疼对方，还显得粗鲁。与此相反，有人为了显示自己的清高，只伸出指尖与人握手，而且一点力也不用，这种做法也有失妥当，让人觉得你冷漠、敷衍。显然，过重过轻都不合适。正确的做法是用手掌和手指的全部不轻不重地握住对方的手，然后再稍稍上下晃一下。

有人为了表示自己的热情、友好，常常是像做“三明治”一样，双手紧夹着他人的手不放，这种做法也是不妥当的。当然，并不是说这种方式一概不能用，故友重逢，或对他人进行慰问时，可以用双手握，但不能夹得太紧，像捉鱼一样便不合适了。

握手是一种无声的语言，正确的握手能给对方留下好印象，让对方感受自己的真诚。当然，除此之外会打招呼也是必不可少的礼仪。

20世纪30年代，在德国的一个小镇上，有一个犹太传教士，每天早晨总是按时到一条幽静的小路上散步，并总是微笑着对路上遇到的每一个人道一声：早安！

通常，面对这样的问候，人们都会报以同样的回应。但是，有一个叫米勒的年轻人却表现得十分冷淡，甚至连头都不点一下。然而年轻人的冷漠，没有改变这个传教士的热情，当下一次再相遇时，传教士还是会一如既往地问候一声。渐渐地，米勒不再那么冷漠，尝试着对他点头示好。再后来，米勒也会问一句“早安”了。

好几年过去了，纳粹党上台执政。这一天，镇上的犹太人都被纳粹党集中起来，送往集中营，包括那位传教士。在下火车列队的时候，有一个手拿指挥棒的指挥官，在前面挥动着棒子，叫道：“左，右。”被指向左边的是死路一条，被指向右边的则还有生还的机会。

很快，传教士的名字被点到了，他浑身颤抖，走上前去。当他无望地抬起头来，与指挥官的目光相遇的一瞬间，传教士习惯性地微微扬起嘴角，脱口而出：“早安，米勒先生。”

米勒虽然没有过多的表情变化，但仍禁不住还了一句问候："早安。"虽然声音低得只有他们两人听到。最后，米勒将指挥棒指向了右边——生还。

一句简单的"早安"问候为传教士换来了生存的机会，这就是微笑和热情的力量。世界上没有无缘无故的好感，也没有无缘无故的否定，更不会有随随便便的成功，一切都取决于你与他人交流的方式。你想得到什么样的结果，就要懂得付出，用自己的真心去交换。你想要说服别人，就要给对方一个相信你的理由。

打招呼是联络感情的手段，这一看似稀松平常的小事，却往往能反映出一个人的心态好坏和素养高低，所以绝对不能轻视和小看打招呼。而要有效地打招呼，首先应该要积极主动地跟别人打招呼。

主动打招呼所传递的信息是"我的眼里有你"。谁不喜欢自己被别人尊重和注意呢？经常主动和别人打招呼是一种感情投资，见了领导主动打招呼，说明你心中敬重领导；见了同事主动打招呼，说明你眼里有同事；见了朋友主动打招呼，说明你心中有朋友。记住，你眼里有别人，别人心中才会有你，才会愿意在你有所求时帮助你。

此外，与人打招呼一定要注意语速，最好保持中速，而且要注意语调平和，这样既能让人听懂，又能留给自己一定的思考时间。否则，语速太快容易让人产生不自信、不稳重的错觉；反之，语速太慢，让人听着着急，就会质疑你的语言表达能力。

同身份高的人打招呼，称谓和措辞非常重要。比如问候的时候，要用"您"，而不是"你"；如果对方是经理，一定不要称呼人家为"经理"或"老板"，而是要用具体、确切的称谓，如"张总经理"或"张总"。

如果对方是副经理，打招呼的时候，最好不要称他为"副总经理"，除非他的总经理在场。

与人握手、打招呼都是非常讲究的礼仪，尤其是在求人办事时，虽然这些礼仪不大，却能在瞬间决定别人对你是喜爱还是讨厌，会对之后的交流产生重要影响，因此，求人不可忽视这些礼节，毕竟"礼多人不怪"！

二、求人多说场面话，必需的

什么是“场面话”？简单地说，就是让主人高兴的话。有些人认为“场面话”显得虚伪，但它却是人际交往中说话办事的技巧之一。尤其是在求人办事的过程中，不管是面对亲朋好友，还是陌生之人，若一开口就直言所求，往往显得唐突，不但自己感觉不好意思，也会让别人感觉突兀，从而不利于事情的办成。如果先寒暄一番，说一些不着边际的场面话，套套交情，然后再过渡到主题上，往往成功的概率会比较大。

一位日本议员要会见埃及总统纳赛尔，由于两人的性格、经历、政治抱负相去甚远，纳赛尔对这位日本议员不太感兴趣。但是日本议员通过一张巧嘴，最终不辱使命，顺利地完成了会谈任务。

会谈开始，议员说道：“阁下，在日本妇孺皆知尼罗河和纳赛尔，我与其称阁下为总统，不如称您为上校吧。因为我也曾经是名军人，也和您一样，和英国人打过仗。”纳赛尔简单地回应了一声。

议员接着说：“英国人骂您是‘尼罗河的希特勒’，他们也骂我是‘马来西亚之虎’，我读过阁下的《革命哲学》，曾把它同希特勒《我的奋斗》作比较，发现希特勒是实力至上的，而阁下则充满幽默感。”

听到这里，纳赛尔非常兴奋地说道：“那本书是在革命之后三个月匆匆写成的，你说得对，除了实力，我还注重人情味。”

“是呀！我们军人也需要人情。我在马来西亚作战时，随身带着一把匕首，只是为了保护自己，而不是杀人。阿拉伯人现在为独立而战，也是为了防卫，正如当初我的匕首一样。”议员又说道。

纳赛尔大喜：“阁下说得真好，欢迎你每年来一次。”

此时，日本议员顺势将话题转入正题，开始谈两国的关系与贸易，双方还愉快地合影留念。

从会谈一开始，日本议员就将纳赛尔总统称为上校，使对方级别降低了不少；被英国人骂，按理说不是什么光彩的事，但是对于军人出身，崇尚武力，为自由独立而战获得胜利的纳赛尔来说，却颇具荣耀；若没有希特勒的实力和手腕，没有人情味和幽默感，又怎能从上校到总统呢？接着，日本议员又说读过他的《革命哲学》，称赞他的实力与人情味，并进一步赞扬阿拉伯战争的正义性，这既刺激了纳赛尔的兴奋点，更是百分百地迎合了他的口味，使日本议员的话达到了奇效。日本议员不断用寻找共同点的办法调动纳赛尔的情绪，使他从“不感兴趣”到“十分兴奋”再到“大喜”，可见日本议员说场面话、套近乎的高超能力。

这位日本议员是一个善于抓住人的弱点的人，他的成功也告诉我们，求人之时不打无准备之仗，有备而来，场面话才能说得漂亮，近乎套得才能牢靠。

有的人认为，平常免不了要请熟人帮忙，既然双方非常熟悉，直奔主题即可，再说其他的话反而显得见外。但是很多事实证明，即使是熟人，最基本的礼貌问候也是不可少的。特别是很长时间没有联系的朋友，开口就求人帮忙，会给人一种势利的感觉，让人觉得平时不关心，有事了才知道想起这个朋友。

陈娇在邮局工作，由于工作的关系，熟人朋友经常找她帮忙。陈娇本来就是一个乐于助人的人，凡是能帮忙的决不推辞，实在帮不了的就只好实言相告。

一天，好朋友李敏想请陈娇帮她取一个邮件回来，于是一个电话打过去：“小娇，帮我取一个邮件回来，我急着要用。”说完就挂断了电话，陈娇都没来得及确认，这令陈娇感到非常不舒服，心里嘀咕道：“虽然是好朋友，但也不能把我像用人一样使唤吧，如果是别人才懒得理你。”虽然心里不痛快，但陈娇还是帮她把邮件带了回去。

可是接下来的日子里，李敏每当让陈娇帮忙取邮件，就是一个电话打过去，吩咐完事情就挂了，让陈娇越来越恼火，于是暗暗下决定，如果李敏再把我当用人一样使唤，我就不再理她。

由此可见，不能因为是熟人或朋友就可以毫无顾忌，直奔主题地请人帮忙，与朋友或熟人相处，也要适当遵守人际交往的规则，千万不能因为是朋友或熟人就忽

视了一些细节性的基本礼貌问候，最终给自己留下遗憾。

请人帮忙之前，先寒暄一番能够创造一个良好的氛围，气氛好了，人的心情就会好，也就比较乐于帮忙；此外，说场面话、寒暄也是套交情的过程，有了感情再谈事情也就比较容易了。而寒暄、套交情的技巧就是在交际双方的经历、志趣、爱好、追求等方面寻找共同点，引发共同语言，为交际创造一个良好的氛围。

那么，怎样才能把场面话说好呢？

1. 要熟悉通用的场面话

人际交往中，有些通用的场面话，虽然只是交际的应酬话，但是却能表现尊重、礼节和谦虚，具有润滑人际交往的作用。

不同的场合有不同的场面话：麻烦别人，要说“打扰”；请人指教，要说“赐教”；请人办事，要说“拜托”；称赞人有见解，要说“高见”；分别重逢，要说“久违”；求人方便，要说“借光”；去别人家做客，要谢谢主人的邀请，称赞菜肴的美味，根据实际情况称赞主人的室内装修，小孩乖巧；参加酒会，要称赞酒会的成功，以及自己宾至如归的感受……

2. 场面话要说得自然、真诚

场面话不要机械化，要懂得灵活运用，这样才能给人留下深刻的印象。

田中义一是日本一位知名的政治家，他就非常善于运用感情营造温馨的交际环境，从而达到预期的交际效果。

有一次，他到北海道进行政治游览，一位穿着考究，看起来很像当地知名人士的男士走出欢迎行列向他表示问候。田中义一急忙走上前去，紧紧地握住那个人的手，十分热情地说道：“啊，您辛苦了。令尊还好吗？”那位男士感动得一时说不出话来。最后田中义一此次的政治游览大获成功。

事后，田中义一的随从对他的亲密举动感到不解，问道：“那人是谁？”田中义一的回答却很出人意料：“我怎么知道，但谁都有父亲吧！”

田中义一的场面话选择到了一个比较好的切入点，真诚地与这位男士迅速地建立了亲情意识，使男士觉得他是一个真诚、和蔼可亲、值得信赖的人，从而对田中义一产生了认同感。

3. 正确对待场面话

有些人认为场面话、客套、寒暄是虚伪、庸俗、毫无意义的东西，进而排斥、抵制它。这种想法是错误的，说场面话，讲客套是人与人之间最起码的一种礼貌，是求人办事的前奏。找人办事，如果一上来就直奔主题，对方肯定会感觉措手不及，感情上也接受不了，办事时也会大打折扣。求人办事的时候，讲讲场面话，客套一下，看似平常，却能引起人与人之间的良性互动，成为交际成功的促进剂。

三、求他，那就让他当“好人”

求人办事不容易，但是如果在一个人心情好的时候去求他，往往就会显得容易许多。当然，人的心情不可能天天都是高兴的，但是你却可以想办法让他高兴起来。那么，是什么办法呢？那就是赞美！

美国著名的柯达公司创始人伊斯曼，捐赠巨款在罗彻斯特建造一座音乐堂、一座纪念馆和一座戏院。为了承接这批建筑物内的座椅，许多制造商纷纷找伊斯曼谈生意，但都一无所获。“优美座位公司”的经理亚当森也前来拜会伊斯曼，希望得到这笔价值9万美元的订单。

亚当森来到办公室后，看见伊斯曼正埋头于桌上的一堆文件，于是静静地站在那里仔细地打量起这间办公室来。过了一会儿，伊斯曼抬起头来，发现了亚当森，便问道：“先生有何见教？”

这时，亚当森没有谈生意，而是说：“伊斯曼先生，在等您的时候，我仔细地观察了您这间办公室。我本人长期从事室内的木工装修，但从来没见过装修得这么精致的办公室。”

伊斯曼回答说：“这间办公室是我亲自设计的，当初刚建好的时候，我喜欢极了。但是后来一忙，一连几个星期我都没有机会仔细欣赏一下这个房间。”

亚当森走到墙边，用手在木板上一擦，说：“我想这是英国橡木，是不是？意

大利的橡木质地不是这样的。”

“是的，”伊斯曼高兴地站起身来回答说，“那是从英国进口的橡木，是我的一位专门研究室内橡木的朋友专程去英国为我订的货。”

伊斯曼心情极好，便带着亚当森仔细地参观起办公室来了。

他把办公室内所有的装饰一件件向亚当森介绍，亚当森微笑着聆听，饶有兴致。他看到伊斯曼谈兴正浓，便好奇地询问起他的经历。伊斯曼便向他讲述了自己苦难的青少年时代的生活，自己发明柯达相机的经过，以及自己打算为社会所做的巨额的捐赠……

亚当森由衷地赞扬他的功德心。

最后伊斯曼对亚当森说：“我家里有几张脱了漆的椅子，我买了油漆打算自己把它们重新油好。您有兴趣看看我的油漆表演吗？好了，到我家里和我一起吃午饭，再看看我的手艺。”

午饭以后，伊斯曼便动手，把椅子一一涂好，并深感自豪。直到亚当森告别的时候，两人都未谈及生意。

最后，亚当森不但得到了大批的订单，而且还和伊斯曼结下了终身的友谊。

为什么伊斯曼把这笔大生意给了亚当森，而没给别人？这与亚当森的口才有莫大的关系。如果他一进办公室就谈生意，十有八九会被赶出来。亚当森成功的诀窍，就在于他了解谈判对象。他从伊斯曼的办公室着手，巧妙地赞扬了伊斯曼的成就，谈得更多的是伊斯曼的得意之事。这样，就使伊斯曼的自尊心得到了极大的满足，甚至把他视为知己。这笔生意当然非亚当森莫属了。

其实，人人都希望自己能够给人留下一个好印象，当自己的某些美好的品质得到人们的认可时，就会感到非常喜悦。记住吉斯菲尔伯爵的话：“各人有各人优越的地方，至少也有他们自以为优越的地方。在其自知优越的地方，他们固然喜爱得到他人公正的评价。但在那些希望出人头地而不敢自信的地方，他们更喜欢得到别人的恭维。”

因此，当我们需要求人，而这个人又有某些好的品质时，那么你一定要学会让他当一个“好人”，学会赞美他。但是，赞美要想做到恰到好处，达到最佳的效果，尤其要注意以下三点：

第一，赞美要发自内心，由衷地赞美。说话的时候，语气要诚恳，态度要端正。不要为了赢得好感而信口开河，这样显得言不由衷，容易引起对方的反感甚至厌恶。

第二，赞美的地方要具体。有的人也知道说赞美别人的话，但是只会说：“你是一个好人”、“你人真好”之类的话，这样的话显得空洞，又普通，难以触动人的内心，真正让人高兴起来。所以，要赞美人，就要确实地指出他的哪一方面的优秀品质，如工作能力强、有爱心、有正义感、有孝心等。

第三，不单只是说，还要配合做，这样效果会更好。上述案例中亚当森认真聆听伊斯曼的经历，观看他的油漆表演，通过自己的实际行动感受伊斯曼的人格品质，不得不说使伊斯曼获得了很大的心理满足。

总之，只要你能够真诚地赞美别人，诚恳地请求，让别人感受到你的真心，往往就能得到援助之手，满足自己的所求之事。

四、想要感化他，那就多关心他

乔·吉拉德是世界上最伟大的推销员，他在15年中卖出13 001辆汽车，并创下一年卖出1 425辆（平均每天4辆）的纪录，这个成绩被收入《吉尼斯世界大全》。

一天，一位中年妇女走进乔·吉拉德的展销室，说她想在这儿看看车打发一点时间。闲谈中，她告诉乔·吉拉德，她想买一辆白色的福特车，但对面车店的推销

员让她一小时后再去，所以她就先来这儿看看。她还说这是她送给自己的生日礼物，因为今天是她55岁生日。

“生日快乐！夫人。”乔·吉拉德一边说，一边请她进来随便看看。接着，他出去给秘书交代了几句，然后回来对她说，“夫人，您喜欢白色车，既然您现在有时间，我给您介绍一下我们的双门轿车——也是白色的。”

他们正谈着，女秘书走了进来，递给乔·吉拉德一打玫瑰花。乔·吉拉德把花送给那位妇女，真心地祝福道：“祝您长寿，尊敬的夫人。”

那位妇女立刻被感动了，眼眶都湿了。她说：“已经很久没有人给我送礼物了。”然后又接着说，“对面那位福特车的推销员一定是看我开了那部旧车，以为我买不起新车，我刚要看车他却说要去收一笔款，于是我就上这儿来等他。其实我只是想要一辆白色车而已，也不是一定要买福特的。”

最后，这位妇女在乔·吉拉德那里买走了一辆雪佛莱，并写了张全额支票。其实，从头到尾，乔·吉拉德的言语中都没有劝她放弃福特而买雪佛莱的意思。只是因为她在这里受到了重视和关爱，于是便放弃了原来的打算，转而选择了乔·吉拉德的产品。

每个人都希望得到别人的关注，如果你能关注别人，关心别人，重视别人，甚至注意到对方的一些细节，对方就会心存感激，作为你对他关心的回报，就会轻松地答应你的所求。正是乔·吉拉德真诚的祝福和鲜花让这位妇女感受到了尊重和关爱，内心感动，因此最终促成了汽车的成交。

事无巨细，注重他人的细节就容易获得别人的好感，进而让对方对你产生亲近感，信任感。了解他人的一些细小之事，对方会感觉你很重视他，这样别人才愿意与你交往，乐于帮你办事。

美国第二十九任总统罗斯福能深得民心，原因之一就是他能记住所交往的人的一些细小之事。

一天，一个仆人的妻子问罗斯福：“总统先生，鹌鹑是什么鸟？”因为她从来没见过这种鸟。罗斯福听了，不厌其烦地为她详细地解释。

当天傍晚，她的电话响了，原来是总统打来的。总统告诉她，在他家屋外的草地上，正有两只鹌鹑停在那儿，让她从窗户里往外看。罗斯福为了这微不足道的小事，还专门打电话来，充分表现了总统先生关心他人的品格。

细节往往能体现一个人的品格，作为一个总统竟能记得仆人的细小之事，并放在心上，这当然会让下属更加信任他，更加愿意为他效力。

其实，要表示对别人的关注和关心并不是一件难事，只要记住别人的一些细节就能够达到目的。

（1）记住别人的名字。一位学者曾经说过：“一种既简单又最重要的获得好感和信任的方法，就是牢记别人的姓名。”因为一般来说，名字是熟人叫的，如果一个对对方来说很陌生的人能叫出他的名字，就会让他感到自己受到了重视或者关心。所以说善于记住别人的名字，既是一种礼貌，又是一种感情投资，记住别人的名字，就是对别人的重视和珍惜。

（2）记住别人的生日。生日一般只有亲人或者亲密的朋友才会用心记住，所以如果你能记住别人的生日，就会让他觉得你很看重和关心他，自然会对你产生好感。

（3）记住别人的特别纪念日。刻意记住某人的特殊日子，送上你的关心，是表明你在意他，关注他的最好行动，比如作品出版的日期、艺术公演的日期、外出回归的日期等。在这些特别的日期送上祝福，尤其能够打动人心。

（4）记住别人的小期盼。有些小期盼对本人来说，可能很难实现，但是如果你能做个有心人，满足别人的期盼，那么他定会对你倍加感激。

总之，关注别人，关心别人是对人的尊重，每个人都有被尊重和被关心的需要和期盼，用关心感化别人，满足了别人的需要，别人自然就会愿意帮助你了。

五、层层释疑，让对方放下包袱

20世纪20年代，苏联最缺的就是粮食，而美国恰好粮食大丰收。但苏联有很多的毛皮和白金等商品，这些正是美国人所热衷的，如果双方能够互通有无就好了。

美国商人哈默听说苏联要实施新经济政策，就打算到苏联做生意。他到达莫斯科的第二天，列宁就邀请他到办公室，和他进行商谈。粮食的问题谈完后，列宁提出希望哈默在苏联投资企业。

西方资本主义国家对苏联的新经济政策抱有非常深刻的偏见，哈默听后沉默不语。

列宁看出了哈默的疑虑，马上向他讲解了苏联新经济政策的内容和目的，告诉哈默："我们鼓励外资就是希望建立一种给外国人以工商业承租权的制度来加速我们经济的发展。"经过一段长时间的交谈后，哈默有所心动，但是他又担心苏联政府的工作人员办事拖拉，给企业发展造成不利影响。

列宁立即说道："官僚主义是我们最大的祸害之一，我打算成立一个特别委员会全权处理这件事，他们会向你提供你所需要的帮助。"

除此之外，哈默还担心苏联不能保证外商的利益，以致外商不能从中得到实惠。列宁听出了哈默的这种忧虑，又说道："商人不是做慈善的，要做事就要能赚钱。我们会制定一系列的措施保证你们有利可图。"

哈默心中的疑虑彻底消除了，很快就在苏联投资企业，成为了第一个在苏联租办企业的美国人。

哈默之所以对在苏联投资企业举棋不定就是因为心中有疑虑，害怕生意亏本，列宁对哈默的疑虑，像剥笋一样逐个加以破解，并且果断、干脆利落，毫不含糊，对哈默进行政策解说，让他对政策不再疑虑，接着又从政府支持上进行解说，让他看到了成功的希望，最后对他的利益做出承诺，让哈默彻底消除了疑虑，成功说服他在苏联投资企业。

在说服别人办一件事，而这件事的结果又难以推测，甚至存在一定风险的时候，人们往往都不会轻易地答应。如果要想说服对方去做这件事，就想方设法消除对方心中的疑虑，让他看到希望。

那么，怎样才能消除对方心中的疑虑，让他答应自己的所求呢？

第一，将对方存在疑虑的地方解释得详细实在清清楚楚，不能给人一种模模糊糊的感觉，否则对方心中疑虑会更重，感觉这里面有不可告人的秘密，因而从中抽身出来。

第二，消除别人的疑虑最好在当时消除，不要等到日后再进行解释说明，以免迟则生变。比如，你要请一人和你一起投资生意，他对市场存在疑虑，这时你不要告诉他："这个不用急，市场一定会有的，你以后会看到的。"而是要说："上海和广州就有急切的需要。"

六、委婉+含蓄，绕个圈子有奇效

有时候想要求人，但是又由于种种原因不便直说其事，可是事情又不得不求助于他，那么这个时候就只好用旁敲侧击的方式，绕个圈子，委婉含蓄地表达本来要直说的意思。运用这种方法能使本来也许比较困难的交际变得顺畅起来，让听者在比较舒适的氛围中接受你所求之事。

委婉含蓄的表达方式能够体现一个人的语言修养，要求求助者要有谦恭和顺的态度，语言表达要含蓄、令人回味，既令人深省，又容易让对方接受。

一次，美国总统尼克松和夫人一起去访问日本，日本首相吉田茂当天摆了隆重的酒席，热情地款待他们。

宴会期间，吉田茂让大家不断地向尼克松夫妇敬酒，他自己也不断地向他们敬酒，把尼克松夫妇招待得非常高兴。

正当大家喝得尽兴的时候，吉田茂来到尼克松夫人的身边，笑着说道："尊敬的总统夫人，我想冒昧地说一句话，我发现有几艘美国军舰停在东京湾，它们该不会是怕您受到欺负而特意保护您的吧？"

此话一出，宴会厅里的人都哈哈大笑起来。

尼克松当然明白吉田茂话中的意思，回国之后，就下令撤走了东京湾的军舰。

面对这样的政治问题，当然不好正面直接开口，否则一个把握不好，就会对两国邦交造成不良影响。因此吉田茂采用委婉的方式，开玩笑似地将信息传达出来，既明确地表达了对美国军舰的不满，又没有让对方为难，最终达到了自己的目的。

要做到言语委婉含蓄，就要注意说话的语气，采用的句式，运用的言辞等方面，既要有高度的思想修养，又要有丰富的语言知识。这种方法如果运用得好，能够让对方乐于接受，而且还能够激起对方的热情，其作用往往超过一般的只言快语。

在生活中求人办事时，有些话不好直说，就来个拐弯抹角；搞不清对方葫芦里卖什么药，就来个投石问路；为了减轻对方的敌意，就兜个圈子，采用迂回战术，将其套牢。

运用委婉、绕圈子的请求方式，最突出的特点就是不明确地提出你的要求，却能令对方接受到你的全部信息。既能给对方留足面子，减少他的压迫之感，让他有回旋的余地和自我决断的权利，又能谐调关系，免于造成不良的影响。

人生难免会遇到难以开口的时候，这时，不妨用委婉含蓄、绕圈子的方法，在不动声色中达到自己的目的。

七、请在此时给他一个台阶

有一次，丘吉尔和夫人一起参加一个宴会。宴会期间，一个外交官看上了一个银盘，便偷偷地将其塞进了自己的怀中。女主人发现了他的行为，想把银盘要回来，于是就向丘吉尔的夫人求助，求她帮自己把银盘要回来。

丘吉尔的夫人想了一会儿，将此事告诉了丘吉尔，于是丘吉尔也拿起一个银盘塞进了怀里，然后走到那位外交官身旁，把自己的银盘展示给他看，并悄悄地对他说："你看，我也拿了一个银盘，不过咱们的衣服都被弄脏了，还是把它们放回去吧。"

外交官听了，知道事情已经败露，同时又庆幸有了一个挽回的机会，于是将银盘放回了原处。

丘吉尔没有直接指出外交官的行为，让他在众人面前颜面尽失，而是演了一出戏，表明他的行为已经被发现，也给了他一个台阶，让他有机会挽回，最后银盘物归原主。

因此，在求人的时候，有时需要站在对方的立场，设身处地地为他人着想，尤其是当彼此发生矛盾冲突时，若采取理直气壮、直截了当的斗争方式，起不到很好的说服效果，也许还会让事情变得更糟糕。

在有求于人时，多一点体贴，多一点关爱，给对方和自己都留一步台阶，实际上也是在鼓励对方以相同的态度和方式对待自己。给人台阶下，也是给自己留台阶，因此，在求人办事时，要注意自己的言行，千万不可让对方下不来台。

首先，不要在众人面前揭对方的隐私。任何一个人都不会愿意把自己的错处或隐私暴露出来，一旦被曝光就会感到难堪或恼怒。因此，有求于人时，要尽量避免触及这些敏感区，避免让对方当众出丑。必要时可以委婉地暗示对方他的错误或隐私已经暴露，这样便能给他一定的压力，但暗示也不可过分，点到即可。

其次，不可有意宣扬对方的错误。生活中人人都会出现小失误，不能因为抓住了他人的失误就大肆张扬，有意搞得人人皆知，更不能抱着讽刺的态度，故意让对方在众人面前难堪，这样不但会伤害他人的自尊心，还容易使双方陷入敌对状态，更不利于事情的进展。

最后，多说别人的长处，少说别人的短处。俗话说："打人莫打脸，骂人莫揭短"，如果你不顾及别人的面子，专揭别人的短处，说一些伤人自尊的话，定会让对方恼怒，对你产生愤恨之感，无论什么时候都不会帮你的。

有求于人时不但要尽量避免因自己不慎造成对方下不来台，而且还要学会在对方可能不好下台的时候巧妙地为其创造一个台阶。

作家冯骥才访问美国时，一位美国朋友带着儿子到公寓拜访他。谈话期间，那位朋友的孩子爬上冯骥才的床，站在上面拼命地蹦跳，床被他跳得吱吱作响，摇摇欲坠。

如果直截了当地说请孩子下来，势必会让他的父亲感到尴尬，也显得自己很不热情。于是，冯骥才幽默地对孩子的父亲说道："请您的儿子回到地球上来吧。"

朋友听后，笑着回道："好，我和他商量商量。"很快孩子就从床上跳了下来。

冯骥才通过一句幽默风趣的请求，巧妙地为美国朋友设了一个台阶，既使他免于尴尬，又达到了自己的目的，可谓一举两得。那么，为对方设台阶，怎样才能设得巧，设得妙呢?

第一，要不动声色。既要使当事人体面地"下台阶"，又要尽量不被在场的旁人有所察觉，不动声色地使对方摆脱尴尬的境地。

第二，用幽默的语言当"台阶"。幽默是人际交往的润滑剂，一句幽默的话语往往能够使双方在欢笑中互相谅解，化解尴尬。丘吉尔和冯骥才的做法都是在幽默风趣中达到目的的。

第三，尽可能地为对方挽回面子。有时意外情况会让对方陷入尴尬的境地，在给对方提供台阶时，如果能够通过某些善意的行为，及时挽回对方的面子，甚至增添一些光彩，那是最好不过了。这样既帮对方保住了面子，还会让对方对你感激不尽，你所求之事也就不在话下了。

有求于人时，不妨学学这些给人设台阶的技巧，以便能适时地为陷入尴尬境地的对方提供一个台阶，挽回面子。这样不仅能获得对方的好感，而且更有利于达到求人办事的目的。

八、“请”＋“谢”，打动人心最给力

世间任何事都逃不过一个“情”字，求人办事更是如此。情真才能动人，只因即便是铁石心肠之人也难免被真情所动。当然，表现“情”时不能冷冰冰地毫无感情，但也不能表现得过分热情，最好的表现就是礼貌和感恩，在求人办事时说一句“请”和“谢”。

1. “请”字表礼貌

一个年轻小伙子骑着一头驴进城，当他走到一个岔口时，不知道该往哪边走了。这时正好一位老伯迎面走来。

于是小伙子连忙问道：“老头，进城该往哪边走？”

老伯头也没抬，说道：“我现在没时间回答你的问题，我家的母驴产了一头小牛，我要赶回去。”

小伙子疑惑地问：“驴子怎么会生出牛呢？”

老伯回道：“是啊，我也不知道这畜生为什么就不下驴？”

只要是懂礼貌的人，问路的时候都会说“请问”，而这个小伙子不但骑在驴上，还称呼老伯为“老头”，可谓是无理之极，遭受拒绝和训斥是意料之中。

生活中，我们经常听到诸如“谢谢您”、“打扰您了”、“拜托”、“劳驾”之类的客套话。这样的话有时虽然只是客套一下，但是却表现出了你的礼貌和感恩，能够帮助沟通人与人的心灵，建立融洽的人际关系。

求人办事不可忽略“请”这个词，“请”就要用心地请，态度要诚恳，表现出自己的求助之意。而之所以要说“请”，就是要展现出我们对他人的礼貌和尊敬，这样才能给别人留下好印象，让对方乐于帮助自己。

2. “谢”字话感恩

除了要讲礼貌，尊敬他人，求人办事还要懂得感恩。人家既然帮助了你，就应该向人家道谢一声，即使对方只是满足了你一点点请求，没有达到你的目的，也应

该真诚地说一声“谢谢”。如果连一声“谢谢”都吝惜，会让对方心中不快，认为他的劳动没有得到肯定，或者认为你没有礼貌，不懂感恩，以后再有求于他，他也不会再帮你了。

日本松下电器公司的松下幸之助是个很讲礼貌和感恩的人。他在交托下属去执行某一件事时，会说：“这件事拜托你了。”遇到员工时，他会鞠躬，并说：“谢谢你”、“辛苦了”。有时，他会亲自给员工斟一杯茶，或者送给员工一件小礼物。松下幸之助就是通过礼貌和感恩来加强与员工的沟通，激励员工为公司效力做事的。

很多人容易忽略一点，自己的事情圆满解决了，就彻底放松了，将帮助自己的人抛至九霄云外，甚至有的人不懂感恩就算了，还会因为别人没有帮助到自己而心生不悦。要知道，别人并不欠你的，没有义务一定要满足你的要求，人家帮助你是情分，不帮你那是本分。

向帮助自己的人说一声“谢谢”并不是一件困难的事，但是在表达的时候，还是需要一些“技巧”的。

（1）诚心实意

说“谢”的时候一定要诚心实意，并且还要让对方感觉到这一点。必须要记住，表达你的谢意并不是表面文章，而是你真的需要感激。而且这种感激应该是来自你内心的，所以，表达自己的感激之情时，一定要真诚。

（2）直视对方

在交流的时候，互相注视能够让沟通变得更顺畅。所以，表达你的感激之情时，最好是专注地注视对方，这样你的话才会显得是出于真心，对方才能感受到你的真挚。

（3）说出对方的名字

在表达感谢的时候，千万不要忘记说对方的名字。“谢谢你！”和“谢谢你，小张！”的效果是完全不同的，尤其是在你们并不是太熟悉的时候。

（4）表达要自然

向帮助过你的人表示感谢的时候，一定要让自己的话清晰而自然，不要吞吞吐吐，含糊其词，那样会给对方做作的感觉。你需要表达感激之情，一定是别人帮助了你，你是受益者，所以你的感情应该是充满快乐的。

（5）要有具体所指

如果你握着别人的手，不断地说“谢谢”，也许别人却不以为意，那是因为你的感激让人感觉空洞无物。所以，在向帮助你的人说“谢谢”的时候，一定要具体地说出对方在哪一方面帮助了你，比如：“真的非常感谢您帮我找到了这么好的房子”。

总之，要求助于人，就要讲礼貌，懂感恩，随时准备好“请”和“谢”，以情动人心，从而让他人乐于帮助自己，更不会后悔帮助自己。

九、说不服他，那就“磨”服他

有些人将求人办事想得过于简单，有些人则感觉求人是一件很丢面子的事，所以往往是失败一次便放弃了。其实，很多时候，要想求人成功还真需要有点韧劲。只要你稍微动一动脑筋，就会发现一个简单有效的办法——软磨硬泡。

求人办事不能抱着一次成功的心理，而是要想到其中可能遇到的艰难，并且还要有一股韧劲。如果失败一次就放弃，就永远也不可能成功，要坚信“世上无难事，只怕有心人”。

日本“推销之神”原一平，小时候是村里的混世魔王，人见人怕。由于自己声名狼藉，23 岁那年他便只身来到东京创业。35 岁的时候，他已经成为日本保险界赫赫有名的人物。很快他衣锦还乡，想让家乡人都知道当年的“混世魔王”已经改好了，同时也想在自己的家乡开展保险工作。

回到家乡不久，他便大力宣传保险知识。但是村民根本不相信当年的“混世魔王”，怕吃亏，谁也不愿参加。原一平明白要想在村里开展保险工作，最重要的是先获得村长的帮忙才行。

现在的村长是当年和原一平一起玩的朋友，而且当时的原一平经常欺负他，如今要想获得村长的帮忙，肯定很不容易。不过，原一平没有放弃，找时间提了点礼

物来到村长家，村长一看是当年的“混世魔王”回来了，不禁想起了他以前在村里做的坏事，下意识地吃了一惊。

当原一平提及让村长帮忙动员村民一起学习、参加保险的时候，村长一口回绝了。

第二天，原一平提着礼物又来了，村长好像有点不好意思，但是依然是拒绝。

第三天，原一平又来了。不过这次村长的家人告诉他说，村长到几十里外的邻县亲戚家帮忙盖房了。原一平听后，明白村长是故意不肯见他。于是原一平骑车按照村长家人说的地点追了去，车子一放，袖子一挽就干活，干完活还和村长“磨”。

为了找一个长谈的时机，原一平干脆天不亮就起床，冒雨赶到村里，在村长家门外一站就是两个小时。村长起床开门愣住了，见原一平淋得像落汤鸡一样，只好答应了他的请求。

村长这个堡垒一攻破，这个村参加保险工作的局面也就打开了。

当然，这种缠着对方不放的“磨”人方式并不是人人都能用好，只有掌握一定的技巧才能充分发挥它的效用。

（1）要懂得忍耐

当求人遇到僵局时，人容易烦躁、失意、恼火甚至发怒，然而这些都无法解决问题。此时，你应该理智地控制自己，采取隐忍的态度。这时，忍耐所表现的就是对对方处境的理解，对转机出现的期待。带着这种心境，你就能获得对自己的精神支持，方寸不乱，有助于调动自己的全部聪明才智，想方设法打破僵局。

（2）要有一股韧劲

为何韧劲如此重要呢？一个原因是人人都有恻隐之心，如果你求一次不行，再求两次，三次……求的次数多了会让对方觉得不帮你感觉过意不去，所以到了一定时候必然会帮你了。再有一个原因就是，看到你一次次地来，别人感到厌烦，为了不想再见到你，彻底打发了你，避免自己再麻烦，最后也就帮你了。

（3）善于用行动表现诚意

“磨”并不是要你消极地耗时间，也不是和人家耍无赖，而是要善于通过积极的行动影响对方，感化对方，促进事态转向好的方向。只要你善于用行动证明你的诚意，就有机会感化对方，理解你的苦心与难处，进而跳出固执的框子，这时，你也就“磨”出了希望。

“磨”是一种谋略，需要一种韧劲，在求人办事的过程，有时就需要“磨一磨”才能成功。不过，“磨”人千万不可胡搅蛮缠，要懂得尊重别人，否则，别人也会因为赌气而不帮你。只要你掌握了“磨”的技巧，那就放心地等好消息即可。

第十章

CHAPTER 10

上级对下级，权威、魅力和方法并用

在现代企业中，善于说服他人是一名成功管理者的一项非常重要的素质。领导过程其实就是说服过程。领导者说服力的好坏，讲话水平的高低，直接关系到领导工作的成效。作为上级，善于说服他人，就能够争取到下属对自己的信任和支持，形成合力，更出色地完成工作任务。但是，说服下属并不是一件容易的事，需要身为上级的你掌握一定的技巧，动之以情，以情感人，这样才能打动人心，获得下属的信服。

一、老板超凡魅力＋强大气场＝有效说服力

阿里巴巴集团董事局执行副主席蔡崇信在采访中曾说道:“我与马云见面的时候，就被他的人格魅力深深吸引了。他非常平易近人，还极有魅力，他一直都在谈论伟大的愿景。”

他还说：“当时我觉得马云的创意——将这些公司推上线——算得上伟大，但却不是什么惊天动地的想法。但我欣赏马云的个性。真正打动我的地方，不仅仅是马云本人，也不是他本人以及一两位跟随者，而是马云与一群追随者患难与共的事实。我看见了这种非凡的能量。他们工作非常努力。他们很快乐。我还看到他们眼中的光芒。我想，‘这家伙有能力将一群人聚集在一起，是个有影响力的领导者。马云真的有能力做成一番事业。’那就是最终说服我的原因。”

的确，马云拥有超强的人格魅力，而事实上，人格魅力也是每一个出色的领导者所必须具备的素质。那么，怎样才算是一位有魅力的领导者呢?

（1）可贵的品格。和蔼、可亲对于一个身居要职的人来说是一种难能可贵的品格，这种平易近人的态度能够在下属的心中产生极大的感染力和影响力。有的领导者也许性格和能力稍有所欠缺，但是却待人真诚、宅心仁厚，这也是一种品格魅力。

（2）工作能力极强。身为领导者，具有极强的业务和决策能力，下属不会的事他会，下属做不了的工作他能做，自然就会在下属中产生威信，魅力也就自然而来，下属会对他心悦诚服，对他尊敬甚至仰慕。

（3）勇做表率。领导者如果想获得下属的认同，就要大胆尝试，勇于开拓他们的思路，做出自己的表率。领导者要能通过以身作则、展现超群的能力以及勇于承担风险，使追随者坚信他们所追求的目标是合理的、能够实现的。领导这种带领大家一起翻越高山、追求发展、为下属遮风挡雨的精神，必定能够成为最具吸引力和说服力的人格魅力之一。

（4）远见卓识。作为一名领导者，有远见是至关重要的。因为处于高位就要有比别人更宽广的视野，在处理某些关键问题时表现出沉着冷静的心态和高瞻远瞩的眼光，并能迅速做出决策，采取行动，把不确定因素转变为机会或促进成功的有利因素，以减少下属的担忧。高瞻远瞩、远见卓识的领导者更能使大家信服，得到大家的信任和拥戴，从而让下属心甘情愿地追随，为其贡献出力量。

（5）心胸宽广。领导者必须能够为指出内部矛盾的下属撑起保护伞，这主要体现在一个人要能够包容不同文化、不同事物，能够团结不同性格、不同背景的人一起共事，能够容忍反对意见甚至包容自己的对手等。而身为领导者，必须要拥有这种宽广的心胸。

二、批评，冷言亦能暖人心

松下幸之助是日本著名的企业家，有一次，下属后藤犯下一个大错。松下幸之助怒火冲天，一面用挑火棒敲着地板，一面严厉责骂后藤。

骂完之后松下幸之助注视着挑火棒说：“你看，我骂得多么激动，居然把挑火棒都扭弯了，你能不能帮我把它弄直？”

这是一句多么绝妙的请求！后藤自然是遵命，三下五除二就把它弄直了，挑火棒恢复了原状。

松下幸之助说：“咦？你手可真巧呵！”随之，松下幸之助脸上立刻绽开了亲切的微笑，高高兴兴地赞美着后藤。至此，后藤一肚子的反抗心，也立刻烟消云散了。

更令后藤吃惊的是，他一回到家，竟然看到了太太准备了丰盛的酒菜等他。

“这是怎么回事？”后藤问。

“哦，松下先生刚来过电话说：‘你家老公今天回家的时候，心情一定非常恶劣，你最好准备些好吃的让他得到一些安慰吧’。”……不用赘述，此后，后藤自然是干劲十足地工作了。

由此可见，批评也是激励下属的一种手段，批评是为了帮助下属认识并改正错误，重新回到正确的轨道上来。身为领导者，必须深谙“打一巴掌不忘揉三揉”的批评之道，适时利用一两句温馨的话语来鼓励下属；或者在痛斥之后，私下里找到他并告诉他：“我是看你有前途，所以才批评你。”这样，受斥责的下属听了之后，必会深深体会“爱之深、责之切”的道理，对你心服口服，亦会更加发奋努力。

批评，可以说也是一门艺术，想让下属口服心更服是需要技巧的。高明的批评，即使是冷言却也能暖人心。所以，身为领导者要掌握几条颇有艺术性的批评方式，并加以灵活运用：

1. 激将批评法

激将批评的方法适用于那些积极上进，好胜心强的下属。如：“这次因为你犯了一点小过错，使自己落后了一点。但是我知道你是一个不甘落后的人，你一定不会就此认输的，是不是？”这样的话，既是批评，更是鼓励，作为下属，听了之后肯定会重振精神，重拾勇气和信心。

2. 先扬后抑批评法

先诚心地感谢和赞扬，可以营造一个良好的批评氛围，比如：“前期你的工作取得了很好的成果，这是有目共睹的”，“在以往的工作中你给了我很多的支持，这一点我很清楚”，“你作风正派，为人正直，这也是我欣赏你的地方”，“大家都认为你工作能力强，乐于助人”等。

感谢和赞扬能够提高对方的自信和自尊，在这样良好的氛围中，领导再诚恳地提出批评，下属在感情上就比较容易接受。作为下属会被领导的宽容所折服，更会激发他的责任心，在以后的工作中会更加严格地要求自己，从而尽心尽力将工作完成得更完美。

3. 分析批评法

有时下属犯了错，但他自己却并没有意识到，如果你批评他，他反而认为你是

在故意找他毛病，因而对你的批评产生抵制、不满的情绪。遇到这种情况，需要首先弄清下属犯错误的来龙去脉，然后再对下属的缺点进行分析，让下属清楚地明白自己的错究竟是在哪里，使其心服口服。

4. 谈心批评法

在工作中，有时下属因为一时疏忽犯了错，但是事后他清楚地认识到了自己的过错，如果此时作为领导者的你还喋喋不休地对他进行批评，很容易伤害到他的自尊心，甚至让他心生怨念。正确的做法应该是找他谈心，帮他深入分析犯错误的原因，并教他从中吸取经验教训。

当然，除了上面介绍的批评的方式，还有其他艺术式的批评法，如：

安慰批评法，在这里可以用一个小故事来说明这种批评法的高明之处。

一次，年轻的莫泊桑向著名作家布耶和福楼拜请教诗歌创作。两位大师一边听莫泊桑朗读诗作，一边喝香槟酒。

布耶听完后说："你这首诗，句子虽然疙里疙瘩，像块牛蹄筋，不过我读过更坏的诗。这首诗就像这杯香槟酒，勉强还能吞下。"

这样的批评既严厉，但又给了莫泊桑相应的余地。

暗示批评法，如领导发现某位员工经常迟到，在碰到他又迟到的时候，就故意问他一句："帮我看一下现在几点了？"

模糊批评法，如在员工例会上，领导者为了整顿工作纪律，可以说："最近一段时间，大家的纪律总的来说是好的，但也有个别同志表现得较差，有的迟到早退，有的上班时间玩手机……"这里用了"个别"、"有的"等模糊性的语言，既照顾到了一些人的面子，又指出了问题所在。

请教批评法，如："如果按照你的这种方案，那整个计划是不是都要重新规划？"这个时候，被批评者大多数都会认识到自己的错误并及时修正。

领导者掌握了艺术性的批评方式，但想要在批评有冷言暖人心的温暖，切实收到批评的成效，让下属心服还需要注意以下几点：

（1）不怒发冲冠，允许申辩。批评和发脾气不是一回事。发脾气有时不但无助于批评的效果，往往还会把事情搞砸。下属做了错事，或说了错话，你难免不生气，但生气归生气，做领导的总要有气度和涵养，要能够把握自己的情绪，批评时千万不要声嘶力竭。

领导不是圣人，批评人时难免有不周详之处，对于事实上的出入，应当允许当事人申辩。只有虚心听取下属的意见，下属才能诚恳接受你的批评。如果下属说明事实，就应当尽快予以澄清，谁的责任谁承担，而不应该让下属代人受过。

（2）实事求是，不恶语相伤。批评应以理服人，摆事实，讲道理，你一味地挖苦侮蔑，或者以对方的缺陷为笑柄，过分地伤害人的自尊，下属听到的只是恶劣言语，而不是批评的内容，他们的心中充满了不服和怨气。这往往会适得其反，产生抵触，更不利于问题的解决。

批评本身是一件严肃认真的事情，既不能道听途说，捕风捉影，更不能轻信反映，随便斥责，任何批评都应该建立在实事求是的基础上。你所依据的事实要有出处和证据，要搞清楚地、事、人、因、果，这样批评才会准确，不出或少出现差错。万一批评有误，与事实相悖，补救的办法就是放下架子，向下属道歉。明知不对，硬性坚持，只能人为地损害自身的形象和威信。

（3）轻重有度，不一棍子打死。批评应就事论事，一就是一，二就是二，哪儿疼就治哪儿的病，而不能夸大其词，借机整人。不能因一时一事的失误，就将人的过去全盘否定。

（4）讲求方法，不仗势欺人。个别领导如果和下属发生口角，气头上的口头语是：“听你的，还是听我的？”“你还想不想干了？”这不是平心静气的批评，而是用扣奖金、扣工资、调离岗位相威胁，不是以理服人，而是以权压人、仗势欺人，常常是压而不服，还使下属结下了心病。

三、情理交融，感人方能服人

在进行说服的过程中，有时会发现：道理很简单，劝导很卖力，但说服工作就是迟迟不见进展，甚至有时越说，下属心中越不服，最后双方弄个不欢而散的结果，问题究竟是出在哪里呢？很大的原因就是领导者不懂得如何情理交融地进行说服。

说服中，“理”是坚硬之物，容易从事实上说服人，而“情”则如水，更容易从心理上感化人。情理交融，往往能在无形之中对人产生思想影响，使对方不知不觉地赞同你的观点。

被公认为美国历史上最伟大总统的林肯，在他当选总统那一刻，整个参议院的议员都感到尴尬，因为林肯的父亲是个鞋匠。

当时美国的参议员大部分出身望族，自认为是上等人，从未料到要面对的总统是个卑微的鞋匠的儿子。

于是，林肯在参议院首度演说之前，就有参议员谋划要羞辱他。

在林肯站上演讲台的时候，有一位态度傲慢的参议员站起来说：“林肯先生，在你开始演讲之前，我希望你记住，你是一个鞋匠的儿子。”

所有参议员都大笑起来，为自己虽然不能打败林肯却能羞辱他而开怀不已。

林肯等到大家的笑声停止，他说：“我非常感激你使我想起我的父亲。他已经过世了，我一定会永远记住你的忠告，我永远是鞋匠的儿子。我知道我做总统永远无法像我父亲做鞋匠做得那么好。”

参议院陷入一片静默里，林肯转头对那个傲慢的参议员说：“据我所知，我父亲以前也为你的家人做鞋子。如果你的鞋子不合脚，我可以帮你改正它，虽然我不是伟大的鞋匠，但是我从小就跟随父亲学到了做鞋子的艺术。”

然后他对所有的参议员说：“对参议院里的任何人都一样，如果你们穿的那双鞋是我父亲做的，而它们需要修理或改善，我一定尽可能帮忙。但是有一件事是肯定的，我无法像他那么伟大，他的手艺是无人能比的。”说到这里，林肯流下了眼泪，所有的嘲笑声都化成了赞叹的掌声。

林肯没有成为伟大的鞋匠，却成了伟大的总统。我们可以假设一下，如果当时林肯怒不可遏，还以颜色："鞋匠的儿子怎么啦？这正说明了我奋斗的艰辛。那些出身望族却一事无成的人，他们应该在我面前感到羞愧！"结果会怎样？理是这个理，可是估计这话说出来不能服人，只能气人，也不利于以后开展工作。

作为领导者，在面对下属尤其是异常固执的下属时，既要会晓之以理，还要会动之以情，因为通情才能达理。劝说下属时，要能推心置腹，动之以情，这样自然就能够消除对方的防范、抵触心理，进而流畅、平和地进行沟通，最终达到说服的目的。

但是，领导者要在说服中做到情理交融，需要注意下面几点：

（1）领导者要说服下属，应该寻求并强调双方立场一致的地方求同存异，这样可以赢得对方的信任，减少抵抗情绪。然后利用双方立场的一致性作为桥梁，因势利导地解开对方思想上的结。

（2）面对特别固执己见的下属时，领导就必须要耐心细致、不厌其烦地动之以情、晓之以理，不可用强硬的态度，让对方感觉你是在以权压人。

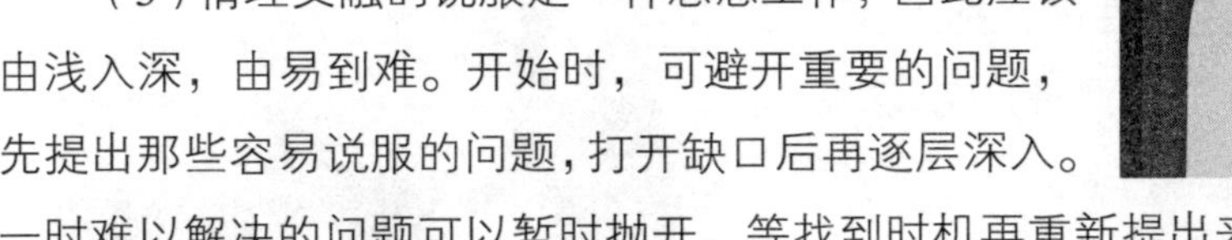

（3）情理交融的说服是一种思想工作，因此应该由浅入深，由易到难。开始时，可避开重要的问题，先提出那些容易说服的问题，打开缺口后再逐层深入。一时难以解决的问题可以暂时抛开，等找到时机再重新提出来。

四、鼓励＋赞扬，俘获人心就是这么简单

卡耐基是国际著名的成功学大师，可是卡耐基小时候却被公认为是一个坏男孩。在他9岁的时候，父亲把继母娶进家门。当时他们还是居住在乡下的贫苦人家，而继母则来自富有的家庭。父亲一边向继母介绍卡耐基，一边说："亲爱的，希望你注意这个全郡最坏的男孩，他已经让我无可奈何。说不定明天早晨以前，他就会拿石头扔向你，或者做出你完全想不到的坏事。"

出乎意料的是，继母微笑着走到卡耐基面前，托起他的头认真地看着他。接着她对丈夫说："你错了，他不是全郡最坏的男孩，而是全郡最聪明、最有创造力的男孩。只不过，他还没有找到发泄热情的地方。"继母的话瞬间让卡耐基感到温暖，眼泪几乎滚落下来。就是凭着这一句话，他和继母开始建立起了友谊。

在继母到来之前，没有一个人称赞过他聪明，他的父亲和邻居认定：他就是坏男孩。但是，继母就只说了一句话，便改变了他一生的命运。激发了卡耐基的想象力，激励了他的创造力，帮助他和无穷的智慧发生联系，使他成为美国的富豪和著名作家，成为20世纪最有影响的人物之一。

赞美是人与人相处的最巧妙的方法，在职场中，时刻真情关怀下属，将完全捕获下属的心，并让下属心甘情愿地为你赴汤蹈火，而关怀下属最简单有效的办法就是通过表扬鼓励你的下属，让他在你的表扬中看到你对他的肯定，得到心理上的满足。

成功的老板从来不吝惜对于取得好成绩的下属进行表扬。对于下属，即使他们的进步很少，建议微不足道，只要发现就要给予适当的鼓励。即使是一句简单的"干得不错"，下属也能从中感受到你对他的重视。

即使是在分配工作的时候，领导者也可以完全用鼓励的语气来与下属沟通，"我看好你"、"这项工作只有你能胜任，别人我不放心"、"我相信你一定能够顺利将它完成"等远比一句"你去做"更能够打动人心。

鼓励的语气总是令事情看起来更加简单，更能表现出领导对下属的信任，让下属知道，你对他完成这件事完全有信心，这样，下属会更加尽心尽力地去投入到工作中。

在平常的工作中，表扬是最好的鼓励方式之一，但并不是每个管理者都懂得表扬下属，有些领导者虽然知道表扬下属的重要性，但却没有掌握表扬的技巧，有时甚至弄巧成拙。如果领导者能够充分地通过表扬来表达自己对下属的关心和信任，就能大大地提高下属工作的积极性，从而提高工作效率。要做到恰当地表扬下属，必须注意以下几点：

（1）**表扬要快。**员工某项工作做得好，老板应及时夸奖。如果拖延数周，时过境迁，迟到的表扬已失去了原有的味道，再也不会令人感到兴奋与激动，夸奖就失去了意义。

（2）**表扬要诚恳。**领导者的表扬也应发自内心，不要为了表扬而表扬。避免空洞、刻板的公式化的夸奖，或不带任何感情的机械性话语，放之员工而皆准令人有言不由衷之感，认为领导者是虚伪的，容易让下属感到与领导之间的距离，从而形成不信任感。

（3）**表扬要具体。**表扬他人最好是就事论事，哪件事做得好，什么地方值得赞扬，说得具体，见微知著，才能使受夸奖者高兴，便于引起感情的共鸣。如果说一些像“你是个好员工”、“表现不错”这样的话，则会让人无法明确受表扬的原因，有丈二和尚摸不着头脑之感。

（4）**间接表扬效果更佳。**表扬的话不一定要直接对下属说，在与其他人交谈时，也可不经意地赞扬自己的下属。当下属从别人那里听到了上级对他的表扬，会感到更加真诚和可信，进而更加激发出自己的工作热情。

五、7招打动人心，让你的员工口服心更服

在励志喜剧《犀利仁师》中，有这样一个情节：聂文星希望慕容月担任学校蹴鞠队加油团团长一职，但是慕容月是一个高傲的女子，她认为这是顶替别人，于是拒绝接受。

面对慕容月的拒绝，聂文星深刻地剖析了她的内心，说道：“对于这件事，你认为是顶替，那纯粹是你自己的想法，而我作为先生的立场来看却是举贤任能。我在这个人的眼里看到的全是自信，而现在呢，除了冷漠与孤傲，她心里什么都没有。她就像一只受伤的孔雀，躲在别人看不见的角落里，独自舔舐她的翅膀。作为先生，

我更希望这只孔雀能够重新绽放她最美丽的羽屏，所以说，你说你好，你说你能，可是究竟怎么好，怎么能，为什么不借这次机会证明给别人看呢？让他们知道当初的放弃是一个错误呢？当然，除非你不能。”

聂文星说到这里，慕容月立即反驳道：“我当然能！”最终，她终于接受了聂文星的劝说，担任加油团团长一职。

在聂文星劝说慕容月的过程中，就是因为聂文星清楚地知道慕容月的心理，于是他从慕容月的内心出发，最终打动了她。因此，领导者说服下属一定要懂得“方法”，只有真正打动下属的心，才能让他对你口服心服。

说服下属，要想打动其心，下面的七个绝招会很对你很有帮助：

1. 褒扬激励，消除顾虑

每个人都希望自己能够得到别人的认可，都会有获得赞美的内心需求。身为领导者，要懂得褒扬之术，适时地给予下属鼓励慰勉，对下属的某些工作或能力提出表扬，引导他们顺水行进，继续努力。

褒扬的话要说得巧说得妙。有时下属明明有能力完成某项任务但他却借口工作繁忙而拒绝接受，此时领导为了调动下属工作的积极性和热情，就可以这样说：“当然我知道你很忙，抽不开身，但是这件事只有你才能解决好，别人我不放心，思前想后，还是觉得你是最佳人选。”这样一来通过适度地褒奖对方某些固有的优点，使对方心理上得到满足，减轻了失败时的心理困扰，对方就能够在较为愉悦的情绪下接受你的劝说。

2. 巧设台阶，顾人面子

领导要改变下属已经公开宣布的立场，首先要做的就是顾全他的面子，避免让对方下不了台，背上出尔反尔的包袱。

假设领导和下属在都没有掌握全部事实的情况下发生了分歧，作为领导，可以这样巧搭台阶：“最初我也是这样想的，但当我了解了全部情况之后，我就知道是错了。”或者这样说：“当然我完全理解你为什么会这样认为，因为当时你也不知道事情的全部经过。”这样可以将下属从自我矛盾的矛盾中解救出来，使他体面地收回原来的立场。

3. 先行自责，间接说服

当身为领导的你想将一件颇有难度的工作交付给下属时，明知道对方可能不会接受，甚至还会引起他的反感，但此事又重要异常非他莫属，要说服下属接受就会很困难。遇到这种情况，在进入主题之前不妨先说一句：“现在我要先说一个事项，虽然我知道你会感到不愉快！”对方听了以后，即使心中确实不愉快，也会感受到你的难处，便会不好意思再拒绝了。

4. 设身处地，换位思考

俗话说，将心比心，才能以心换心。说服中遇到困难，很多时候不是因为道理没有讲清楚，而是由于劝说者和被劝说者固执地将对方视为对立方，没有替对方着想。如果双方懂得换一个位置思考，体会到对方的难处与道理，也许劝说和沟通就会变得简单许多。

因此，领导说服下属时尤其要注意这一点。领导者要能站在下属的位置上瞻前顾后，同时又要能把下属放在领导的位置上陈说苦衷，抓住下属的关注点，使他心甘情愿地将天平倾向领导这边。

5. 诙谐幽默，巧添“作料”

作为领导无论是平常和下属沟通还是要说服下属，都不能皱着眉、板着脸，这样很容易引起对方的不安、反感甚至抵抗的情绪，最后使说服工作陷入僵局。

领导对下属进行劝说的过程中可以适当地点缀一些歇后语、俏皮话、笑话等“作料”，使氛围轻松活泼，并让道理变得浅显易懂、幽默风趣。

6. 以柔克刚，以理服人

作为领导难免会遇到下属的意见和自己的观点相左的情况，此时切忌以权压人，如果那样做，只能是千金压而不服的结果，下属的反抗反而会更加强烈。高明的做法应该是对对方礼让三分，以柔克刚，用事实说话。这样做能让下属感到领导的高风亮节，由衷地佩服领导的度量与胸襟，在无形之中便接受了劝说。这种容忍和“柔”术更能获得下属发自内心的尊敬和拥护。

7. 求同存异，缩小距离

上下级之间或多或少都会存在“共同意识”，作为领导，要能够敏锐地抓住这种共同意识，求同存异，缩短与下属之间的心理距离，以便达到说服的目的。因为共同意识的提出，能够平复激烈反对者的心态，进而领导就有了解释自己观点、进攻别人内心的机会。

六、新任老板，你知道如何“因人制宜”吗

去年，我的叔叔创办了一个电子公司，公司中有将近50名员工。由于叔叔是初当老板，面对性格、能力各异的下属，他是无所适从。他努力地想在下属中树立榜样，希望下属能够从心中信任他，支持他，但结果却是收效甚微，甚至经常听到员工的抱怨，而且有些员工效率低下，面对批评却不知悔改。叔叔因此非常苦恼，他不知道究竟该如何与不同类型的员工建立和谐的沟通。终于，在一次商务洽谈会上，一位资深的经理人向叔叔传授了一些诀窍，解决了叔叔的困扰。叔叔将那些诀窍应用于与下级的沟通中，果然是效果显著，使他得到了所有员工的认同与支持，公司的业绩更是节节高升。

1. 自私自利型下属

自私自利型的人喜欢以自我为中心。遇到事情，总是先替自己打算，以自我利益为最高利益。

（1）满足其正当要求。与这样的下属相处，应该满足他们的合理要求，使他认识到你决不为难他，应该给他的都会给他。

（2）拒绝不合理要求。对于他的不合理要求，在委婉地说出不能办的各种原因之后，巧妙地劝阻他不要得陇望蜀。

（3）办事公平。如果下级中有这样的人，当你制订利益分配计划时，要充分发挥同事的监督作用，

将计划公布于众，使大家感到是在一种公平之中进行利益分配，这样便可避免他与你纠缠。

2. 争胜逞强型下属

争胜逞强的下属爱争强好胜，所以周围的人都成了他竞争的对手。因此，他根本没有知心可言。有时候，他们的本意也并不坏，只是一有机会就吹嘘夸大，炫耀自己，所以有意无意中会伤害别人，因此他们的人缘极坏。

他们外表显示出强大的气质，但他们的内心，却是非常柔弱的，他们很容易被美好的言辞说服，很容易信任一位名人的言论，而且更容易卷进流行的风潮里。

（1）不必动怒。自以为是是许多人的通病，面对这样的下属无须动怒。这样周围的环境就会给他造成压力，使其失去市场。

（2）不必自卑。也许这种类型的人确有比你高明之处，但也不要自卑，因为人无完人，你不可能在各个方面都超过所有的人。

（3）承认不足。要敢于承认自己的不足，并予以改正和学习，这样就会使他的进攻失去目标。

（4）推心置腹。如果对方不是故意与你为敌，可以选择适当的时机，和他进行推心置腹的交谈。有理有据的谈话可以化解彼此的矛盾，改变他对你的态度。

3. 自我防卫型下属

这种人的自尊心很强，且敏感、多疑、特别注重他人的评价，唯恐上司对自己有不好的看法。他们十分敏感，上级的一个不满的眼色也会令其心事重重。他们缺乏自我安全感，对人存有戒心，从不主动坦露自己的心思，心理防卫机制较强。

（1）尊重其自尊心。对这种类型的下属，就要充分尊重他的自尊心，不可流露出轻视之意，要多对他的才干表示欣赏。不要轻易否定他的努力或取得的成绩，以真心博得他的好感与信任。

（2）切忌当面指责。由于这类人的心理防卫机制较强，所以切忌在他面前指责、挑剔别人，这样会让他因此怀疑你在背后也会这样议论、嘲讽他。

（3）少提意见。对于安排给他的工作，要尽量少提意见。因为意见过多，会使他产生一种压迫感，他会觉得自己什么都做不好，你不信任他。

4. 社会经验不足型下属

在你的下属中，也许会有一些不懂事理的人。他不仅领会不了你的意图，还不时和你唱反调，甚至听信别人的挑拨。

这是因为他们的年龄、经验、阅历、个性、修养不足等多种原因造成的。面对这种社会经验不足的下属，你应坚持以下的原则：

（1）不求全责备。要尽量理智地对待下属的不足之处，要用人无完人来宽慰自己。

（2）寻找沟通的机会。要与这种下属多进行沟通，把你的思想和打算在自然的交往中渗透给他，使他逐步改变对你的误会。

（3）适时指导。其实，这类人的社会化不足，只是社会经验的不足。你应该不失时机地向其传授经验，对他们进行积极而有效的指导。

5. 爱唠叨型下属

这种类型的人以女性居多。因为其心理素质的原因，所以承受能力有限，遇事便忙成团，无法稳定，心态动荡，爱唠叨。

（1）多用眼，少用嘴。如果你的下属是喜欢唠叨的人，在安排工作时要事先把该交代的一切都讲得一清二楚，不要留下漏洞，以免他询问得更多。

（2）不要发怒。在他们叨唠时，千万不要发怒，要尽量以冷静的微笑对之，既表示尊重，又使其不知你的底细，从而让他不再讲话。

（3）培养信任。当他们唠叨而你又必须回答时，一定要做到回答得有分量，令其心服、口服，有了信任感，他们便会言听计从。

（4）不出尔反尔。搞清楚情况后再发言，决不能出尔反尔。否则，会给他们留下讨价饶舌的余地。

6. “刺头”型下属

有些人喜欢“拔尖”，即处处占上风，希望任何人都服从他的意志。有时对上级他们也会忘记自己的身份，喜欢指手画脚一番。但是需要肯定的是，这些人的指手画脚有时是含有积极因素的。

（1）忍让。在一些不涉及原则的小事上尽量忍让下级的这种“无理”或“越权”表现，以显示大度，使他在你的忍让中认识到自己的无理和出格。

（2）微笑。可以用微笑对他的各种不合理要求进行“反击”。这样，他便会明白自己的行为是不应该的，进而“迫使”他自觉放弃。

（3）沉默。一般来讲，“刺头”都是急性子。而对他们的“无理”，你可以采取沉默的办法，让他摸不透你的心思。你的这种沉默，会令其自我反省。

第十一章

下级对上级，谦恭机变是王道

在职场中，你想加薪、想升职，想从上级那里获得更多的资源支持，你想向上级表达自己不同的意见，实现这些最关键的就是要说服你的上级。但是所谓“伴君如伴虎”，上级掌握你的生存命脉，一句恰到好处的话，可能让你获得上级的青睐，并实现自己的目标；而一句言不得体的话，则有可能让上级从此对你冷落，甚至让你离职。那么，究竟应该怎样说，才能使上级高兴，并愉悦地接受自己的要求呢？

一、和老板来“硬”的，小心被打入“冷宫”

一个职员在工作中是否成功，评判的标准之一就是他的工资水平。但是大家都明白，无论你表现得多么优秀，作为上司，一般不会主动给加工资。这个时候就需要你主动向上司提出请求。当然说服上司给自己加薪也是有技巧的，如果你能用轻松有趣的方式，而不是刚硬严肃的态度提出请求，往往说服上司为自己加薪的概率就比较大。

我的同学张欣是一个聪明肯动脑的人，进入一家新的公司之后，在短短的时间内，她连续两次向公司提出合理的建议，使生产成本降低了 5%。公司老板很高兴，对她说：“小张，好好干吧，我不会亏待你的。”

张欣当然知道这句话可能意义非常重大，但是她不需要虚飘的表扬，她想追求一点实在的东西，便呵呵一笑，说道：“我想最好是能够把这句话放到我的工资袋里，这样我就更高兴了。”

老板会心地一笑，爽快地回答道：“没问题，一定会的。”

不久之后，发工资，张欣将工资袋打开一看，发现工资明显地比以前厚了许多，仔细一数，工资涨到了原来的两倍。

不得不说张欣是一个聪明的人，不但工作中会动脑子，和上司说话同样也懂得讲究技巧。她以一种开玩笑的方式，明确地向上级提出为自己加薪的请求。这个请求带有非常好的灵活性，不会让老板有产生压力或强制，老板可答应也可以拒绝，这样的请求更能够让老板接受。最终，张欣如愿加薪。

如果一板一眼、义正词严地向老板进行索取，虽然能够得到一定的回报，但那样势必会让双方感到尴尬。有时甚至直接和老板来“硬”的，采取逼迫的态度，不给老板留面子，往往更难如愿以偿，甚至还会被老板列入“黑名单”。

赵森在一家电子公司工作，每天兢兢业业，业绩非常不错，但是一年结束了，他的工资却一点也没有涨。

眼看其他的同事平时懒懒散散，拿的工资比自己还要高，更是越想越不是滋味。于是，赵森找了一个合适的机会，来到经理的办公室，对经理说：“经理，这几个月的房租又涨了，就连菜价都涨了，我想工资是不是也能涨点？”

经理听了，笑着说：“别抱怨了，继续努力吧！大家的工资都是一样的。”

赵森一听，心中的怨气更大了，觉得经理在欺负人，生气地说道：“真的一样吗？我怎么觉得我的工资和大家不一样呢？大家都是一样地工作，为什么我的工资就比别人低，而且我每天那么努力，经验有了，业绩也有了，凭什么我的工资就那么低？”

听了赵森的牢骚，经理脸色一阵青一阵白，最后阴沉着脸回应道：“我会考虑你的请求的。你去忙吧。”说完就不再理赵森了。

赵森的确是一名优秀的员工，工作努力，创造的价值也不比别人小，按理来说，提出提高工资是合理的要求。但是，他提出请求的方式过于直白和激烈，丝毫没有顾及经理的面子，带给上司的是一个负面的形象，加薪肯定不可能实现。

因此，要想成功地说服老板为自己加薪，一定要讲究说话的方式。向老板提出加薪的请求，要采取柔和的态度，用轻松的方式告诉他你的期望和请求，而不是理直气壮地请求乃至“命令”。要想成功说服老板为你加薪，就要注意以下几点：

（1）懂得选择一个良好的时机。尽量选择上司心情愉快、公司业绩好的时候提出加薪的请求，这样成功的概率比较大。千万不要选择在公司遇到麻烦，老板心情郁闷的时候提出要求，这样很可能会适得其反。

（2）要尊重上司。获得他人的尊重是人的基本需求和权利，无论你的要求多么合理，都必须建立在尊重他人的基础上。所以，向老板提出加薪请求时，不能以逼迫和吵架的口吻，最好是用探询、商量的语气，为上司留有一个回旋的余地。

（3）要确信自己有值得加薪的理由。没有一个上司会无缘无故地为一个员工加薪，除非他相较于其他人创造了更大的价值，值得为其加薪。所以，你要拿你的努力程度或工作业绩和其他同事相比，让上司心服口服，觉得值得为你加薪。

（4）静听上司不给你加薪的理由。当你向上司提出加薪的请求而得不到同意时，上司肯定会向你解释暂时不能给你加薪的理由，此时，你要心平气和地倾听，切忌表现出不高兴的样子，或者闹情绪，甚至与之发生争执，一味地坚持应该为自己加薪的理由，这样做只会适得其反。

总之，在确保以上几点的前提下，以温和、轻松的态度向上级请求加薪，往往能够如愿以偿，让自己心满意足。

二、委婉地表达否定意见

寰宇公司的产品出现了质量问题，公司召开全体员工大会，总经理做了一个主题发言，但是张丽对他的意见不太赞同。

在大家自由发言的时候，张丽站起来说："我完全赞同总经理的意见，一定要把好质量这一关。对于产品质量，每个人都应该予以高度重视，这是公司能够安全发展的保证。不过，我还有一个意见，那就是我们应该培养公司员工的质量意识。因为我发现，公司的一些员工质量意识比较淡薄，对产品质量不太重视，如果不能从认识上进行解决，那么产品的质量问题将难以得到彻底的解决。

此时，总经理向张丽投去了赞赏的目光。于是张丽大胆地说下去："要想让员工提高质量意识，就要对员工进行集中培训。下面的员工看到领导对质量如此看重，必然也就会跟着重视起来。所以，我的建议是，如果公司能够开展一个产品质量意识的培训的话，那么就有可能从根本上解决产品质量问题。"

在工作中，上司说的话或提出的意见也会存在某些错误或不合理的地方，这个时候身为下属如果要进行批评指正，甚至是说服上司，让他接受自己的意见，说话

的时候就一定要讲究技巧。要以平缓尊重、迂回婉转的态度向上司表达不同的意见，切忌那种直言不讳的“直谏”，案例中的张丽就深谙其中的道理。

直言不讳地提出反对意见，往往会使上司无力招架，自尊心受到伤害，感觉颜面大失。因为这种方式使得问题与问题、人与人面对面地对立了起来，除了正式正视彼此之外，已经没有任何回旋余地，而且这种方式很容易使人在心理上形成不安全感和对立情绪。你的反对意见犹如兵临城下，直对上司的观点或方案，必然会使上司感到紧张难堪。特别是在众人面前，上司面对你的“挑战”之势，已是别无选择，只有不顾一切地痛击你，打败你，才能维护自己的权威和尊严。而对问题的合理与否，谁还会去顾及？

因此，当遇到与上司意见不同的情况的时候，通过间接的方式，委婉地表达自己的意见更容易让上司接受。那么，面对上司究竟怎样委婉地表达自己的否定意见呢？

（1）采用商量的语气，并避免使用主观武断的词语。例如，当你想把自己的建议或意见说给上司听的时候，最好不要这样说：“我认为只有采取这样的办法才行。”而最好说：“解决这个问题无疑是有很多办法，我设想的这种也不一定是最好的，只是请您加以参考研究。”

（2）必要时，可以对上司稍加称颂，使其感觉到你对他是敬重的。你不妨这样称颂你的上司：“经理经历的事情肯定比我们多，所以这事还得多多听取您的意见。”

（3）先肯定，再否定。向上司表达不同意见，即使上司说得不对也不能断然否定他的全部观点，而是要先肯定他的观点的合理部分，然后再提出自己的意见。

（4）多用设问句，不用祈使句。祈使句让人感觉到是在发布命令，而设问句让人感觉是在商量问题，所以后者更容易让人接受。

三、想让上司改变决定，三招轻松搞定

刘辉是一家广告公司的销售总监，由于部门工作成绩突出，公司领导决定让销售部出国旅游十天，但是只有八个名额。这下刘辉觉得犯难了。因为销售部总共有十个员工，而且大家工作都非常努力，如果踢出两个人不让他们去，那两个人心里肯定会不舒服，甚至和公司闹意见。于是，刘辉决定再向上级领导申请两个名额。

他来到总经理办公室，对总经理说："张总，您知道您做了一个多么不明智的决定吗？"

张总莫名其妙地看着刘辉："什么意思？"

刘辉继续说道："张总，您真是英明一世，糊涂一时啊！您不想想这样做的严重后果吗？成绩是十个人的，为什么只让八个人去啊？员工肯定会闹意见的！我倒有个不错的想法，您想听吗？"

张总一听，生气地拒绝道："不听！就这么办！谁敢有意见就开除！"

结果刘辉既没有争取到名额，还碰了一鼻子灰，他始终不明白，事情怎么会变成这样呢？

上司不是上帝，有时也会做出不合理的决策，这些决策会损害某些员工甚至整个公司的利益，这时作为下属就要据理力争。不过，方法很重要。就如同古时的臣子，向皇帝进谏，方法好的，成为一代名臣，方法不好的，成为"刀下亡魂"。如果像案例中的刘辉那样，向上司卖弄自己的聪明，遭到上司的反感是必然的。

因此，说服上司改变自己的决定不是一件轻松的事，有没有什么诀窍呢？

1. 说出上司最想听的话

上司很容易会有曲高和寡的感觉，很多下属不是不想拍上司的马屁，而是找不到领导最想听的话，因此，下属就很难成为上司的知己和心腹。只要成为了上司的知己，你再想说服上司改变某项决定就非常容易。能够说出上司最想听的话，先对上司的决定予以肯定和赞扬，然后再提出自己的建议，很容易成功说服上司改变最初的决定。

2. 一针见血，分析利弊

上司最在意的是某件事的最终结果，如果沟通的问题不需要讲大道理，你可以直接把其中的利害关系告诉上司，让上司自己定夺。只要上司明白了其中的利弊，必然会听从你的意见改变决定。

3. 换位思考，服从上司的目标

很多上司都希望手下的人听自己的话，认为自己的话是对的，别人都是错的。所以在说服上司的时候，要站在上司的角度而不是自我的角度来思考问题，要清楚上司的真实想法和目的是什么，让上司感觉你是在支持他，而不是反对他。要知道，我们需要改变的是上司的决定而不是上司的目标。

四、替老板做主，只能自毁前程

有时遇到一件事情，上司会让下属帮忙拿主意，这个时候，哪怕自己的见解正确，也不要明确地表示应该如何如何做，而是应该提出自己的建议，或者给上司一定的暗示，而把最终的决定权留给上司，这样上司也很可能会采取你的意见。

我有一个朋友叫张叶，最近工作中遇到了困扰，便前来向我倾诉。

张叶刚当上部门主管没几天，上司交给她一个新的任务，并语重心长地对她说：“小张，你经验丰富，能力又强，这个新项目，你就多费心盯一盯吧！”

张叶心里很高兴，刚上任时间不长就受到重用，自然满心欢喜。新的任务是上司计划组织一些员工去周边城市考察，她心里合计，随同去的有很多人，坐公交车的话非常不方便，人也会很受累，会影响谈判效果；打车吧，一辆坐不下，两辆费用又太高；还是包一辆车好，经济又实惠。

想好之后不久，上司就通知开会了。张叶按照经验，要将自己的想法汇报一下，于是，她笑着说："我们决定包车，因为坐公交车太挤，打车又太浪费！"她的话还没有说完，上司的脸色就变了，他生硬地说："是吗？可是我认为这个方案不太好，你们还是买票坐长途车去吧！"

张叶万万没想到，一个如此合情合理的建议竟然被打了"回票"。"没道理呀，傻瓜都能看出来我的方案是最佳的？"她大惑不解。更糟糕的是，后来她就再也没有升过职。

我听了之后，告诉她，这是因为你说话不当造成的，在与上司沟通的时候，千万不能替上司做主，这样只会毁了你的前途！

有时候，你提供了一个明确的建议，但此时，上司也有会产生逆反心理，本来你的建议是可行的，但由于面子问题，使他偏偏不那么做。

在上司向我们询问意见时为什么不能替上司做主呢？

第一，在地位上，你不是主，没有做主的权利，上司是主，才有做主的权利。所以，如果你替上司做主决定就是越权的表现，是不合礼仪的。而且每个人，尤其是身份地位比较高的人，都厌烦别人替自己做决定，因为那样会让人觉得很没有面子。

第二，意见的不同有时表现了人的才智的高低，如果你明确地表示了自己的意见，而又高于上司的见解，那么往往会让上司感到难堪。

第三，直接替上司做决定，会让人觉得你这个人自以为是，目中无人。

第四，如果决策成功，那么功劳肯定要给上司，但是如果是你做的主，那么功劳岂不应该是你的了？这样就有与上司争功之嫌。遇到心胸宽广的上司还好，不会和你斤斤计较，如果是心胸狭窄的上司，你的前途堪忧。

所以，为了赢得上司的欢心，让上司愉悦地接受自己的意见，就不要替他做出决定。通过暗示或解释分析的方式，为上司提供解决问题的思路，更容易让上司接受，这样做既不会让上司产生强迫之感，也能让他进退自如。上司获得了帮助，同时也不会对自己造成负面影响，必然会对你大加赞赏。

五、不合理的工作安排，婉拒有技巧

对很多人来说，向别人大声地说“不”本来就是一件不容易的事情，那如果是对能够决定自己职场前途的上司说“不”呢？那就更不是一件容易的事了。因为这不仅需要莫大的勇气，还需要一定的技巧和方法。否则，轻则会惹得上司心中不快而使自己不能得到赏识和重用，严重的话恐怕还会丢了饭碗。

1983 年春，史蒂夫·乔布斯和 Mac 工程团队负责人鲍勃·贝尔维尔共同到日本为麦金塔选择磁盘驱动器供货商。

经过考察，贝尔维尔主张使用索尼的磁盘驱动器，乔布斯决定要和阿尔卑斯电子公司合作。贝尔维尔心里非常清楚阿尔卑斯目前连一件可以使用的样机都没有，根本不可能按时供货。但他心里清楚乔布斯做出的决定是不能违背的，于是他决定忽略乔布斯做出的决定，暗地里坚持与索尼进行合作，并请了索尼的一名工程师加入了他的团队。

果然，1983 年 5 月，阿尔卑斯承认，至少还需要 18 个月才能提供合格的产品。在乔布斯感到绝望的时候，贝尔维尔说出了他的“秘密”。最终，乔布斯收起了自己的傲慢，感谢他们没有服从自己的命令，做了正确的事情。

贝尔维尔使用了一招“忽视”乔布斯的计谋，巧妙地拒绝了服从乔布斯的决定，从而为公司避免了损失。可见，拒绝执行上司不合理的命令是一件非常讲究技巧的事，既不能让上司产生不快之感，又要让上司感到信服。

也许大家都会有这样的感受，和上司说话时客气、谨慎一些，审时度势、顺水推舟还不算难，但关键是有时候，当你正在为手中的工作而忙得不可开交的时候，上司会把你叫去，另外交给你一堆原本不在你工作范围内的事情，这时你该怎么办呢？如果勉强接受，自己无端受累不说，还会影响原来工作的进度；如果拒绝，又怕惹恼了上司。

还有的人可能会认为，上司委托自己完成某项事是看重自己，所以就不管自己有没有能力完成都要一口应承下来。其实，在接受任务之前应该考虑一下自己能否胜任。如果不能胜任，就要思量如何回拒了，以免使结果变得更糟。

但是拒绝并不是要简单、坚决、毫不留情面地说一声“不”，而是要讲究一定的技巧，让上司坦然接受。对于上司安排的额外工作，当你力不能及不得不表示拒绝的时候，应该先谢谢他对你的信任和重视，并表示很愿意为他效劳，然后再含蓄地说明自己爱莫能助的困难。这样，彼此都可以接受，不至于将事情弄得很不愉快。

1. 先思考，后开口

在拒绝之前，先用换位思考的方法检验一下。想想如果你是老板，一个员工用这样的方法拒绝你，你会怎么办。如果你确定这种拒绝方式有效而无害，这时再拒绝也不迟。

2. 先肯定，后否定

首先对上司安排的工作表示支持，然后再说出自己的想法，最后指出上司安排的碧玉微瑕，如此“三明治”式的拒绝能够为大多数上司所接受。其实有的时候上司并不会把什么强加给你，也许他要的只是一个台阶。

3. 先服从，后拖延

当上司提出某种要求而下属又无法满足时，可以设法造成下属已经竭尽全力的错觉，然后再拖延，让上司自动放弃其要求，这也是一种好办法。

例如，当上司提出的要求你无法满足时，就先答复：“您的意思我明白了，请放心，我保证全力以赴！”过几天，再告诉上司：“这几天部门经理因为急事出差，等下星期回来，我再找他办。”又过几天，再向领导汇报：“您的要求我已转告部门经理了，他答应在单位的有关会议上认真地讨论。”尽管最后事情很可能不了了之，但你也会给领导留下好印象，因为他认为你已经尽力，也就不会再责怪你了。

4. 巧用集团，掩饰自己说“不”

比如，上司安排你做某一件事，但这件事又在你的能力范围之外，你很想拒绝，可是又说不出来，这个时候，你不妨拜托其他两位同事，和你一起到上司那里去“争论”一番。这并不是所谓的三人战术，而是巧妙地依靠集团替你说“不”。

不过，事先你们要商量好，针对上司安排下来的工作，谁是赞成的一方，谁是反对的一方，然后在上司面前讨论，争论一段时间后，你再出面表明自己的观点：“原来如此，那可能太牵强了”，不着痕迹地靠近反对的一方。

这样一来，你可以不必直接向上司说“不”，就能向他表明自己的态度。运用这种方法，会给对方觉得这个最终结果是“你们经过激烈讨论之后才得出的”，同时包括上司在内的所有人，都不会感觉自己受到了伤害，而上司也会很自然地放弃对你的命令。

总之，当准备对上司说“不”时，尽量站在上司的立场，抱着与上司同舟共济的想法考虑问题。切忌站在自己的立场，更不要站在上司的对立面。要“大胆假设，小心论证”，协助上司做出正确的决定。不要当众指出上司的问题，不要迫使上司当场表态。尽量促成与上司单独沟通的机会，并适当对上司提出你的不同意见，如果是拒绝上司的意见，一定要给他一个备选方案或者一个台阶，让上司有选择或者台阶下。

对上司说“不”其实是一门学问，要摆正心态，更要学会技巧，上司毕竟是上司，要学会维护上司的尊严，讲究说“不”的策略，这样才能取得预期的效果。

六、投其所好，定让老板心花怒放

俗话说“巧妇难为无米之炊”，许多的计划要想付诸实施，最关键的还是上司对你的有效支持，因此，如果你是企业的主管或者职业经理人，要得到上司的充分信任，获取更多的资源是非常重要的。所以，说服上司对你给予大力支持是一项必须完成的工作，因为只有这样才能更加有效顺利地推动、进行和完成工作目标。

投其所好是与人交谈尤其是说服别人的捷径，如果你能投其所好，说的话就能深入人心；如果反其所好，只会招来对方的厌恶，给自己的说服工作造成不利影响。

1. 从上司感兴趣的话题着手

爱德华·查利弗先生是一位从事童军教育的工作者。有一次，为了赞助一名童军参加在欧洲举办的世界童军大会，急需筹募一笔经费。于是，他就前往当时美国一家数一数二的大公司，拜会其董事长，希望他能解囊相助。

在爱德华拜会他之前，曾听说他开过一张面额100万美元的支票，后来那张支票因故作废，他还特地把它装裱起来，挂在墙上留作纪念。所以，当爱德华踏进董事长的办公室后，立即要求看一看他这张装裱起来的支票。爱德华告诉董事长："我从未见过任何人开具过如此巨额的支票，很想见识一下，好回去说给我那些小童军们听。你可以满足我这个愿望吗？"董事长毫不考虑地就答应了他的请求，并将当时开那张支票的情形，详细地解说给他听。

董事长兴致勃勃地说完那张支票的故事，爱德华还未开口，那位董事长就主动问他："对了，你今天来找我，是为了什么事？"爱德华这才一五一十地说明了他的来意。

出乎意料的是，董事长不仅答应了爱德华的要求，而且还答应赞助五个童军去参加该童军大会，并要他亲自带队参加，公司将负责全部开销。另外，董事长还亲笔写了封推荐函，要求在欧洲分公司的主管，提供童军参会所需的一切服务。

如果爱德华在拜访前不知道董事长的兴趣，一见面不能投其所好，引他打开话匣子，事情恐怕就没那么顺利了。无论是谁都渴望得到别人的认同，赢得大家的赞赏。在谈话中，只要你找到别人感兴趣的话题，并且从中真诚地赞美他，就能很快得到他的亲近，从而赢得他的喜爱与信赖。

2. 清楚上司的风格，顺着毛梳

上司的处事风格是在沟通过程中必须注意的，对于不同的特质和性格的上司，其反应和处理的方式也是不同的。

（1）魅力型：这样的上司很容易被新的想法或是概念所吸引，但也比较没有耐性，注意力持续的时间非常短暂。跟这种类型的上司沟通时，最好在一开始就说出重点，说话要简短直接，不要拐弯抹角考验上司的耐性。

（2）思考型：这种性格的上司是最难以理解、最难被说服的。他们对风险的接受度偏低，会要求阅读各方面资料（如市场调查、成本效益分析等专业报告），希望能参考不同角度的分析与观点。因此他们需要较长的时间进行思考，最后由自己决定哪种方法最可行。面对思考型的上司，你必须提供不同角度的分析数据，也最好不要自行下结论，否则就会被认为是过度热心、不可靠的。

（3）追随型：追随型上司倾向于根据过去的经验或他人的做法来做决定。虽然他们态度较谨慎，但并不多疑，只是希望有人来帮助他了解自己不熟悉的事物。相较于其他类型，追随型上司是最容易被说服的。关键在于：你必须能够提出成功的案例作为说明，以增加上司的决策信心。

（4）怀疑型：这类上司对任何信息都抱有怀疑的态度，喜欢与人争辩。思考型上司通常对事不对人，不轻易表露想法；而怀疑型上司则偏爱针对个人，会毫不掩饰地大声说出意见。遇到这类上司，最重要的就是要取得他的信任。找个上司信任的人，为你的计划增加一层保障，通常很快就会有好结果。

（5）控制型：控制型的上司总认为自己才是最优秀的专家，因此不太能接受别人给出的建议。而通常会左右他们下决定的，是他们内心对某个细节的不安，且他们会透过特定行为显露出自己的不安来源（如过度注意流程的细节）。因此想要说服他们，就要尽可能地提供详细的数据，并要仔细观察上司的反应，从他的问题中搜寻他不安的线索，以攻破他的心防。

当然，上司可能会融合一种以上的风格类型，那么我们肯定也必须要综合多方面的说服技巧，才能做到无懈可击的地步。

七、无所顾忌要不得，尊重上级是关键

我有一个同学叫李涛，毕业后在天津上班，现在已经定居在了那里。说起他工作中的经历，让我非常有感触。

李涛毕业后就职的公司，规模并不大，但公司的发展潜力很大，上司脾气很好，员工之间相处得也很融洽，他很希望自己能长期在这里工作。

可是，一天上司突然找他谈话，说："因为你是外地人，三金不好交，以我们公司目前的情况不可能给你转户口，而如果不给你交三金，我们就违反了国家的规定。所以……"李涛听了也不知道该如何是好，只是傻傻地看着上司，问："您想怎么处理？"上司叹了口气说："说实话，我对你的表现非常满意，但是我现在实在没有办法。所以，如果我们能在市内找到像你这样的人的话，我们可能要用本市的人了。"

李涛的心里很难受，此时已经和这里有了感情了。他难过地说："我尊重您的决定，虽然我很喜欢这里。可是，我希望您能再考虑一下，考虑一下我以前的表现，考虑一下，如此做对我公平吗？"李涛已经忍不住了，就没有再说下去，出门前他向上司鞠了个躬，并轻轻地把门带上。

第二天，上司又找他谈话："我专门跑相关部门打听了，你还是可以留在我们这里上班的，但是你要到派出所办理个暂住证！"李涛一听会心地笑了。

通过李涛的经历，我也感受到了，对上级表现出自己对他的尊重是非常重要的一点，人心都是肉长的，你的尊重会使上司对你产生好感。

俗话说："伴君如伴虎"，上级毕竟不是一般的同事，更何况，与一般的同事交往也要互相尊重，注意分寸。所以在与上级说话交谈时需要更加注意，不能无所顾忌，要表现出对上级的充分尊重。

在与上级的沟通中，有些话是非常值得注意的，一旦说不好就会使上级感觉自己不被人尊重，引起其心中的不快。所以，这些话在面对上级时是说不得的。

（1）身为下属，不能对上级说："您辛苦了！"因为这句话应该是上级向下级表示慰问或犒劳时说的，如果由下级对上级说出，让人有一种主客倒置的感觉。

（2）不能对上级说："总经理的英明决断，真是太令我感动了！"或"您的做法真令我感动。"一般来说，"感动"一词通常是上级对下级说的，譬如，上级说："你们工作认真负责，加班加点，我非常感动。"而如果下级对上级使用"感动"一词，那就显得不恰当了。表现对领导的尊重应该使用"佩服"。你可以对上级说："总经理，我们都很佩服您的英明决断。"

（3）不要不经意地说："太晚了。"对上级说这句话，就是有嫌上级动作太慢，以致要耽误事情的意思。而在上级听来肯定会有"早点干吗了"的责备意味，即使你的建议是合理的、正确的，想必上级也不可能会高高兴兴地接受。

（4）上级向你提问，不要对上级回答说："随便，都可以"，这样的回答会让上级觉得你感情冷漠，不懂礼节。今后对你说出的话，自然也就不会很"感冒"了。

（5）不能对上级说："不行，是不是？那没关系！"这样的话带有胁迫的意味，明摆着就是对上级缺少敬意，不尊重上级的表现。

（6）不可对上级说诸如："那事你不知道"、"这事你不了解"之类的话。"这事你不明白"、"说了你也不懂"这样的话，就算是对熟识的朋友说出，也会给对方造成莫大的伤害，对上级说出这样的话，更是"大不敬"。

（7）面对上级分配下来的任务说："我觉得这事很难办。"上级给下级安排任务，下级却说"很困难"、"不好办"之类的话，这样直接让上级下不了台，一方面，似乎显示自己在推卸责任，另一方面，也显得上级没有远见，让上级很失面子，这也是不尊重上级的表现。

尊重上级，要从具体的每一件小事中做起，而最根本的就是要注意自己的言语，因此，在与上级的交谈中要格外注意自己的言语，不要流露出丝毫的"不敬"。

八、正面突破+巧妙“围攻”，让上级了解你的意见

我曾经当过一段时间的秘书，公司做的是对外贸易，当时正好和一个新的服装厂家谈好了一个项目，拿服装的价格非常便宜，上司是想大量进货，然后依然按照我们原来的价格销售。

当时我的想法和上司的不同，我觉得价格应该稍微低一些。因为人们都有这样的心理，买东西的时候即使便宜一块钱，也会觉得很实惠。既然我们进服装的价格便宜了，为什么零售和批发价格都和原来一样呢？还有一个问题，就是我们的进价便宜了，可以大量采购，但是如果价格依然还是原来的价格，有可能衣服的款式走得就很慢。不能及时更新款式对于公司来说，也是致命的损失。

我是这么想的，但并没有说出来。因为我只是一名秘书，记录就是我的工作。

所有的领导都谈了自己的想法，大家都是顺着上司说的，有的人说他的看法好，有的人说如此一来，我们的业绩一定会大大上升等，上司的表情非常激动。

临散会，上司突然将眼光盯在我的身上，笑着说：“我想起来了，我们几个大老爷们在这里评论衣服。你看我的秘书小张，她的衣服多时髦啊！我们的衣服不就是面向这些小女孩的吗？我觉得她更有发言权！”于是便问我：“小张，你买衣服有什么原则？”

我谦虚地说：“其实我是那种很现实的人，如果有两家服装店卖一样的衣服，我肯定会买便宜的，即使便宜一元。”

老板这次没有笑，沉思片刻说道：“我想起来了，我们不能将所有的衣服都和原来的价钱一样，我们要分类处理，一类衣服走高价，另一类衣服走低价。”于是，他和几名领导又研究了几个方案。最终确定下来新的方案后，上司还请我吃了顿饭，对我表示感谢。我还装作莫名其妙的样子说：“这里也有我的功劳吗？”

后来，衣服销售得果然很好。我也越来越被器重了。

和上级的意见不同很正常，那么，身为下属，怎样让上级了解到自己的意见呢？不妨尝试一下下面的两种方法。

1. 正面突破

所谓“正面突破”就是将自己的意见直截了当地向上级表达出来。对于还没有决定的事，就在背地里偷偷地进行，任谁都会感到不快。尤其是站在上级的立场上，下属的这种行为就是对他的权威的挑战。所以，倒不如直接向上级陈述你的意见，效果会更为理想。但是，值得注意的是，向上级陈述意见时，切勿攻击性太强，以免造成负面效果。

（1）准备充足

使用正面突破的方法，要遵循一定的原则，即要事先研究好事情的经纬，将相关的资料准备好，然后晓之以理，同时再通过模拟演示的方式，强化上级对你所提出的意见的信任度。当然，如果平时你就和上级建立了良好的真诚沟通的模式，遇到这种情况，往往就能轻易地达到交流意见的目的。

一般来说，正面突破的方法比较适用于喜欢理性思考、重视工作中人际关系的上级。

（2）巧妙切入

运用正面突破的方法，最好要先做到几点：让其他的同事了解你的想法；取得同事和其他部门上级的支持；首先以柔性的话题开场，然后再切入正题。

比如，利用中午吃饭的时间，先像聊天一样不急不慢地向上级报告情况，然后再以“对于刚才提到的事，我的想法是这样的”切入。

2. 巧妙“围攻”

如何“围攻”呢？最关键的就是要会借力使力。有的上级在与其他同级主管商量后，很容易改变自己的想法，针对这样的上级，使用“围攻”的方法将会非常有效。

（1）争取支持

事先将自己的想法透漏给上级和其他同事，然后再慢慢诱导，以取得上级的同意。换句话说，就是将上级引到无法说“不”的环境中。

（2）寻找原因

如果你的意见受到上级的反对，那么运用“围攻”方法的时候，最重要的就是要弄清上级反对的真正原因，是单纯地出于面子问题，还是其他什么原因。如果是面子问题，那么只要让上级觉得有面子即可；如果是其他原因，就要认真倾听上级的理由，然后再重新寻找方法解决。

下属与上级的意见相左是常有的事，运用上面的两种方法，可以让上级了解自己的意见，但是在说服上级的过程中还有几点值得注意。

1. 不可固执地坚持己见

在此建议，如果上级坚持己见、不轻易改变自己的想法，此时你最好抛开“想极力说服上级”的想法，因为最终握有决定权的是上级而不是你，如果你再坚持己见地游说，不但会偏离主题，更容易被上级贴上“顽固”、“忤逆”、“固执”的标签，给上级留下不好的印象。一旦上级因为你和他唱反调而恼羞成怒，还会使事情变得一发不可收拾。

2. 保持谨慎，不可说漏嘴

有些上级感觉自己的意见受到了很多人的反对，可能会诘问：“是只有你自己这么想，还是有其他人也这么想？”这时你要保持高度警惕，千万不能将其他反对者说出来。

尤其是在一对一的谈话中，更要谨慎。一旦说漏了嘴，不但会对名字被泄露者造成伤害，你还有可能被同事认为“没担当”、“爱打小报告”，进而受到同事的排挤。

九、遣词造句的神奇力量

我的弟弟在一家软件公司工作，最近他们公司的网络系统出了点故障，公司的网站经常登录不上去。为此，上司非常恼火。关键的问题又在于，

上司自己对网络一窍不通，一旦网络登录不上，上司就会向他们几个编程的人发怒，而且由于弟弟在几名编程人员中，技术是最好的，所以上司总会先拿他开刀。

弟弟向我大吐苦水："第一次上司说这些情况的时候，我真的不知道怎么回事。毕竟我们编好的程序不是这样的，而且已经运转两个多月了，怎么会是程序有问题呢？所以，我当时支支吾吾，什么都说不出来！上司甩手走开了，半个小时后又回来了，那时我已经将问题处理完。上司不但不高兴，反而丢了句：'上司不发怒，员工不努力！'就走了。我心里非常委屈，虽然我当时支支吾吾，但是我是努力去完成工作的，怎么是他不发怒，我就不努力呢？"

我听了弟弟的话，对他说："上司向你诉说工作上的问题时，你应该充满自信地说：'你放心，我马上处理。'"弟弟听了觉得不可思议："可是我不能保证能处理好啊？"我笑着说："你听明白了，我说的是'我马上处理'，并没有说我一定处理好！对于上司来说，他们想得到的就是这么一句话，这句话不至于让上司发怒！如果后来我处理好了，那是我有本事，如果我处理不好，也不能说我不把公司的事情当回事！"

其实，这就是遣词造句的力量。本来是想赞美对方，却不料自己的话语引起了对方的反感；本来想向对方表示歉意，反而让对方更生气，这些经历相信很多人都有过。平常的用语，日积月累会让人对你产生"他真有一套"与"他恐怕不太可靠"两种截然不同的评价。尤其是在与上级沟通的时候，本来无伤大雅的用语，可能会成为你升职与否的关键因素，因此千万不能大意。

先来对比一下下面几组用语，你会选择哪一种来提高上级对自己的信任度呢？

"不敢保证，不知道能不能做到。""明白了，不过有不懂的地方还请您不吝赐教。"

"您突然交代这件事，在短时间内是无法完成的。""没问题，但是能不能再多给点时间？"

"我先试着做一做，不过可能会花费一些时间。""或许可能会花费一些时间，不过我还是先试着做做看。”

不同的表达方式能够传递不同的信息，强调正面的说法，会显示出说话者的积极心态；强调负面的说法，则会给听话者留下消极悲观的印象。因此，在与上级对话中，你应该在用字遣词时格外注意。

（1）不要让上级觉得你很自傲。常说“我”，会让上级觉得你很骄傲、很自负，不愿意轻易妥协；常说“那么”会让对方产生被迫解决或非这么做不可的压力；常说“反正”、“总之”会给人一种说理笨拙的感觉。

（2）不让上级觉得你很顽固。和上级沟通的时候常说“可是”、“虽然”会让他觉得你很固执己见，是个不容易接受他人意见的顽固者；另外，常和上级说“说得没错”则会让他觉得“你好像如释重负”。

（3）不要让上级觉得你很没有自信。与上司说话时，结尾的语气不坚决，常用“等等”、“总觉得”之类的词，会让上司觉得你在为自己准备后路，容易造成上级对你的不信任；常用“我觉得”、“我认为”则会给上级一种你想逃避责任的感觉；经常在说“再怎么说，都……”时表现出一副小心翼翼的样子，会让上级感觉你是在试探他的反应与做法，最终给上级留下你优柔寡断的印象。

（4）不要让上级觉得你很不成熟。现在的年轻人很喜欢使用一些新潮的词汇，比如“炫”、“酷”等字眼。这些字眼比较倾向于自我，会让上级觉得你只是在表达自己的情绪，或者认为你说话很幼稚。

十、向上级求助，不被拒绝有诀窍

张作霖在北洋政府当政期间，有一个政客想在东北谋个差事，于是他请了一个有势力的大老板，让他把自己推荐给张作霖。张作霖表示同意，会

给政客委以重任。可是很长时间过去了，这位政客也没有接到委任令。

一天，这位政客遇到了一位旧友，而此人正好是张作霖的秘书，于是政客便向他讲述了自己的处境，希望他能够帮忙催催张作霖，秘书答应了他的请求。

秘书知道张作霖非常喜欢打牌，于是便找了一个时间，叫上这位政客陪张作霖打牌。由于两个人的巧妙配合，那天张作霖的牌很好，要什么来什么，他高兴极了。秘书见机奉承道："大帅，您这牌打得可真好！"

张作霖笑笑，道："哪里，哪里，全靠运气罢了！"此时，秘书将话锋一转，说："另一位今天可是输惨了，他也不是什么富有的人，这次来北京，就是想谋一份差事。"张作霖一听，说："哦？这位是你的朋友？那把钱还给他吧！"说着就从口袋里掏钱。秘书连忙摆手："大帅，使不得，使不得，他也是一个要面子的人，输了就是输了，他是绝对不会再收回的。只是，他之前也曾是一名清官，有些才干，如果大帅可怜他，就赏他一官半职，他就感激不尽了！"

这时，张作霖忽然想起了自己之前的承诺，恍然大悟道："噢，瞧我这记性，某老也曾经向我举荐过他，那我就成全他吧。"

几天后，这位政客就被派到了东北去做官。

从上面的案例中我们可以得到一个启示，向上级求助，不能直来直去，那样多半会碰钉子，而是需要一定的技巧。

在职场中，尤其是对于一些职场新人来说，既没有熟练的工作经验，也没有深厚的社会关系，当在工作中遇到困难时，很多时候仅凭自己的力量解决不了，这时他们就想向上级提出请求，以寻得上级的帮助。如何向上级寻求帮助，让你的请求不再被拒绝，并成功获得上级的帮助呢？

1. 求助观念要正确

有句话说得好："自己能做的事，不要去麻烦别人"，这就是说，要求助，先自助。在工作中遇到困难，先要尝试自己想办法解决，比如换一种思路或换一种方法。因为很多时候，只要调整一下看待事情的角度，转换一下思路，难题就会迎刃而解。

如果一遇到问题，不经思考，也不管问题的大小，就一股脑地将问题推给上级，甚至都自己都不先尝试解决，就贸然地向上级提出帮助，那样遭到拒绝是肯定的事。

2. 请求尽量与工作相关

既然是在工作中向上级寻求帮助，那么相信多数人是能做到这一点的。但是有一点需要注意：不能代别人提出请求。如果你是代别人向上级求助，很容易引起上级的反感，让上级误认为你是在收买人心。因此，这样“出力不讨好”的事最好不要做。

3. 坚持三个原则

（1）时间、地点、铺垫三要素。就是下属要在合适的时间、合适的地点，向上级提出请求，同时，不能直来直去，要事先做个铺垫。合适的时间就是要选择上级心情好、精神佳、有空闲的时候去找他。至少这个时候找上级，他能够耐心听你说完自己的请求。如果选择了上级心情欠佳、精神疲劳或者繁忙的时候，找他寻求帮助，多半他会拒绝你的请求，甚至不想听你说话。

（2）能说会道。身为下属，向上级求助多半是因为工作的事，但也不排除一些和工作不沾边的事。这个时候，要想上级答应你的请求，就要能说会道。会说一些让上级高兴的话。毕竟，与工作有关的事，上级有责任帮助你，但对于与工作无关的事，上级也有理由拒绝。因此，要会把与工作不沾边的事说成与工作紧密相连的事，要让上级感觉到你是在为工作、为公司着想。

（3）戴高帽。不管是向谁寻求帮助，都需要对对方说一些好听的话，即说几句恭敬、恭维的话。由于地位、资历等因素，任何一个上级都希望能够得到下属的恭敬、恭维。因此，在向上级请求帮助的时候，要表现出对他的恭敬、恭维，适时地给他戴一戴高帽，满足他的心理需求，这样更容易让他答应你的请求。

第十二章

CHAPTER 12

营销有术，与顾客打场“心理战”

销售不懂技巧，就如同在茫茫黑夜中行走，没有方向。而对于一名销售人员来说，最重要的销售技巧就是懂得顾客的心理。俗话说："好胳膊好腿，不如一张好嘴。"一名成功的销售高手会懂得像医生那样"望闻问切"，揣摩顾客的心理，用客户的方式去交谈。

在销售的过程中，如果能够从顾客的心理需求出发，说出满足顾客内心需求的话，并为他们提供满意的服务，就很容易实现销售目的。

一、八招教你说出创造性的开场白

松下幸之助是日本著名跨国公司“松下电器”的创始人，在创业之初，他利用一段积极的开场白为他赢来了第一桶金。

松下幸之助最初经营一家规模很小的建材商店，他很想找个机会大赚一笔。正好此时一个著名的瓷砖厂商召开订货大会，松下幸之助在没有邀请函的情况下想办法进入了会议中心。在订货大会上，为了引起注意，松下幸之助第一个发言，他把自己所知道的关于瓷砖的知识深入浅出地讲了一遍。效果很明显，瓷砖厂商注意到了他。会议结束后，厂商就直接找到了他。

松下幸之助见自己的第一步目的已经达到，便开门见山地对厂商说：“我只有一家规模很小的商店，没有响亮的名字，更没有雄厚的资金。我是自己进来的，来的目的首先我是觉得贵厂的产品确实是很好，再者我也想通过和贵厂合作发展一下自己。

厂商听了松下幸之助直白的讲话，觉得他很真诚，很爽快地和他建立了合作关系。

松下幸之助之所以能够获得成功，正是由于他先声夺人的开场白引起了厂商的注意，让厂商从中感受到了他的真诚。

开场白是销售员在面对顾客时最开始的30秒到1分钟左右时间内所说的话，差不多就是前几句话。衡量一个开场白是否具有吸引力，就是看其能否激起顾客的兴趣，使顾客在忙碌中为你驻足，同时又能避免顾客产生反感心理。

精彩的开场白是成功的一半，极具吸引力的开场白在开场那一段短暂的时间里

就能够紧紧抓住顾客的心，接下来的推销活动将会容易很多。那么，如何才能说出具有创造性的开场白呢？

1. 用金钱来敲门

最简单直接的办法就是用金钱诱惑。因为几乎没有人对金钱不感兴趣，省钱或赚钱的方法非常容易引起顾客的兴趣。如：

“李经理，有一种办法能帮贵公司节省一半的电费，您愿意听听吗？”

“刘厂长，您愿意每年在服装生产的成本上节约5万元吗？”

2. 向顾客请教

有些人有好为人师的心理，喜欢教育、指导别人，或显示自己。销售员有意找一些不懂的问题，或懂也装不懂地向顾客请教，通过请教问题引起顾客的注意也不失为一种好办法，一般顾客不会拒绝虚心讨教的推销员。例如：

“刘总，您是软件程序方面的专家，这是我们新开发出的软件，请您指导，哪些方面还存在不足？”

受到这番抬举，对方会信手翻翻相关资料，一旦被软件的性能所吸引，就为推销打开了胜利之门。

3. 利用好奇心

现代心理学表明，好奇是人类行为的基本动机之一，人们的许多行为都是好奇心驱使的结果。美国杰克逊州立大学刘安彦教授说：“探索与好奇，似乎是一般人的天性，对于神秘奥妙的事物，往往是大家所熟悉关心的注目对象。”对于不熟悉、不知道或没见过的东西，往往人们会更加注意，因此销售员可以利用好奇心引起顾客的兴趣。

一位家电销售员对顾客说：“赵大爷，您知道世界上最懒的东西是什么吗？”顾客听后感到很好奇，销售员接着说道：“就是被您藏起来不用的钱，它们本来可以帮您购买我们的空调，让您清凉一夏呢。”

销售员故意制造神秘的氛围，引起顾客的好奇，然后再利用向顾客解释的过程，巧妙地将商品介绍给顾客。

4. 向顾客提出问题

直接向顾客提出问题，利用所提的问题来引起顾客的注意和兴趣。如：

“吴厂长，您认为影响贵厂产品质量的主要因素是什么？”

厂长当然非常关心产品质量，销售员这么一问，就很容易将引导对方逐步进入面谈。

但是在运用这一技巧时应注意，销售员所提的问题，应该是对方最关心的问题，且提问必须具体明确，切忌模棱两可、言语不清，否则，很难引起顾客的注意。

5. 用产品现场演示

销售员只是口头夸赞产品的性能不容易产生特别明显的效果，如果利用各种喜剧性的动作或者演示来表现产品的特点更能引起顾客的注意和兴趣。

销售员问顾客：“先生，您相信有安全不碎的玻璃吗？”顾客摇头表示怀疑。于是销售员什么也没说，掏出随身携带的锤子向玻璃用力砸去，结果玻璃完好无损，顾客表现出惊讶的神情，马上向销售员询问起玻璃的性能和特点。

销售员的开场提问引起了顾客的兴趣，而且通过现场演示展现了产品的真实情况，并令顾客大为震惊，增加了顾客对产品的兴趣，使顾客自动地进入产品推销阶段。

6. 正话反说

在顾客的印象中，销售员总是在想方设法地推销自己的产品，基于这种固定认知，如果销售员一开口就是介绍自己的产品，必然会被顾客归入这一固定形象中，最终也不会引起顾客的兴趣。所以，打破顾客的思维定式，也是吸引顾客兴趣的好方法。

一位空调厂的销售员拜访一位商场批发部经理，开口说道：“陈经理，您愿意一个月卖出 500 台空调吗？”话一出口，立即引起了陈经理的注意。陈经理非常高兴地与销售员谈下去。

其实这只是“卖”和“买”的一字之差。如果销售员一开始说的是“买”，想必这位经理会很不愿继续话题。本来他那里还有很多空调，为什么还要买别人的呢？而“卖”字正好说中了经理所期盼的事，且出乎他的意料，引起了他心中的好奇。

以正话反说为开场白，打破了销售员说话的常规，能够有效地引起“顽固”顾客的注意。

7. 向顾客提供信息

销售员向顾客提供一些对他们有帮助的信息，如市场行情、新技术、新产品的知识等，很容易引起顾客的好感和注意。这就要求销售员要尽量阅读书刊，充实自己的知识，掌握市场动态，让自己成为自己这一行业的专家。顾客可能会对销售员敷衍了事，但是对于专家则是很尊重。

某机械销售员对顾客说：“最近我在某某杂志上看到一项新的技术发明，觉得对贵厂提高产量很有帮助。”

销售员站在顾客的立场，设身处地地为顾客着想，关心顾客的利益，为顾客提供有效信息，也会获得顾客的好感与信任。

8. 凸显与众不同

销售员要学会创新推销手段和推销风格，用具有个性的方法吸引顾客的兴趣。

在日本，一位人寿保险销售员递给顾客一张印着数字“76600”的名片，顾客感到奇怪，问道：“这个数字是什么意思？”

销售员反问：“您一生中要吃多少顿饭？”几乎没有人能够回答出来。销售员接着说：“76 600 顿，是吗？假如退休年龄是 55 岁，按照本国人的平均寿命计算，您还剩下 19 年的饭，也就是 20 805 顿……”

这位销售员就是通过凸显与众不同，通过一张新奇的名片吸引了顾客的注意。

二、好奇心作饵，巧引顾客“上钩”

意大利有一家儿童商店，经营的商品全是 7 岁左右儿童吃、穿、看、玩的用品。商店有一个规定：非 7 岁儿童不能进店，大人进店必须有 7

岁儿童做伴，否则谢绝入内，即使是当地官员也不例外。

一些带着7岁儿童的家长觉得有趣，想看看这个“葫芦”里到底“卖的什么药”，而一些带着其他年龄孩子的家长也谎称孩子只有7岁，挤进店来选购商品。商店的生意变得异常红火。

好奇心是人类的天性，是人类行为动机中最有力的一种。如果客户对你是谁及你能为他们做什么感到好奇，你就已经获得他们的好奇心了。相反，如果他们一点也不好奇，你将寸步难行。换句话说，如果你能激起客户的好奇心，你就有机会创建信用，建立客户关系，发现客户需求，提供解决方案，进而获得客户的购买机会。

1. 提出刺激性问题

人们总是对未知的东西比较感兴趣，而具有刺激性的问题会使顾客自然而然地想知道到底是什么。

例如，“我能问个问题吗？”由于人们不仅对所请教的问题感兴趣，而且还有好为人师的自然天性，因此，被询问的顾客会很自然地回答：“好的，你说吧。”也许他们还会自动设想你会问些什么，这就是人的天性。

2. 为顾客提供新奇的东西

人们总对新奇的东西感到兴奋、有趣，都想“一睹为快”。更重要的是，人们不想被排除在外，这大概可以解释为什么人们对于新产品信息和即将发生的公告信息总是那么“贪得无厌”，所以销售人员可以利用这一点来吸引客户的好奇心。

3. 利用“群体趋同效用”

在拜访顾客时，如果其他所有人都有着共同的趋势，顾客必然也会参与进来，而且通常想知道更多信息。

比如，销售人员说：“坦白地讲，蔡先生，我已经为你的许多同行解决了一个非常重要的问题。”这句话足以让蔡先生感到好奇。当然，好奇的蔡先生会主动参与进来，当他听到“解决了大多数公司都有的重要问题”时，肯定想知道是什么问

题，你是如何解决的。这样就达到了激起顾客好奇心的最佳效果。

4. 不给顾客提供全部信息

很多销售人员花费大量时间来满足顾客的好奇心，却极少想过设法激起顾客的好奇心。他们的看法是自己的价值就是为顾客提供信息，所以就四面八方拜访顾客，不厌其烦地向其陈述自己的公司和产品的特征以及能给顾客带来的利益。

满足顾客的好奇心无疑会向顾客提供全部信息，而提供全部信息会大大降低顾客进一步参与的欲望。试想一下，如果你拜访的顾客已经掌握了他们想要了解的所有信息，他们还会对你的会谈话产生好奇吗？他们又有什么理由要听你的销售陈述呢？

因此，如果你想激起顾客的好奇心，希望顾客想主动了解更多的信息，那么，就不要在一开始就向他们提供所有的信息，从而一步步激起顾客的好奇心。

三、3个“问”，探询客户需求 So easy

一位老太太去市场买水果，她看到一个商贩的摊位上有苹果，又大又圆，非常抢眼，便走过去问水果摊后的商贩：“你的苹果怎么样？”

这个商贩回答：“我的苹果当然好了，请问您想要什么样的苹果啊？”

老太太：“我想要酸一点儿的。”

商贩又问：“一般人买苹果都想要甜的，您为什么会想要酸的呢？”

老太太说：“我儿媳妇怀孕了，想要吃酸苹果。”

商贩说：“大娘，您对儿媳妇可真体贴啊，您儿媳妇将来一定能给您生个大胖孙子。前几个月，这附近也有两家要生孩子，总来我这买苹果吃，您猜怎么着？结果都生了儿子。您要多少？”

“那我来两斤吧。”老太太听了商贩的话，高兴得合不拢嘴，便买了两斤苹果。

商贩一边称苹果，一边向老太太介绍其他水果：“橘子不但酸而且还含有多种维生素，特别有营养，对孕妇和胎儿都有好处。您要是给儿媳妇买点橘子，她一定爱吃。”

“是吗？好，那我就再来两斤橘子吧。”

“您老真好，您儿媳妇有您这样的婆婆，真是好福气。”商贩边给老太太称橘子，边说：“我每天都在这里摆摊，水果都是当天从批发市场运回来的，保证新鲜，您儿媳妇要是觉得好了，欢迎您再来。”

“行，以后我就来你这儿买水果。”老太太被商贩夸得高兴，一边付账一边应承着。

在销售过程中了解客户的需求非常重要，只有了解了客户的需求，才能有针对性地为客户推荐最适合他的产品，使客户获得满意的服务。水果商贩就是站在客户的角度考虑问题，把握住了老太太最迫切、最深层次的需求，最终取得销售的成功。

推销不仅仅是在销售自己的产品，更是让客户感觉到我们是在帮助他们解决问题，因此探询客户的需求就是销售阶段中非常重要的环节。客户购买产品是因为有需求，对于销售人员来说，掌握客户的需求，并使其明确化，就显得尤为重要，而且也是最困难的一件事，因为客户本身往往也不清楚自己的需求是什么。

那么，销售人员又要如何探求客户的需求呢？最有效的方法就是询问。销售人员可以通过向客户提出有效的问题，刺激客户的心理，客户经过询问，就能够逐步说出自己的潜在需求。成功探询客户需求有以下三大技巧帮助你：

1. 状况询问法

日常生活中，常常会用到状况询问的方法，诸如，“你喜欢足球吗？”、“你是做什么工作的？”、“你有哪些爱好？”，等等，这些问题都是为了了解对方目前的状况，这种提问方法就是状况询问法。销售人员询问客户的状况，当然要询问与自己所销售产品相关的主题，例如，“您办公室的打印机用了多长时间了？”、“您投了哪些保险呢？”，等等。

2. 问题询问法

对客户进行状况询问并得到回答，为进一步探求客户的不满、不平、焦虑或抱怨而继续提出问题，就是所谓的问题询问法，也就是探求客户潜在需求的询问。

销售员："您现在在哪里居住？"（状况询问）

客户："在火车站附近。"

销售员："是您自己的房子？"（状况询问）

客户："是的，差不多十五年了，当初就是为了上班方便。"

销售员："现在住得怎么样？是不是发现了有什么不方便的地方？"

客户："是啊，现在那附近真的是太吵了，路上到处都是车，非常拥挤，实在是不太适合我现在这个年龄居住了。"

通过提问题询问客户，销售人员能够从中探求出客户不满意的地方，知道了客户存在不满之处，销售人员就能有机会发觉客户的潜在需求了。

3. 暗示询问法

销售人员了解到了客户的潜在需求，就可以进一步向客户进行暗示询问，为客户提出解决问题的办法。

销售员："火车站附近的地铁马上就要通车了，附近还有森林公园，有绿地而且空气又好的居住地，您觉得怎么样？"（暗示询问）

客户："很早就想搬到那边居住，只是一时还下不了决心。"

销售人员如果能够熟练地驾驭上述三种询问方法，客户经过销售人员合理的提醒和引导，潜在的需求就会不经意地从口中流出。待客户说出了潜在需求，销售人员就可以自信地向客户展示自己的产品，证明自己能够满足客户的需求了。

四、顾客有异议、六大技巧轻松消除

顾客："我想问问你们公司最新款的电动车，如果价格合适，我想买一辆。"

销售员："您一定是通过电视广告知道我们推出了最新款的电动车吧？"

顾客："是的，听朋友说你们公司的电动车质量不错，就想买一辆。不过你们怎么请那样一个广告小姐呀！长得不好看就算了，也没有阳光运动的感觉，说话声音也不好听！还不如请某某某来做广告呢！”

销售员：“可是我觉得某某某还不如我们的广告小姐呢，我们的广告小姐可是千挑万选才选出来的。”

顾客：“你说某某某不好？她是亚洲很红的明星。”

销售员：“她不过就是在国内有点名气罢了。”

顾客：“什么？你太没品位了！她是最好的！算了，我不买你的电动车了，还是看看别的品牌好了。”

案例中，销售员仅仅因为广告小姐这种无足轻重的问题就与顾客发生争执，简直是得不偿失。作为销售员，你必须清楚地认识到：不要和顾客争辩，因为失败的永远是销售员。

不管顾客如何批评，销售员都要避免与顾客争辩，因为争辩不是说服顾客的好方法，

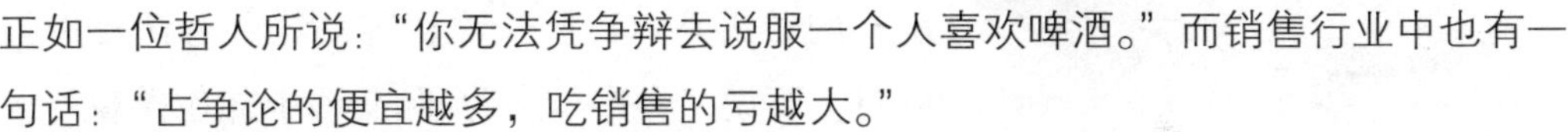

正如一位哲人所说：“你无法凭争辩去说服一个人喜欢啤酒。”而销售行业中也有一句话：“占争论的便宜越多，吃销售的亏越大。”

所以，在销售过程中，顾客存在异议时，切忌与顾客争辩，不要错误地以为在异议中获得了认同，顾客就会购买你的商品。当你顺从顾客的意思，不与他们争执时，你输掉的仅仅是一场争论，但是赢得的却是一个顾客，一份成交单。

那么，面对顾客的异议，究竟要怎样处理呢？下面的几种方法会对你有所帮助：

1. 以优补劣法

以优补劣法，也可以叫作补偿法。如果顾客提出的反对意见切中了产品或服务中的缺陷，并有事实依据，千万不可以回避或直接否定。明智的方法是大方承认相关的缺点，然后淡化处理，利用产品某方面的优点来补偿甚至抵消缺点，让顾客在心理上达到平衡，让他产生一种感觉：产品没有的优点对顾客而言不太重要。

世界上没有十全十美的商品，当推销的产品性能上确实存在缺陷时，而顾客恰恰提出：“这产品性能不好。”

销售员可以从容地告诉顾客："这款产品的性能确实不是很好，所以我们才会降价销售，不但价格优惠很多，而且公司保证这种产品的性能不会给您的使用造成不便。"

这样一来，既消除了顾客的疑虑，又能够以价格优势刺激顾客购买。以优补劣法侧重于对顾客心理上的补偿，以使顾客获得心理平衡。

2. 转折处理法

人有一个通性，不管有理没理，当别人直接反驳自己的意见时，内心总会感到不快，甚至会很恼火。正面反驳顾客的意见很容易让顾客恼羞成怒，就算你说得对，也会让顾客反感。因此销售员最好不要开门见山地直接提出反对意见，可以采用转折处理的方法，就是销售员根据有关事实或理由间接地否定顾客的意见。

运用转折处理的方法首先要对顾客的看法表示一定的赞同，然后再讲出自己的看法。在使用的过程中要尽量少使用"但是"一词，因为"但是"的转折意味过于强烈，容易让顾客怀疑你的诚意。不说"但是"，而实际交谈中却包含着"但是"的意见，这样效果会更好。

销售员在向顾客推销服装的过程中，顾客提出了服装颜色过时的问题，销售可以这样回答："您的记性真好，这种颜色几年前就流行过了。我想您是知道的，服装的潮流有周期性，如今这种颜色又有了回潮的迹象。"

这样就轻松地反驳了顾客的意见，也保持了良好的交谈氛围，为自己的谈话留下了余地。

3. 打太极法

太极拳的精髓是借力使力，而销售中运用太极的方法就是当顾客提出某些不购买产品的异议时，销售员能够马上回复说："这正是我认为您要购买的理由！"也就是说，销售员能立即将顾客不购买的反对意见，直接转换成为什么他要购买的理由。

打太极法最大的目的就是让销售员借处理异议迅速地陈述他能够给顾客带来

的好处，以引起顾客的兴趣。当顾客提出并不是十分坚持的异议，特别是一些顾客找借口时，运用打太极的方法尤其有效。

4. “视而不见”法

所谓“视而不见”，就是当顾客提出一些反对意见，并不是真的想要获得解决之道或讨论时，这些意见和产品成交又没有直接联系，你只要面带微笑表示同意顾客的意思即可。

对于那些“为反对而反对”或只是想表现自己的看法高人一筹的顾客，如果认真处理他们的意见，不但费时，还会有旁生枝节的危险。因此，面对这样的顾客，只要满足顾客表达的欲望，就可以“视而不见”巧妙地迅速转移话题。

常用的“视而不见”的方法，如点头微笑，表示“同意”或表示“我听了你的话”；或者对顾客说“您真幽默”、“嗯，您高见！”，等等。

5. 委婉处理法

在没有考虑好如何答复顾客的异议时，不妨先用委婉的语气把顾客的反对意见重复一遍，或用自己的话复述一遍，这样可以削弱对方的气势。运用这种方法要注意只能试图缓解对方的气势，而不能改变顾客的看法，否则顾客会认为你在歪曲他的意见，进而产生不满情绪。

销售员在复述之后，可以再问一句：“您认为这种说法确切吗？”然后再继续下文，以求得到顾客的认可。如顾客抱怨：“价格怎么涨了这么多？”销售员可以这样说：“是啊，价格确实比去年高了一些。”然后再等待顾客的下文。

6. 直接反驳法

一般来说，销售过程不能直接反驳顾客，因为直接反驳顾客容易陷入与顾客争辩而不自知，事后懊恼，却已无法挽回的境地。但是有些情况你必须直言不讳以纠正顾客的错误看法。

当顾客对企业或公司的服务、诚信有所怀疑或顾客对产品有误解时，销售员就要直接反驳。如果顾客对企业或公司的服务、诚信存在疑虑，那么成功签单的机会几乎是零。

比如，当保险公司的理赔诚信遭受怀疑时，你还会到这家公司投保吗？如果顾客引用的资料不正确，但你能以正确的资料证明你的说法，这样不但很容易让顾客接受，而且能让顾客更信任你，增加顾客对产品的信心。

值得注意的是，使用这种方法时态度要诚恳，本着对事不对人的原则，切勿增加顾客的心理压力，伤害顾客的自尊心和自信心，要让顾客感受到你的专业和敬业。

五、冷场破冰，3 种有效话题就够了

销售员可能都遇到过这样的情况：与顾客初次见面，结果无话可说出现冷场。出现冷场会影响销售的进行，甚至会在销售没有进入到实质性阶段时就将其扼杀在摇篮里。

销售员要学会寻找有效话题来“破冰”，寻找顾客的情感共通点。从心理学上来讲，人与人之间如果有感兴趣的共同话题，在进行沟通时，就会在思想感情、理想愿望、审美趣味等方面形成感情共鸣。基于这种心理现象，销售员不仅能通过有效话题打破冷场，更能赢得顾客的好感，拉近彼此的距离。

卡尔斯是某证券公司的经理，要写一份关于某公司的机密报告。通过打听得知，一家网络公司的董事长拥有他需要的资料。于是，卡尔斯便去拜访这位董事长。当他走进办公室时，秘书走过来对董事长说：“今天没有邮票。”“我替女儿收集邮票。”董事长笑着向卡尔斯解释道。

卡尔斯向董事长说明了来意，但谈话没有什么结果，董事长不愿意向他透露任何资料。

第二天，卡尔斯又去拜访这位董事长。当他拿出许多邮票时，董事长非常兴奋。“太好了，爱丽丝一定会非常喜欢！”董事长爱不释手，赞叹连连。接下来的时间里，卡尔斯一直在和董事长谈论邮票。临走时，没等卡尔斯开口，董事长便将资料全部告诉给了他，而且还把一些事实、数据、报告、信件等提供给了卡尔斯。

全球知名的销售及客服专家杰弗里·基特玛说过：“如果你找到了与潜在客户的共同点，他们就会喜欢你、信任你，并购买你的产品。”销售员要细心观察和了解顾客感兴趣的话题，然后从这些话题切入进行沟通，这样不但会使整个交谈过程充满生机，还能逐步引导顾客，进而促成销售。

如果在谈话的开始，销售员就向顾客介绍产品的种种信息，会使交流充满商业气息，容易使顾客反感，产生抵触心理，从而出现冷场，为销售失败埋下隐患。

要想找到有效话题，销售员就应该从平时做起，注意培养自己多方面的兴趣和爱好，以备不时之需，也可以根据顾客的爱好临时学习某种知识，不打无准备之仗。

那么，打破冷场的有效话题有哪些呢？

1. 赞美之言

伟大的心灵导师戴尔·卡耐基说过：“要改变人而不引起人的抵触或反感，请称赞他们最微小的进步，并称赞他们的每个进步。”用来赞美顾客的话题很多，如顾客的外表、衣着、气质、谈吐、工作能力、品格等。赞美要经过思考，要让顾客感受到你的真心实意，这样的赞美会使顾客产生积极的心理反应，从而愿意与销售员接近。

2. 顾客的爱好

销售员不能调动顾客的兴趣，出现沟通障碍、冷场的最大的原因就在于不了解顾客，因此在与顾客交谈时，首先要尽快熟悉对方，观察顾客的兴趣、爱好，寻找共同点，进而调动双方的情感共鸣。

通过仔细观察能获得很多有效信息，顾客发型、谈吐、衣着、行为动作等都会给销售员提供线索，从中发现顾客的喜好，比如饮食爱好、娱乐休闲方式、体育运动等。利用顾客的喜好循序发问，很容易轻松地进入话题。比如，顾客喜欢旅行，便以此为话题，谈谈旅行的所见所闻和心得体验，不仅能够拉近彼此的距离，甚至可能会让顾客产生“相见恨晚”的感觉。

3. 新闻、时事

在与顾客交谈遇冷时，不妨将话题转移到新闻时事上来，谈论一下当下大众比较关心的焦点问题，如世界杯赛事、房价等。要想谈论新闻时事、体育赛事，就要

求销售员平时多关注，多积累，了解一些符合大众口味的新闻要点，这样销售员就能在与顾客交谈的过程中畅所欲言，不至于陷入僵局，同时还能以此活跃谈话氛围，增加顾客对你的好感。

六、步步紧逼，消除顾客的顾虑

顾客在购买产品的时候，由于自身不是行家，虽然对某一件商品具有购买意向，但却还是顾虑重重，担心自己吃亏，因此往往会拖延。那么销售人员怎样做才能消除顾客的顾虑呢？这个时候，你可以采用步步逼问的方法，巧妙地向客户提出一系列问题，步步逼出顾客内心最担心的问题，然后帮助顾客解决，最终让顾客下决心购买。

约翰在向一位主妇推销空调时，发现这位顾客虽然有购买的需求，但考虑到价格的问题一直拖延下不定决心购买。于是约翰便问道：“您知道我们的产品是名牌，质量很有保证，是不是？”

“当然。”

约翰又问：“您也不愿意买质量没有保证的水货，是不是？”

主妇回答道：“当然，水货经常出故障，就要经常修。”

约翰说：“您说得很对，每次修理都会花费时间、精力和金钱，是不是？”

主妇非常赞同地点了点头。

约翰接着问：“您想买价钱便宜而且质量又好的产品，是不是？”

“是的。”

约翰又进一步说道：“我们的产品是名牌，虽然价格比普通的产品要稍微贵一点，但是我们产品的质量绝对是一流的，出现故障的概率非常小，免去您很多花费在修理空调上的时间和精力，而且我们的价格也远远低于那些水货产品的价格再加上修理费的总和。更重要的是，使用名牌还显示了您的生活品位，不是吗？”

主妇听了觉得很有道理，不知不觉地就答了“是”，之后很快就签下了订单。

约翰采取的就是步步紧逼的方法，消除了主妇的顾虑，让她意识到花贵价钱买名牌产品比图便宜买水货产品更划算后，很轻松地取得了销售成交。

但是这种方法存在一定的风险，一旦使用不慎，就会让顾客产生被强迫购买的感觉，甚至对你产生怀疑，从而果断地拒绝购买，最终你的推销也将会以失败告终。在销售过程中，顾客就是上帝，使用步步紧逼的方法时，要仔细想一想：在客户面前说话咄咄逼人，客户会不会认为自己被强迫了？会不会产生抵触情绪？

因此，销售人员在使用步步紧逼的方法时，一定要把握分寸，既要热情、自信，而对自己的行为又要有所节制，所以在说话的时候要注意以下几点：

（1）要尊重顾客。不能以质问、咄咄逼人或者含有威胁意味的态度去逼问顾客。比如，销售人员对顾客说：“我们公司能够为您提供最好的产品和售后服务，其他公司的产品很难达到如此先进的水平，而且也没有如此完善的服务体系，可是您为什么不愿意和我们这样有实力的大公司合作呢？”这样的语气近乎质问，非常容易引起顾客的反感，甚至会使顾客恼怒，此时要想获得销售订单将会面临很大的麻烦。

又如，销售人员在促使客户下决定签单时，迫不及待地打断顾客的话，甚至想替顾客做决定：“请先听我说好吗？我觉得，贵公司应该尽早做出购买的决定，否则这对于贵公司来说将会是一种严重的损失……”这样的话带有一定的威胁意味，难以让顾客接受。销售人员要始终保持对顾客的尊重，在尊重的基础上一步步消除顾客的顾虑。

（2）措辞要温和。要通过语言拉近与客户的关系，增强彼此之间的合作感，比如尽可能地少用“我能”、“我会”、“我希望”等词语，而要用“我们可以”、“您认为”等语句；询问客户的反对原因时，不要直接用“为什么”，建议用“哪些具

体原因”等；还可以使用自责的语气，比如“我很抱歉，不知道是我哪些方面做得不对，让您难以决定，请问您能指出我做得不好的地方吗？”

（3）肯定对方的疑虑。对于顾客提出的疑虑，你应该表示认可，例如说“您的这个顾虑的确很有道理，不过我们公司的产品采用了国际先进技术，这方面是没有问题的”，而不是觉得对方的顾虑是多余的或者杞人忧天，比如“这个还用怀疑啊？”就有贬低对方的感觉了。

七、提问引导法，帮你轻松提高销售成交率

在销售的发展阶段，以提问的方式引导客户能够让对方易于接受。而所谓用提问的方式引导客户，就是由你先陈述一个事实，然后再针对这一事实进行发问，让对方给出相应信息。

适当的提问可以引起客户的兴趣和注意，并引发讨论，从而促使客户产生购买欲望。那么，销售人员应该如何用提问的方式引导客户，反客为主，掌控销售进程呢？下面就为你介绍几种方法。

1. 肯定诱导式提问

肯定诱导式提问就是同时运用肯定性说法、诱导性说法和提问的说法三种说话方式，向客户进行提问。肯定性说法，就是要使用正面性用语，即“受人欢迎的”语句。诱导性说法就是使用具有劝诱、引导性的语句，比如“这种产品有大小两种，不知您比较倾向于哪一种，不过我想是不是大的比较好呢？”这种带有引导意味的提问很容易使顾客顺着你的思路做出选择，从而促成成交。

2. 类比式提问

类比式提问，就是用与之相似的问题进行提问，简单地说，就是利用客户的随身物品作为现实的例子说服客户。比如下面的案例：

小刘是一个软件推销员，有一次，一位客户看完了产品简介，还想要看看所要购买软件的内容，便对小刘说：“我应该根据所要买的产品内容是否适

合我来确定买不买，对不对？”

小刘：“您说得没错，可是出版这本书的出版社非常有名，我希望您能相信一流的出版社。”小刘看了看客户桌上的笔记本电脑问道：“先生，可以问一下您的笔记本电脑是什么品牌吗？”

客户：“是国产的。”

小刘：“哦！您买这台电脑的时候有没有先把它拆开看一下里面的部件呢？”

客户：“没有。”

小刘：“我想您在看过电脑后，即便认为电脑质量没问题，也是因为相信这家公司的信誉和服务才买下它的。同样，买汽车的时候您也不能把车子拆开看一下引擎吧？虽然不同品牌的产品，也有可能有许多的价格差异，但如果您不好分出产品品质的好坏，我认为您应该依据厂商的信誉来购买。买这部软件也是一样，您应该信任出版商的声誉。”

3. 拆分式提问

拆分提问就是将一个问题拆分成若干个小问题，一步步地说服客户。这个方法在推销价格比较昂贵的产品时尤其有效。

一位销售员在推销一套价值不菲的沙发时就多次利用拆分问题的方法成功地说服了客户。

客户：“我还是觉得你这套沙发太贵了。”

销售员：“您觉得贵了多少？”

客户：“贵了 1 000 多元。”

销售员：“嗯，那么咱们就假设贵了 1 000 元。”这时销售员拿出了随身带的笔记本，在上面写下 1 000 元给目标客户看，接着说：“先生，这套沙发您肯定打算至少用够 10 年再换吧？”

客户：“是的。”

销售员：“那么，依照你所想的也就是每年多花了 100 元，对不对？”

客户：“对，我就是这样认为的。”

销售员：“一年 100 元，那每个月该是多少钱？”

客户：“每月大概也就 8 元多点吧！”

销售员："就算是8.5元吧。您每天至少要用两次吧，早上和晚上。"

客户："嗯，有时可能会更多。"

销售员："我们保守估计为每天用2次，那也就是说每个月您将用60次。所以，假如这套沙发每月多花了8.5元，那每次就多花了不到0.15元。也就是说，每天多花不到1毛5分，您就能用它享受舒适的休闲时光，让您的家变得更加温馨，您不觉得很划算吗？"

客户："当然。那我就买下了！"

4. 化繁为简式提问

销售高手往往能够通过一个问题就了解到客户为什么不买，而按照客户的情况，销售高手大约能够知道应该采取何种对策应对，一个个地克服销售障碍，从而提高销售成交率。此时将问题化繁为简就是一种非常有效的以提问引导客户的方法。比如你可以这样提问："您是不是认为现在还没有必要买？如果是付款方面的问题，我们有配合您的方案。""您是不是暂时还不想买？""您不喜欢这个款式吗？""关于我的说明您有没有不懂的地方呢？"

以提问的方式引导客户是销售人员获取主动权的重要方法，但是一定要运用得当，以免适得其反。因此应该注意以下几点：

（1）引导客户的思路

用提问的方式引导客户最终要能使客户证实自己是对的，要让他们相信你推销的产品。通过你的嘴说出来，客户就会产生怀疑，如果是客户说出来的，那就是真的。此外，在引导客户时不能让客户有思考的机会，否则他们的回答也许不是你想要的。

（2）掌握交谈主动权

在推销过程中，销售人员一旦提出自己的决定，客户往往会产生对方在强迫自己购买的感觉，因而做出拒绝的反应。所以销售人员要根据不同的情况，委婉地进行询问，逐步将客户引向自己所期望的方向。这就要求销售人员必须牢牢掌握谈话的主动权，如果被客户牵着鼻子走，销售人员就极容易陷入混乱的思维，推销肯定不能顺利进行。

（3）要做到心中有数

销售人员在向客户提问时，必须要知道你每一个问题的答案。如果你提问的问题客户不知道怎样回答，那他们会怎么想呢？显然，你就不能正确地引导客户思考。

另外，客户一般不熟悉产品，如果有很多种产品或服务的话，一般客户会选择其中的一种或几种。在这种情况下，销售人员也许无法随身携带推销的所有产品，但作为专业的销售人员，你要替客户做出决策，只有销售人员做出决策才能引导客户做出决策。如果你自己不会做出决策，那客户还需要销售人员干什么呢？

（4）掌握丰富的专业知识

销售高手能够为客户解决产品和服务的问题，从而为客户创造增加享受、安全、收入或生产能力的机会，因此销售人员必须拥有比客户更丰富的知识储备。也就是说，销售人员必须发现哪一部分知识最能满足不同客户的需要，通过有条理的、经过实践的咨询习惯来发现问题，区分、推断、确定每个客户的问题和机会，并形成商讨的习惯。

八、踩到语言“雷区”的销售员，伤不起

我的好友张晶是一名刚刚从事寿险不足两个月的业务员，最近她就向我说了自己工作中出现的一些问题。

由于刚刚接受了公司的专业培训，张晶掌握了不少关于寿险的专业知识，显得跃跃欲试。于是一上阵，就开始向顾客炫耀自己是寿险业的专家，在电话中将一大堆的专业术语塞给客户，客户听后经常是感觉艰涩难懂，压力很大。与客户见面后，张晶又是大力发挥自己的专业专长，什么“豁免缴费”、“趸交保费”、“费率”、“承保”、“核保”等一大堆专业术语，客户听后如坠云里雾里，仿佛在黑暗中摸索。因此客户往往心生反感，拒绝接受她的保险服务，最终张晶在不知不觉中失去了促成销售的机会。

说话，人人都会，但有些话在某些场合却不该说，尤其是与客户交谈时，销售人员更要注意不能乱说话。俗话说“祸从口出”，常常会有销售人员因为说错了一句话而毁了一笔订单，张晶就是因为不懂销售中的语言雷区最终错失了机会。

销售人员究竟要避免哪些语言“雷区”呢？下面为你总结了出来：

1. 少说专业性术语

案例中张晶的错误就在于没有弄清楚客户并不是寿险专家，他们不懂那些专业术语，既然听不懂，还谈何购买产品呢？在销售过程中，如果能够将术语转变成通俗易懂的话，让客户听后明明白白，这样更能达到有效沟通的目的。比如“趸交保费”，很多人甚至不知道第一个字怎么读，更别说理解了，如果将其转换成“所有保费一次缴清”就显得通俗易懂多了。

2. 不说批评性话语

推销过程中说带有批评意味的话语是很多销售员的通病，尤其是销售新人，有时说话不经大脑，结果无意中伤害了客户还不自知。比如“你家这楼道真窄！”“这双鞋和你的衣服一点也不搭。”再有“活着真累，还不如死了值钱！”等。这些脱口而出的话语里包含批评的意味，虽然是无心之举，但是客户听起来就会感觉不太舒服了。

俗话说：“良言一句三冬暖，恶语伤人六月寒。”所以销售人员一定不可贬低客户，而是要赞美客户。到客户家拜访说一句：“您家装修得真典雅，和您的气质真是相符！”这样一句简单的赞美之语定会让客户心花怒放。

3. 不说夸大之词

销售人员不能因为追求一时的销售业绩而夸大商品的功能和价值，这无疑是埋下了一颗“定时炸弹”，客户在日后使用商品的过程中终究会明白你说的是真是假，一旦产生纠纷，后果将不堪设想。

任何产品有优点，也就会存在缺点，作为销售人员应该站在客户的角度，清晰地为他们分析产品，帮助客户“货比三家”，真诚地对待客户，这样才能让客户心悦诚服地接受我们的产品。夸大其词的谎言是销售的天敌，它终究会毁掉一个销售员的事业。

4. 少提质疑性问题

在销售过程中，你很担心客户听不懂你说的话，就会不断地问对方“你明白了吗？”“我的意思你懂吗？”“这个问题挺简单的，你了解了吗？”这种类似于老师或长者的问话方式往往会让客户觉得自己没有得到尊重，从而心生反感，客户的逆反心理也会产生，可以说这是销售中的一大忌。

如果你实在担心客户还是不太明白，可以用试探性的口吻询问对方：“还有什么地方需要我进一步详细说明的吗？”这样的询问方式更容易让人接受。也许当客户真的有不明白的地方时，他会主动向你提出，或者要求你再说明。

5. 回避不雅之语

人人都希望和有涵养、有文化的人交往，而不愿与那些“出口成脏”人在一起。同样，不雅的言语必然也会给我们的销售带来负面影响。如推销寿险之时，“死了”、“完蛋了”、“没命了”等辞藻最好回避。

然而，销售高手就会用委婉的话来表达这些比较敏感的词，如“去世”、“出门不再回来”、“离开了我们”等。不雅之言会使你的个人形象大打折扣，是销售过程中必须回避的话语，你注意了、回避了也就向成功又迈近了一步。

6. 不谈主观性话题

有些销售人员为了寻找与客户的共同话题，可能会与客户谈起当前的时政新闻。对于当前国际、国内的一些重大新闻谈上一两句固然可以，但是最好不要涉及敏感的政治话题。此外，对于宗教类问题也是应当回避的。因为政治和宗教是比较主观的话题，由于人们的理解、信仰不同，在政治观点和宗教信仰上就很容易发生分歧，更有甚者还会影响双方的感情，这对于销售工作是非常不利的。所以，应该尽量规避这两方面的话题。

当然，有些客户可能会主动谈及此类话题，遇到这种情况，对于客户的观点或看法，无论我们同意与否，最好都不要明确地表达出来，只需要对对方的观点表示

“默认”即可，表现出我们是一个外行而又有礼貌的听众。如果能够让对方意识到这一点，他就会自然而然地将话题转入正题上来。

7. 变通枯燥性话题

销售过程中也会遇到一些枯燥性的话题，但你又不得不讲给客户听。这些话题可以说是人人都不爱听，甚至是一听到你讲就犯困。遇到比较枯燥的话题时，建议你将其讲得简单一些，可以概括一带而过，这样客户听后也不容易产生倦怠感，从而让你的推销更有效。

当然，销售过程中肯定会遇到一些相当重要的话题，一定要和客户讲清楚，此时，切忌“填鸭式”地将其硬塞给客户，应该换一种角度，在你的讲解中穿插一些小故事、小笑话适时地刺激一下，然后再回归正题，也许会收到意想不到的效果。总之，枯燥无味的话题，客户肯定不爱听，那你该保留时就保留，束之高阁，有时会比和盘托出更高人一筹。

第十三章

高端谈判，张弛有度更有“交涉力”

有人说，谈判的过程就是一个说服对方的过程，此种说法不无道理。但是谈判不是软磨硬泡，也不是强迫说服。“谈”是彼此沟通，相互认同，达成共识的过程，而“判”则是谈成的结果，水到渠成。

你想在谈判中应对自如吗？你想让谈判过程顺风顺水吗？你想让谈判对手对你言听计从吗？在这里就告诉你，谈判高手是怎样炼成的！

一、不懂谈判隐性规则，你就办不成事

实际上，“隐性规则”是相对于“显性规则”来说的，是指看不见的、没有明文规定的却又约定俗成，得到广泛认可，实际起作用的一种规则。当然，谈判中也存在“隐性规则”。

1. 立场要让路于利益

一位美国学者曾经说过：“一个成功的谈判者应该懂得，要以合作的方式进行谈判。他不仅应该力求使谈判达成协议，而且应该始终牢记：一场圆满成功的谈判，每一方都是胜者。”谈判双方不是敌人，只是对手，而且是可以合作的对手。

谈判表面看起来双方真真假假，其实根本的问题只有一个：利益。当然这个利益不单单指经济上的利益，还包括精神利益，比如父母和孩子谈判是否应该买玩具，老板和员工谈判涨工资问题，夫妻之间讨论先买车还是先买房等。利益与立场不同，立场是争取利益时所处的地位和所抱的态度，而谈判所要解决的不是双方的立场问题，而是所获得利益的多少。

两个人在图书馆吵架，一个要把窗户打开，另一个要把窗户关上。他们俩为了窗户应该开多大争执不下，是开条缝、半开还是打开四分之三？没有一种方案能让两人都满意。

这时图书馆管理员走了进来，她问其中一个人为什么要开窗户，这个人回答说：“为了呼吸新鲜空气。”她又问另一个人为什么要关窗户，那人说怕有穿堂风。管理员想了一下，把隔壁房间的一扇窗户敞开了，这样既有了新鲜空气，又避免了穿堂风。

上面的例子中，表面看来，这两个人的问题在于双方的立场发生了冲突，既然双方的目标在立场上达成共识，自然他们讨论的就都是立场，但这使两人陷入了僵局。如果管理员只看重他们的立场：一个要开窗，另一个要关窗，她就不可能找到解决问题的办法。但是她注意到了双方的真正利益——呼吸新鲜空气和避免过堂风，最终完美地将事情解决。

2. 谈判对事不对人

谈判是人与人之间的交涉，而谈判的内容却是有关具体事情的各种协商与讨论。在谈判的争论中，应该将焦点聚集在具体的“事”上，就事论事，而不应该针对人，进行攻击。

从人的角度来看谈判，参加谈判的双方会各有所得和所失。人既能促进谈判的顺利进行，也可能造成谈判的一波三折。在谈判的过程中，如果双方相互理解、共同努力，随着谈判的进行就能逐渐建立起一种相互尊重、理解、信任的关系，从而使谈判顺利有效地进行。

人是有感情的动物，谈判进程难免受到谈判者个人的感情、要求、价值观、性格等方面的影响，因此，谈判者自始至终都要注意自身的问题，保持头脑清醒，把双方的关系建立在正确的认识、清晰的沟通、恰当的情绪上。若一方的情绪过于激动，要懂得谅解，甚至让他发泄出怒气。如果出现误解，就要设法加强双方的思想交流。在谈判过程中，应尽量多阐述客观情况，避免责备对方，做到“人事两分”。

买方向卖方表述：“你们提供服务的这台电脑又出故障了。这是本月内的第四次故障。我们需要一台能正常运作的电脑。我想请你们提供建议，该如何减少故障的发生？我们是不是该换一家公司呢？

这样的表述，没有直接针对卖方本身进行讨论，指责的只是发电机本身的问题，使对方说服者有台阶可下，同时又给对方造成了一定的压力，容易使对方接受自己的意见和要求。

3. 凡事留余地，心中要有数

谈判中，双方都会提出各自的要求和条件，此时即使你能满足对方全部的要求和条件，也不必全盘托出，不妨先接受其中大部分要求，给自己留有余地，心中有数，以备之后的讨价还价。在这里需要记住的就是：让对方尝到的甜头要比他想象得大。

比如说你打算购买一辆二手车，这时你在二手车市场上看到一辆标价10 000元的车，并且看上去你很满意。你决定要买这辆车，然后和这辆车的车主进行交涉。在交涉的过程中，即使你对价格很满意，一般情况下你也不会按照车主原先的标价进行购买，所以你们之间需要进行一场谈判。

当你看到车主紧咬着10 000元的价格不放时，可能会因此而产生放弃的念头。然而，此时这辆车的车主却忽然松口，答应以9 000元的价格卖给你。这时你将怎样来想这件事？直接高兴地将车买走？还是拒绝车主的提议接着与其谈判？如果站在这位买车者的立场上，我想大多数人应该会答应车主的建议，用9 000元的价格买下这辆二手车。

如果我们将事情换个角度来讲，假如你和车主之间的谈判非常轻松，你一提到用9 000元来购买这辆车，车主马上就痛快地答应了。此时，你心中一定会有疑问，会不会是自己的报价太高了，你就会后悔自己当时报价为什么不再低一些。

同样的结果，但却产生截然不同的想法，这直接取决于你谈判前是否为自己留了余地。优秀的谈判者不会马上接受对方提出的条件，而会非常谨慎，因为他们知道，如果马上接受对方的条件，对方可能立刻就会想到：是不是自己的要求太简单了，从而对要求做出调整。因此，谈判时一定要给自己留有余地，不能一下说死，要做到心中有数。

二、沉默智胜，适当“装傻”有戏唱

“难得糊涂”历来被推崇为高明的处事之道，只要你懂得装傻，你就并非傻瓜，而是大智若愚。人际交往，装傻可以为人遮羞，自找台阶；可以故作不知达成幽默，反唇相讥；可以假痴不癫迷惑对手。你必须有好的演技，才能“傻”得可爱，“傻”得恰到好处。谁看不透其中真相谁就被愚弄；谁不能领会大智若愚的神韵，谁就是真正的傻瓜。

同样在谈判中太精明反而会让对方全力备战，适当装傻，就会让对手放松懈怠，那么你就有机可乘。

“装傻，智胜”是一种真正的技能。因为一般而言，脑子的反应要落后于嘴巴，我们总是先说出来，然后才去思考和行动。

谈判过程中，在做出反应之前稍事停顿会带来天壤之别的结果，因此在至关重要而且微妙的谈判中，可以有意识地遵循下面这种由硬盘录像机启发而来的谈判策略：

（1）暂停。将谈判情景想象成一部正在摄制的微电影，你是这部电影的导演。当你有了新的想法突然中断拍摄的时候，例如，收到新的信息，进来了新的竞争者，或者是有了可以替代的资源等，你所想到的第一个行动就应该是稍事停顿。

（2）播放。将这部片子在头脑中进行播放，仔细回想各种场景，认真考虑怎样才能将这些信息或者情景变成自己的优势。

（3）静音。提醒自己按下内心的“静音按钮”，以便保持独立思考，除非有分享想法的可能，否则不要打破“静音模式”。要像一位扑克牌手那样思考，问问自己，将自己所知道的东西与交易对手分享能否得到什么好处。不过通常是没什么好处的。

（4）重新倒回并在此录制。适当地重新安排你的行动，并再次按下“录制”按钮，以取得你所期望的“智胜”的结果。

谈判中稍事停顿，仔细考虑可能出现的各种场景是至关重要的。就像物理学中每一个作用力都有一个大小相等、方向相反的反作用力一样。谈判中关键就是要避免任何有害的结果。

前不久，我的好友徐阳代表公司参加了一个多方商务洽谈会。其中一方提出的报价引起了他的注意。结果表明，这一方正是他们公司准备在这宗交易上与其合作的集团。在谈判前不久，徐阳的公司将这个商机告诉了他们。徐阳下意识的反应就是给和他打交道的那个人联系，严厉谴责他们的所作所为，并正告对方，双方的合作结束了。

不过，很快徐阳就停下来扪心自问，这种行为能给他带来什么好处呢？事实上，唯一的好处就是能让他当时的心情好一点。于是徐阳在播放“影片”并考虑过可能出现的后果之后，意识到，保持沉默，并利用自己在知识上的优势，是一个更高明的策略。为什么呢？

场景 1：如果他怒不可遏，那么，对方就没有解释的机会，他做出的反应就会削弱与对方合作的可能性；场景 2：其他几家公司也有可能与自己公司共同完成这宗交易，但如果在之前就火冒三丈，可能会导致根本就会有成交的机会；场景 3：如果他大发雷霆，告诉对方，我们完全可以自己完成这宗交易，那么，他们为了独吞，就会抬高这宗交易的价格。

而保持沉默，徐阳的公司就可以有效取得装傻智胜的成果。这种认知让徐阳得到了两个颇具价值的启示：第一，对方希望得到这宗交易的迫切心情一览无余；第二，他们试图自己完成这宗交易的行为表明，他们缺乏职业风范，这就给了徐阳一个很有帮助的早期信号——他们可能不是他们愿意合作的那种伙伴。随后，徐阳很快动员了另一家公司参与这宗交易，并以最初谈定的价格提出了一个联合交易方案，最终这个方案被接受，徐阳出色地完成了公司交代的任务。

由此可见，情绪激动的时候，人很容易忘记自己最初渴望达到的目标，徐阳最终的目标是以合理的价格赢得这宗交易，在合作伙伴违反协定的时候，沉默和克制就成为了他取得智胜结果的最好伙伴。

三、赞美＋强势，让你技高一筹

美国心理学家威廉·詹姆士说过：“人类本性最深的企图之一是期望被人赞美和尊重。”如果一个人的长处得到肯定，他就会感觉自我价值感得到确认，产生“自己人”效应。在人际交往中，我们如果懂得并能满足他人的这种心理渴望，懂得赞美、善于赞美，那么我们的人际关系就能够得到大大改善。

卡耐基是美国著名的人际关系大师。有一次，他到邮局去寄一封挂号信，人很多，他排着队。他发现那位管挂号的职员对自己的工作已经很不耐烦——称信件、卖邮票、找零钱、写发票。于是卡耐基想：可能是他今天碰到了什么不愉快的事情，也许是年复一年地干着单调重复的工作，早就烦了。因此，他对自己说：“我要使这位仁兄喜欢我。显然，要使他喜欢我，我必须说一些令他高兴的话。”所以卡耐基就问自己，“他有什么真的值得我欣赏的吗？”稍加用心，他立即就在职员的身上看到了自己非常欣赏的一点。

因此，当职员在称卡耐基的信件时，他很热诚地说：“我真的很希望有您这种头发。”

职员抬起头，有点惊讶，面带微笑。“嘿，不像以前那么好看了。”他谦虚地回答。

“虽然你的头发失去了一点原有的光泽，但仍然很好看。”听了卡耐基的话，职员高兴极了，对待工作也一下子显得积极起来。

两个人愉快地谈了一会，卡耐基寄完信临走时，这位职员竟兴奋地对他说：“很多人都称赞过我的头发。”

此时卡耐基心想，这位职员当天接下来的工作时间里一定会工作得很愉快；他回家以后，一定会跟他的太太提到这件事；他还一定会对着镜子说：“这的确是一头美丽的头发。”

著名作家马克·吐温甚至这样形容赞美的有效意义：“仅凭一句赞美的话语就可以活上两个月。”卡耐基对职员的赞美重新唤起了他对工作的热情。同样，在谈判这种交际水平的较量中，适度赞美对方无疑也是获取对方信任和好感的有效方法。谈判中运用赞美，不仅能缩短谈判双方的距离、密切彼此的关系，更会为谈判的成功奠定良好的基础。

但是，在谈判中过于夸张的赞美会让对方感到尴尬，失实或者不恰当的赞美则显得虚伪。因此，赞美不仅要真诚，更要善于发现一个人真正值得真诚赞美的地方。谈判中高明地赞美对方，就要注意以下几点：

（1）赞美必须真诚，这是赞美的先决条件。赞美别人时要与对方有目光交流，如果东张西望，就会给人以心不在焉、虚情假意、夸大事实的阿谀奉承之感，使人反感。赞美的内容应该是对方拥有的、真实的，而不是无中生有，更不能将别人的缺陷、不足作为赞美的对象。

（2）赞美要适度。赞美的尺度掌握得如何往往直接影响赞美的效果。恰如其分、点到为止的赞美才是真正的赞美。使用过多的华丽辞藻，过度的恭维、空洞的吹捧，只会使对方感到不舒服，不自在，甚至难受、肉麻、厌恶，其结果是适得其反。假如你的一位同学歌唱得不错，你对他说："你唱歌真是全世界最动听的。"这样赞美的结果只能使双方都难堪，但若换个说法："你的歌唱得真不错，挺有韵味的。"你的同学一定很高兴，说不定会情不自禁一展歌喉向你送上一曲呢！

所以赞美之言不能滥用，赞美一旦过头变成吹捧，赞美者不但不会收获交际成功的微笑，反而要吞下被置于尴尬地位的苦果，古人说得好，过犹不及。

（3）赞美要匠心独运。对于任何人，最值得赞美的不应该是他身上早就众所周知的明显长处而是应该蕴藏在他身上的既可贵又尚未被别人重视的优点。比如，一个学识出众但长相一般的女孩，如果你赞美她的专业水平高，也许她没多大感觉，因为这一点她听得多了，可是如果你赞美她"走路姿势优雅，很有气质"，她可能就会深深地记住这句话。

（4）赞美可用间接、含蓄的方式表达。可通过眼神、动作、态度等非语言行事向对方暗示。比如，就一个问题以十分恭敬的态度向别人请教；认真倾听别人的谈话时，可以转述别人的话"某某觉得你……"来赞美对方，这样双方都会觉得很自然。

此外，在谈判中想要技高一筹，除了赞美，还需要一个"武器"，那就是强势。有一篇科学小说设计了这样一种假设：当两个人站在一起时，他们之间会发生能量的流动，而能量总是流向其中表现较好的那一方；当两个人激烈辩论时，由于能量大量流向理直气壮、盛气凌人的一方，另一方就会显得虚弱不堪，在辩论中处于绝对的劣势。在真实的环境中，情况也是如此。只有精神饱满、言语果断，才能在谈判的言辞上占得先机，从而把谈判推向自己期望的方向。

律师丁懋松有过无数次国内外谈判的经验。他说：“谈判者的气势，往往是谈判过程中起死回生的重要因素。”

有一次，国内一家公司与外商签下了一个对己方不利的合约，事后决定发函终止合约，信函发出后不久，外商便找上门来质问。刚谈起终止合约的事情，公司的人就不自在了，不停地改换坐姿，以致弄得椅子吱吱直响。此时，原本也要调整坐姿的丁懋松，恐怕再弄响椅子，让对手洞悉己方的紧张，便没有调整坐姿，而是僵直身子不动声色。

对方先发制人：“你们准备如何做？”丁懋松反问道：“不，是你们准备怎样做？”他以这话试探对方的底，并准备抢回主动权。他的意思是，终止合约已经成为事实，看你们如何办。

外商便说：“你认为我该怎么办？”

此话一出，气势马上矮了一截，丁懋松马上引用广东人的一句话：“假如已跌倒在地，什么都没有了，手上至少也要抓一把沙。”意思是说，如果你们愿意的话，我们肯定给你们一定的补偿，不至于让你们落空。他判断对方不愿意贸然诉诸法律，因为打官司耗时旷久，最后所得利益，未必高于私下和解。

这步棋，果然走对了。

外商沉思了一会儿，问道：“你的意思是什么？”此语一出，便透露出了妥协的信息，经过这几句简单的对话，丁懋松稳稳地扭转了局势而占了上风。后来，那位外商同意重新权衡此事，一场官司避免了。

可见，谈判中的气势往往就意味着机会，强大气势，就可能创造并抓住机会，作为弱者就只能眼睁睁失去机会，损失更多的利益，以至于失去整个谈判。当然，也不能一味的强势，得根据实际情况，慎重对待。

四、幽默破僵局，“转危为安”最给力

1988 年 7 月 22 日，日本首相中曾根同苏联共产党总书记戈尔巴乔夫在克里姆林宫举行会谈，整个会谈高潮跌宕，扣人心弦。

戈尔巴乔夫有一次竟用拳头将桌子敲得砰砰作响。他气愤地说：“据说，在日本居然有人说什么‘今后只要日本持续不断地增强经济力量，苏联便将乖乖地屈服于日本的经济合作’。殊不知，这是大错特错的，苏联决不屈服。”

中曾根也不示弱，他以强硬的口吻反驳道：“尽管如此，两国加深交往也是重要的。阻挠两国关系发展的，正是北方领土问题。铸成这个问题的原因在于斯大林错误地向属于北海道的岛屿派遣了军队。”

中曾根接着语气和缓地说：“我毕业于东大法律系，你走出的是莫斯科大学法律系的门槛。我们俩同属法律系毕业生，理应了解国际法、条约和联合声明是何物。国际上都承认日本的主张是正确的。”

这时戈尔巴乔夫总书记脸上荡起一层愉快的笑容，微笑着答道：“我当法律家亏了，所以变成了政治家。”此语一出，巧妙地避开了中曾根话题的锋芒。

本来双方针锋相对，很容易使谈判陷入僵局，但戈尔巴乔夫的一句幽默话，使双方的紧张气氛得到了缓解，谈判得以继续进行。幽默能减少人们之间的紧张对立。因为代表各自的利益，恐怕很难轻易地让步，谈判期间必有一番唇枪舌剑的苦斗，有时甚至到了剑拔弩张的地步。这时，如果某一方代表说句幽默的话，或讲个小笑话，大家一笑，紧张的气氛就可能化解，双方可以继续谈下去。

幽默的语言是谈判过程的润滑剂，能够帮助创造一个和谐宽松的谈判环境，还有助于打破僵局，调节紧张尴尬的气氛。可以说幽默是谈判中的高级艺术，但是如果运用不当，就容易适得其反。因此，要在谈判中正确运用幽默语言，必须掌握以下两点原则：

（1）幽默语言要因时而用。谈判者在谈判过程中，要善于观察和思考，抓住任何一次能表现幽默的机会。一般来说，在谈判开始时或谈判双方发生争执、气氛紧张时，适当使用幽默语言很有必要。

（2）幽默语言要用之有度，适可而止。如果一味地使用，就会形同油滑，让人感到庸俗、哗众取宠， 甚至会弄巧成拙，前功尽弃。

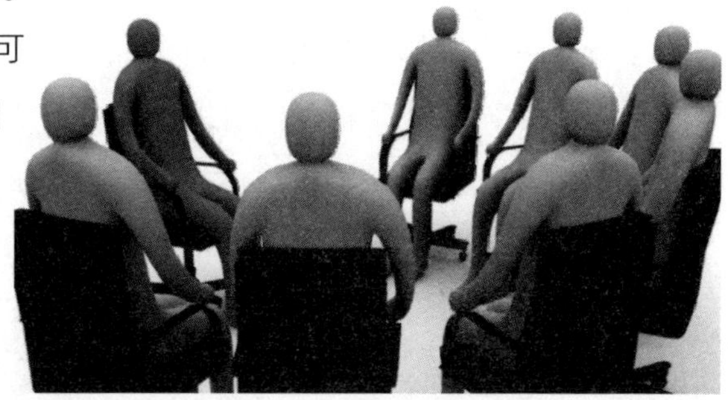

运用幽默语言是为了达到某种目的，那要怎样做才能使谈判在幽默语言这一高级艺术的引导下走向成功呢？下面的幽默谈判技巧会给你帮助。

1. 装糊涂

谈判中，可以装作没有听到或没有听清对方的话，也可以装作没有明白对方的意思，再通过“装糊涂”的幽默语言巧妙地避开对方的锋芒，避免尴尬。“装糊涂”幽默法主要就是要通过装糊涂来转移、打击对方的谈判兴致，使其不能继续制造窘境，从而化开干戈。运用这种方法还能寓反击于无形之中，不战而屈人之兵。

1959年，美国国会曾经通过了一项关于被奴役国家的决议。之后美国总统尼克松访问苏联，赫鲁晓夫在与尼克松的会谈中对这个决议进行了激烈的抨击，并怒容满面地说道：“这项决议很臭，就像马拉出的屎，再没有什么东西比这玩意更臭的了！”

尼克松曾认真地看过赫鲁晓夫的背景资料，知道他曾经当过猪倌，于是，他盯着赫鲁晓夫说道：“恐怕主席说错了，有一样东西比马屎更臭，那就是猪粪。”

在两国元首会谈的场合，作为国家元首，赫鲁晓夫出言不逊，有失体面，他就是要想让尼克松陷入窘迫的境地。但是尼克松机警幽默，装作没有听明白对方的意思，锋芒暗藏，巧妙地进行了还击，打击了赫鲁晓夫的气焰，化被动为主动，同时，还避免了会谈演变成市井吵架。

2. 情理交融

在谈判陷入僵局的时候，可以巧妙地通过一些风趣而满含情理的语言感化、说服对方，以使对方产生共鸣，做出让步，满足自己的要求。

柯伦泰是世界上第一位女大使。一次，她奉命与挪威商人洽谈购买鲱鱼。挪威商人提出的价格高得惊人，柯伦泰竭力进行讨价还价，但是双方差距还是很大，谈判一时陷入僵局。于是柯伦泰冥思苦想，终于想出了一个办法。

当她再一次和挪威商人谈判时，柯伦泰非常痛快地说："目前我们的国家非常需要这些食品，好吧，就按你们提出的价格成交。如果我们政府不批准这个价格的话，我就用自己的薪金来补偿，你们觉得怎么样？"

挪威商人听了她的话，一时呆住了。

柯伦泰又说："不过，我的薪金有限，这笔差额要分期付款，可能要支付一辈子。"挪威商人无奈，只好同意将价格降到柯伦泰认可的水准。

柯伦泰通过幽默的语言让挪威商人非常感动，打破了谈判的僵局，最终使得对方接受自己的条件，可见幽默的语言能够在谈判中发挥重要作用。

3. 顾左右而言他

谈判中经常会遇到不愿正面回答对方问题的情况，但又不想直言拒绝，这时就可以顾左右而言他，用幽默的语言从侧面委婉地表达自己的不同意见。

一次，我国南方的一个贸易谈判小组与日本客商的第一次商务洽谈结束后，日方商人说道："我们期盼着不久在春姑娘的陪伴下于日本东京机场再次欢迎贵方代表的到来。"中方代表回道："东京的天气固然是温和而友好的，但是我国名城广州的三月似乎更富有南国的春天气息，尤其是在珠江碧水之畔，更会使诸位代表流连忘返。"

很明显，中方代表就是通过委婉而友好的语言，从侧面表达了对下一次洽谈地点的看法，具有一种耐人寻味的幽默效果。

4. 以攻对攻

所谓以攻对攻，就是以其人之道还治其人之身，用讽刺反讽刺，以嘲笑反嘲笑，在反嘲斥谬中粉碎对方的狡辩和攻击。

1991 年，在中美知识产权谈判中，美方代表出言不逊，说：“我们在和小偷谈判。”我国外经贸部部长吴仪马上针锋相对地回道：“我们是在和强盗谈判，请看你们博物馆里的展品，有多少是从中国抢来的！”

吴仪部长反嘲斥谬的有力回击，既维护了中国人的人格尊严，又展现了中国人的机智和胆略。

5. 旁敲侧击

在谈判中，当需要提醒、批评对方而又不便直言时，可以考虑使用幽默风趣地旁敲侧击的方法，从侧面提出一个看似与主题无关的话题，以此来警示、提醒对方。

1969 年 9 月的一天，美国国务卿基辛格就越南战争问题与苏联驻美国大使多勃雷宁举行会谈。

谈判正在进行时，尼克松总统给基辛格打来电话，接完电话之后，基辛格对多勃雷宁说：“总统刚才在电话里对我说，关于越南问题，列车刚刚开出车站，现在正在轨道上行驶。”

老练的多勃雷宁试图缓和一下气氛，机智地接过话头说：“我希望是架飞机而不是火车，因为飞机中途还能改变航向。”基辛格立即回答道：“总统是非常注意选择词汇的，我相信他说一不二，他说的是火车。”

在这次谈判中，基辛格巧用火车与飞机作比喻，幽默、鲜明地表明了美国政府在越南战争中的立场问题：说一不二，不像飞机那样临时改变方向，要像火车那样“在轨道上行驶”。语气和态度委婉，不显得强硬，令对手容易接受，同时也活跃了谈判的氛围。

五、最后通牒，就要这样说

汽车业巨子艾柯卡在接管了濒临倒闭的克莱斯勒公司后，认为要挽救公司，第一步必须先降低工人工资。他首先将高级职员的工资降低10%，自己的年薪也从36万美元减为10万美元。随后他在与工会的谈判中宣称："17美元一小时的活多的是，20美元一小时的活一件也没有。"

采用这种直言威吓当然不会奏效，工会当即拒绝了他的要求。双方的谈判僵持了一年，始终没有任何进展。在此期间，工会的罢工时断时续。

于是，在一个冬天的晚上，大概已经10点多了，艾柯卡找到工会负责谈判的委员会，对他们说："现在，我给你们8小时的考虑时间。希望你们明天早晨能做出最后的决定。如果事情没有变化，我将宣布公司破产。"

听到要宣布破产这一消息，工人们一时都慌了手脚。如果公司破产，自己的生活将更加艰难。在当时全国失业率增高的情况下，有一份稳定的工作是很不容易的。考虑到这些，工会不得不作出让步，接受艾柯卡的条件。

其实，艾柯卡不一定是要宣布公司破产，这只是他为了结束谈判想出的策略。当谈判进入僵持阶段，不妨给对方下个"最后通牒"，给对方造成时间上的压力，使自己掌握主动权。

不过，运用这种规定期限的时间压力策略，也就是最后通牒的技巧时，最好能够"出其不意"。如果对方有了准备，特别是已经做好了最坏的打算，这种策略的威力就会大打折扣。

因此，要掌握好最后通牒，时间压力的策略，必须懂得利用其中的技巧：

（1）在出其不意提出最后时间限制时，语气一定要坚定，不容通融。在谈判中首先要不露声色，语气舒缓，当提出最后通牒时，语气一定要坚定，不可使用模棱两可的话，让对方存有希望。

因为谈判中一旦对方感觉到有希

望，就会想象也许将来能为自己争取到更大的利益，最终就会不愿签约。故而，坚定有力、不容通融的语气会替对方马上做出最终的决定。

（2）下最后通牒时，所提出的时间限制一定要明确、具体。在关键的时刻，不可说“明天上午”或“后天下午”之类的话，而是要说“明天上午8点”或“后天下午2点”更具体、明确的时间，因为这样会使对方有一定时间逼近的感觉。

试着比较一下以下两种最后通牒的效果：

“我们不能再继续讨论下去了，你们知道我们的条件，如果不能按照此条约进行协定的话，我们只好再想办法了。”

“我们必须今天做出决定，请贵方慎重考虑我们的条件，晚上8点之前给我们答复，否则我方将和其他公司达成协议。”

很显然，第二种说法的语气坚定且时间紧迫，让对方感到压力，几乎没有喘息的机会。

（3）用具体的行动协助你所提出的最后时间限制。用具体的行动来印证你所提出的最后期限，势必会让对方更加确信无疑，让对方更感压力。例如，收拾行囊，向酒店结算，预订车船机票，购买土特产等。

（4）由谈判队伍中的领导发出最后通牒更具威力。因为人们都会有这样的心理，就是级别越高说出的话就越有分量。

当然，使用最后通牒必须要掌握语言分寸，不可言过其实，要始终把自己摆在一个坚定而又温和的谈判务实主义者的地位，这就要求：抓住对方成交心理，使其产生心理压力；不要贪得无厌，应做到适当的让步；坚持用客观条件说服对方，使其心悦诚服；不要趾高气扬，以势压人。

此外，最后通牒的使用也要根据对手的情况而定，如果对方本身就是个慢性子，那么这招也许对他没多大成效，要懂得选择在对方陷入退无可退的境地时使用，那时他就只能接受你的要求了。

六、想要迷惑对方，来段“适当演绎术”

美国富翁霍华·休斯有一次为了大量采购飞机，与飞机制造商的代表进行谈判。休斯要求在条约上写明他所提出的34项要求，其中至少三项要求是没有退让余地的，但这对谈判对手是保密的。对方不同意，双方各不相让，谈判中双方冲突激烈，硝烟四起，竟发展到对方把休斯赶出了谈判会场。

后来，休斯派了他的私人代表出来继续同对方谈判。他告诉代理人说，只要争取到34项中的那11项没有退让余地的条款就心满意足了。这位代理人经过了一番谈判之后，争取到其中包括休斯所说的那非得不可的11项在内的几项。

休斯惊奇地问这位代理人，他是怎样取得如此辉煌的胜利时，代理人回答说：“那很简单，每当我同对方谈不到一块儿时，我就问对方‘你到底是希望同我解决这个问题，还是要留着这个问题等待霍华·休斯同你解决？’结果，对方每次都接受了我的要求。”

很显然，休斯及其私人代表在谈判中扮演了不同的角色：休斯是“白脸”，私人代表是“红脸”。用白脸、红脸的战术给对方施压，在前面的内容中已经讲过。

舞台上有一种表演方式，两个人互相配合，一个人表演动作，另一个人藏在他的身后说唱。在谈判中这种演绎术可以起到至关重要的作用，能够成功地促成谈判向有利于自己的一方发展。

适当的演绎术能够帮助谈判人员打破僵局，跳出骑虎难下的窘境。在谈判中我们经常可以听到一方的谈判人员这样进行对话：“小赵，今天上午谈判你怎么那么别扭？我方是不能同意他们的条件的。”“李总，我认为他们说得有点道理，如果我们同意了……”

在这种情况下，同一方的代表表面上似乎站在了对方的立场上，并向同伴建议做出让步。可是这种情况多半是：事先决定让其中一人采取强硬的态度，到了适当的时机再由另一个同伴提出折中的方案；可是那位“强硬分子”却仍作出一种强硬的姿态，表示非常不愿意，最后，经过同伴的反复劝说才勉强同意。当然，此时对方为了得到这个“好不容易”才到手的让步，自然会对那个好人做出相应的回报。

在谈判中，还可以将表演倒过来演。比如，你可以在一些不太重要的地方上先做一些让步，然后，在关系重大的问题上你的同伴出面讲话了。他会这样对你说：“你今天上午表现得很慷慨，但在这一点上，你不能再做让步了。我们已经让得太多了。”这时候，你把脸转向对方，为难地说：“我现在已经无能为力了，一切都只好由你们决定了。”

在我们的描述中看起来，这种表演似乎非常明显。但是在长时间紧张谈判的氛围和压力下，要识破这种策略也是不容易的。当然，对方也有可能会起疑心，但他不能完全肯定那是在表演。他可能会想：“他们的这些话也许是真的，我可以趁这个机会想办法分化他们。”

七、不留痕迹，巧妙“探”出真情报

日本松下电器公司的创始人松下幸之助刚“出道”的时候曾经和一家公司进行合作谈判。结果被对方探明了自己的底细，最终使那次销售利润被压缩殆尽。

当松下幸之助第一次到东京与批发商洽谈时，批发商刚一见面就非常友善地寒暄道：“我们是第一次打交道吧？以前我好像没见过您。”其实，批发商想通过寒暄来探测对手是生意场上的老手还是新手。

松下幸之助初入商海，缺乏经验，恭敬地答道：“我是第一次来东京，什么都不懂，请多多关照。”正是这一句非常平常的寒暄答复却使批发商得到了一个重要信息：对方原来是一个新手。于是批发商接着问：“你打算将你的产品卖多少钱？”

松下幸之助如实地告诉对方说：“我的产品每件的成本是20元，我打算卖25元。”

批发商了解到松下幸之助在东京人地两生，又急于想打开产品的销路，便趁机杀价：“你第一次来东京做生意，刚开始应该卖得便宜一些，每件20元成交怎么样？”

虽然没有吃亏，但是在此次谈判中松下幸之助是吃了大亏。

松下幸之助之所以在谈判中吃了亏，就是因为狡猾的批发商通过一句无关紧要的寒暄就探测到了松下幸之助的虚实，在谈判中赢得了主动权。而松下幸之助缺乏警惕性和经验，最终导致处于被动。

松下幸之助的教训告诉我们，要想在谈判中占据优势地位，就要想方设法地探测对方的老底。可以说，谈判在谈产品之外，还在谈人。对方知根知底，能够帮助自己处于主动的位置。

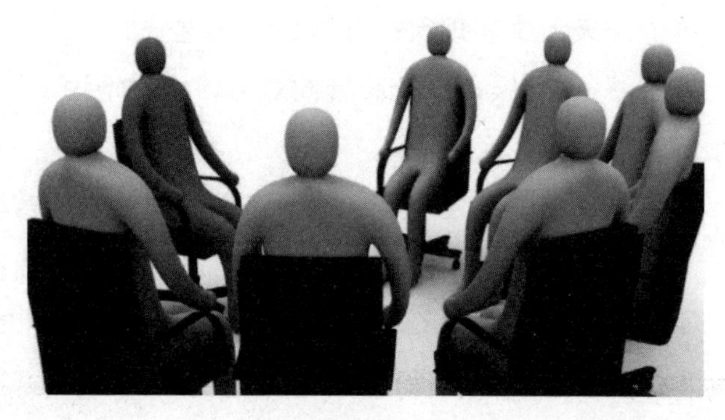

因此，在正式谈判之前，首先要收集对方的信息，对对方的经历和背景做一个大致的了解。其次，要了解对方的性格，尤其是要打听一些有关他的有名事迹，这样容易找到对方的弱点，使他处于被动。

当然，并不是每个人都拥有丰富的谈判经验，自己阅历不深，经验不足时，除了要主动了解别人外，还要学会自我防卫，尽量避免让对方探测到自己的底细。那么，在谈判说话的时候，我们就要注意下面的几点：

第一，说话避免举止轻浮。从一个人的言谈举止，高明的谈判者能够看出他的水平和修为。一个人如果举止轻浮，喜欢锋芒毕露地炫耀自己，或者没有端正的态度，对方就会觉得你缺乏经验，随时准备射掉你这只“菜鸟”。

第二，说话避免紧张。许多性格内向的谈判者，尤其是缺乏经验的新人，第一次谈判时，面对庄重紧张的氛围就会心情紧张，面对谈判对手手足无措，不知如何说话，结果弄得对方也很不自然。因此，说话紧张也会暴露你没有经验的短处，从而让对方对你进行主动的进攻。

八、谈判中激将法的妙用

所谓激将法，是指人们有意识地利用反面的语言或非语言信息，刺激、激化对方的自尊心，克服自卑感，使对方朝着自己预期的目的运动的策略。因为人的行为，不仅受理智的支配，也受感情的驱使，激将法就是要用话使别人放弃理智，凭一时感情冲动去行事，所以说谈判中激将法也是劝说对方的有效战术。

1. 明激法

激将法可以分为明激法和暗激法两种。明激法就是直接贬抑对方、刺痛对方，促使对方振奋起来，从而使对方朝着有利于自己的方向发展。

1981 年，苹果公司在经历了 5 年的辉煌发展之后，面临着电脑业巨人 IBM 公司的强劲挑战。

为了与 IBM 公司进行对抗，史蒂夫·乔布斯决定广纳贤才，他首先邀请就是百事可乐的总裁约翰·斯卡利，让他出任苹果 CEO，相信他定能让苹果再赴辉煌。可是乔布斯和约翰·斯卡利进行了几次商谈，约翰·斯卡利始终不为所动。最后，乔布斯只说了一句话：“如果你留在百事可乐，五年后你只不过是卖了更多的糖水给小孩们，但是你到了苹果，你就能改变整个世界。”

正是这一句激将的话，刺激了约翰·斯卡利，很快他就接受了乔布斯的邀请，出任苹果 CEO。如今，苹果公司已经发展成为全球最大的计算机企业之一。

在多次邀请未果的情况下，乔布斯以“只不是卖了更多的糖水给小孩们”和“改变整个世界”这样富有对比性和刺激性的话语，一下子就激起了约翰·斯卡利干大事业、改变世界的雄心。同时乔布斯的话也暗示了对方其实是非常有潜力，只是没有更好更大的施展平台，而苹果公司就是他的施展舞台，能让他“改变世界”。乔布斯如此明显的激将，马上就点燃了对方的激情，从而顺利地将其招致麾下。

但是有一点需要注意，明激是正面的贬抑对方，容易伤人，使用时一定要注意把握好度。

2. 暗激法

暗激法就是通过褒扬第三者的方法，间接地贬抑对方，从而引发对方自尊心理的不平衡，产生超越第三者的心理。

阿里巴巴集团每年都举办“西湖论剑”商业盛会，届时会邀请一些文体明星、政界名流、业界大腕来到西子湖畔共商发展大计。2010 年，马云将

邀请的对象瞄准了好莱坞巨星、美国加利福尼亚州州长阿诺德·施瓦辛格。

两人见面后，马云真诚地说："我是您的粉丝，您主演的所有电影我几乎都看过。您强健的肌肉能给人一种无穷的力量。我锻炼了20多年肌肉都没'突'出来，请问您有什么练肌肉的秘诀吗？"短短的几句话瞬间拉近了两人的感情，施瓦辛格愉快地和马云分享了自己健身的秘诀。

接着，马云说："我们的'西湖论剑'活动很快就要开始了，去年我邀请到了科比和克林顿，今年我想邀请您。您曾经是世界健美冠军、好莱坞巨星，之后又成为了一位拥有亿万资产的成功商人，现在是美国的一位州长。可以说您是一个成功的'多面体'，一个人就代表了体育、文艺、商界、政治等多个方面。因此，我邀请您一个全面发展的嘉宾就可以代替多个嘉宾，这就是我邀请您参加'论剑'的原因。"施瓦辛格听后，非常愉快地接受了马云的邀请。

马云在邀请施瓦辛格的过程中，先是摆出去年参加"论剑"的名人——科比和克林顿，让施瓦辛格意识到，参加"论剑"是一件非常荣幸的事，激起了他的兴趣。接着，马云透露出他对施瓦辛格的欣赏和赞美，表现出他对对方的惺惺相惜之感，使施瓦辛格感到自己无可取代，最后高兴地接受了邀请。由此可见，马云的"暗激"运用得是多么的高超。

谈判中使用激将法的目的是要最终达成协议，但是需要强调的是，激将法是一种逆向说服对方的方法，需要拥有较高的技巧，因此，在运用的时候一定要注意以下几点：

（1）选对激将的对象。一般来说，谈判中可以对其使用激将法的对象有两种：一种是不够成熟，缺乏谈判经验的对手。这样的对手往往自我实现的愿望非常强烈，总想在众人面前表现自己、证明自己，容易被言语所动，这恰恰就是激将的突破口；另一种是拥有鲜明个性特征的对手。好面子、爱拿主意、自尊心强、虚荣心强的对手都是使用激将法的理想对象，鲜明的个性特征就是说服对手的最好突破口。

（2）激将要适度。使用激将法要掌握一定的度，力度不够，就收不到相应的效果，而超过限度，不仅不能促使谈判朝着预期的方向发展，甚至还会产生消极后果，使谈判双方产生隔阂和误会。

（3）激将要尊重对手。使用激将法首先要尊重对手的人格尊严，不可将对手的隐私、生理缺陷等方面作为贬低的内容。比如，商务谈判中选择“权利高低”、“信誉好坏”、“能力大小”等方面去刺激对方，效果往往比较理想。

（4）激将要激而无形。激而无形、不露声色虽没有直露的明显的相激之话，却能使对方不知不觉地朝自己的预期方向发展。如果激将法使用得太露骨，被谈判对手识破，不仅收不到预期的效果，甚至还可能被高明的谈判对手利用，反中他人圈套，使己方处于被动地位。

（5）激将要有正确的态度。激将使用的是语言，而不是态度。激将时用语要切合对方的特点，切合追求的目标，且态度要和气友善。态度蛮横不能达到激将的目的，只会激怒对方。

九、谈判中的“问”，你究竟懂多少

提问是谈判中获得对方信息的一般手段。通过提问，除了可以从中获得众多的信息之外，还常常能发现对方的需要，知道对方追求什么，这些都对谈判有很大的指导作用。提问是谈判必须掌握的一种应对手段，是谈判者机警的表现。

意大利著名女记者法拉奇有一次为了获得中美外交谈判的最新消息，特去采访美国国务卿基辛格，基辛格是国际谈判的老手，本想对此事守口如瓶，想不到也会被这位提问技巧高超的女记者打开话匣子。

法拉奇这样问基辛格：“博士，你现在简直变得比总统的名气还大，请问你的诀窍是什么？”基辛格无心以对，反问道：“你认为呢？”法拉奇说道：“这个我可不清楚，我正想通过本次的采访找到其中的奥妙，我的意思是说，就像一位棋道高明的棋手，你走出了几步绝招？”这一问题问得基辛格飘飘然起来，竟不知不觉扬扬自得地说出了许多中美谈判的秘密。这次采访见报后，连基辛格也大为吃惊，怀

疑自己为什么透露了这么多的内幕。

可见，好的提问方式会起到意想不到的效果。讲究发问的技巧，不仅可以引起双方的讨论，获取有效信息，而且还能够控制谈判方向，掌握谈判主动权。

那么，在谈判中，怎样才能做出有效提问，使问题变得巧妙呢?

1. 封闭式提问

封闭式提问是可以用“是”或者 “不是”，“有”或者“没有”，“对”或者“不对”等简单词语来作答的提问。比如：“您第一次发现产品的质量问题是在什么时候？”“您是不是觉得售后服务没有改进的可能了？”

采用封闭式的提问方式，可以令发问者从中获得特定的资料，而被问者也不需要过多的思索就能马上给出答复。但是，这种问句有时会带有相当程度的威胁性。

2. 探索式提问

根据对方的答复，为了探索新问题、找出新方法，可以要求对方在原有答复的基础上引申或举例证明，这种提问方式就是探索式提问。比如：“这种方案行得通吗？”“您说这种方案更具实施性，有什么事实可以证明吗？”“假设我们采用第二种方案会怎样？”以探索的方式提问，不仅能显示出发问者对对方答复的重视，还能从中发掘出更多有用信息。

3. 澄清式提问

对方已经对我方所提出的问题做出答复，但为了使对方对自己的答复进行进一步的解释或补充，我方可以继续重新提出问题。如在商务谈判中可以这样提问：“您刚才说您对现在进行的合作洽谈可以取舍，这是否代表您可以全权代表贵方？”

澄清式提问是谈判双方密切配合的理想方式，因为它可以确保双方能够进行明确的沟通，并能够针对对方话语进行有效的信息反馈。

4. 选择式提问

选择式提问就好像做选择题一样，就是将我方的意见抛给对方，让对方在一定范围内做出选择回答。如：“国际贸易一直就有付佣金的惯例，我们从美国供应商那里一般可以得到4%~5%的佣金，请贵方予以注意好吗？”

运用这种提问方法除非是在我方掌握充分主动权的情况下，否则不要使用，因为这样很容易使谈判陷入僵局，甚至破裂。此外，用选择式提问时，要做到语气柔和、用词得体、表意清楚，以免给对方留下强加于人的负面印象。

5. 中间人式提问

提问时可以借助一个中间人也就是“第三者”的意见来影响或对方的意见。如：“某某先生对此有什么看法？”“某某先生对你方能否履约怎么看？”

采用这种提问方法，此“第三者”一定要是对方所熟悉且十分敬重的人，这样这种问句才会对对方产生重大影响，如果选了一个对方不是很了解且谈不上尊重的人，可能会引起对方的反感。

当然，谈判中除了以上几种提问方式，还有其他的方法，如：

（1）证明式提问，即通过我方的提问，让对方对问题作出证明或理解。如：“为什么要更改原定计划呢，贵方的理由是什么？”

（2）强调式提问，即通过提问强调自己的观点和立场。如：“这个协议不是要通过公证后才能生效吗？”

（3）协商式提问，即采用商量的口吻对对方发问，以使对方同意自己的观点或意见。如：“您看我方从中取得的折扣定为4%怎么样？”

掌握了提问的方式，还要选对提问的时机，什么时候进行提问也很有讲究。谈判中掌握好提问的时机有助于引起对方注意，进而掌握谈判的主动权，使谈判按着自己的期望进行。那么，什么时候才是提问的最佳时机呢？

（1）对方发言完毕之后

对方发言的时候，不要急于提问。因为打断别人发言是不礼貌的行为，容易使对方产生反感。对方发言时，要认真倾听，及时地将发现的问题和想问的问题记录下来，待对方发言结束之后再进行提问。

（2）对方发言停顿、间歇之时

谈判中，不免遇到对方发言冗长、偏离议题、纠结细节，影响谈判进程的情况，此时，你可以利用对方发言停顿或间歇的时候进行提问，这是掌控谈判进程，争取主动权的有效方法。比如利用对方喝水、整理资料的瞬间借机提问："您刚才的意思是？""细节问题我们可以稍后再谈，请谈谈您的主要观点吧？"

（3）议程规定的辩论时间

大型的商贸谈判，一般都会事先商定谈判议程，并设定自由辩论时间，在各方自我阐述期间一般不进行辩论，也不向对方提问。在辩论的时间，双方可自由进行提问。在这种情况下，就需要事先做好准备，可以设想出几种方案，针对这些方案考虑己方的对策，然后再提问。

（4）己方发言前后

谈判中，轮到己方发言，可以在阐述之前先对对方的发言进行提问，可以自问自答，而不必要求对方作出回答。因为这样有利于争取主动权，防止对方结果话题，影响己方观点的阐述。比如："关于价格的问题您刚才讲得很清楚了，那售后服务呢？我方的观点是这样的。"

为了试探对方的反应，引导谈判沿着己方的思路发展，在充分表达己方的观点之后，通常要进一步提出问题，让对方回答。如："以上就是我方的基本观点和意见，贵方有什么看法？"

上述有关提问的种种技巧，旨在提高谈判者通过提问来把握对方真实需要，掌控谈判主动权的能力，但它不应该成为谈判者发问僵死的教条。

第十四章

CHAPTER 14

亲戚、邻居关系难题，那些难出口的办事经

不管是喜欢还是憎恨，每个人都有三亲六戚，都有乡里邻居，而我们就要学会与他们相处。亲戚之间大都是血缘或亲缘关系，这种特定的关系决定了彼此之间的联系的亲密性；邻居就在我们身边，他们可以随时随地给我们帮助与照顾。与亲戚、邻居交往存在一定的规律，如果遵循这些规律办事，彼此的关系就会越来越亲密，但是如果违背了这些规律，得罪人就在所难免。

一、亲戚关系是靠“联系”巩固的

有人说，感情好的亲戚，即使是相隔千里，长时间地不联系，只要彼此见面，也会无拘无束。我们承认的确存在少数这样的亲戚，但是大多数人却不能做到这样。时间可以摧毁一切，人们之间的感情也不例外。一般来说，人与人之间如果很久不联系的话，彼此之间的感情就会变淡，如果长时间不联系，时间也会将亲情摧毁。再者说，平时和某些亲戚之间的关系冷淡，当有了困难时想起了他，这个时候再去联系人家，对方心中肯定会觉得不舒服。因此，平时注意与亲戚之间的联系是非常必要的。

其实，和亲戚保持“联系”是非常简单的，现代的信息技术高度发达，与亲戚保持联系可以有多种方式。

1. 电话联系

经常给亲戚发短信进行问候，当然不仅仅是在逢年过节的时候。有时间也可以给对方打个电话，询问一下对方的近况，或有没有什么烦心事，也可以简单地聊聊日常生活中的琐事，工作中的感悟。

2. 写信

虽然现在人们很少写信了，但是对于那些远隔千里的亲戚，如果你能时常给他们写一封信，说一说自己的近况，以及其他亲人的近况，让他即使身处远方也能感受到来自亲人的一份牵挂，让他觉得自己始终是大家庭的一分子，这样更能拉近彼此的距离，加深双方的感情。

3. 快递传情

现在的快递十分便捷，如果能时常给远方的亲人快递一个礼物，或者是家乡的土特产，或者是自制的风味小吃，也会显得亲情弥足珍贵，让亲人喜出望外。

4. QQ、微信通话

现代网络聊天工具更是便捷了人们之间的交流，人们可以通过 QQ、微信等方式随时随地地进行聊天，这也是增进彼此感情的方式之一。但是值得注意的是，QQ、微信等虽然能够增加彼此之间的联系，但是，如果一直都是通过 QQ、微信交流的话，也会给彼此造成一种隐形的陌生感。网络本来就是陌生人的世界，用陌生人的方式交流久了，亲情也有可能变得淡薄。所以，QQ 通信的同时，最好能够时常通过视频进行直接的对话。

5. 见面交流

比如遇到一些假日或者小长假，在时间允许的范围内，如果能够去探望一下亲戚，或者与亲戚进行一个聚会，则更显得难能可贵，会给彼此留下深厚的印象。

二、五大原则，帮你求亲戚办事

徐志摩 7 岁的时候，就已经非常聪明，并且对语言及文学方面表现出了浓厚的兴趣。但直到 15 岁，他还觉得自己在这方面的学习进步不大，迫切需要一位精于此道的老师来指点他。

当听说有一位叫梁子恩的人在这方面颇有造诣时，徐志摩很想投入其门下去学习，但苦于没有人从中引荐。巧合的是，徐志摩的表舅与梁子恩是同窗好友，于是，他就前往表舅家请求表舅从中为他引见。但徐志摩的这位表舅一直是不希望自己的外甥去学这些的，他很想让徐志摩去学医，认为风月诗词之类，只能是闲时的消遣之物。

在与表舅的一席交谈中，徐志摩充分表达了自己的迫切愿望，他那坚定而又略带哀婉的语气，以及对长辈的谦恭之情，深深地打动了表舅，使表舅觉得此子乃可造之材，于是，最后答应了他，并亲自带徐志摩去梁子恩的家，让其拜在梁子恩的门下。从此，在老师的辅导加上自身的努力下，徐志摩在诗歌上的造诣突飞猛进，终成了一代伟大的诗人。

在我们的生活中，亲戚之间大都有血缘或亲缘关系，这种特定的关系决定了彼此之间的联系的亲密性，这也是我们人力资源中的最重要一支。当人们遇到困难时，可能首先想到的就是向亲戚寻求帮助。常言道："不是一家人，不进一家门"。作为亲戚，对方也大数都会十分热情地向你伸出救援之手。

但是，亲戚关系又是一种比较复杂的关系，这是因为亲戚之间存在诸多的差异，如地域上的、性格上的、经济上的、身份上的等。这些差异能够成为彼此交往的理由，也可能会成为引发矛盾的导火索。

因此，亲戚关系和其他人际关系一样，在交往中同样存在着一定的规律，如果能够很好地遵守这些规律办事，更能够巩固彼此之间的关系。相反，如果违背了这些规律，得罪亲戚是在所难免。

1. 不可居高临下

虽然亲戚之间存在辈分的差异，但是，也应该相互尊重，平等对待。尤其是彼此之间在地位上、经济上、职务上存在差异的情况下，更应该如此。

俗话说："穷在闹市无人问，富在深山有远亲。"这就是说，就亲戚而言，地位高的、财大的人相对于其他人来说更具吸引力。一些地位低的人总是希望能够从地位高的人那里得到一些帮助，同时，他们在提出要求的时候又带有很强的自尊心，这种情况下，如果地位高的一方表现出不欢迎的态度，对方的自尊心很容易受到伤害。

在生活中，地位低的人对于被人小看是非常敏感的，这是人之常情，只要对方露出哪怕是一点冷淡的情绪，他们都会对此表示计较、不高兴，最终甚至会造成不良的后果。

2. 不可强人所难

有些人求亲戚办事，尤其是一些违背原则的事，如果人家没帮忙办成，他就会心怀不满，说人家不讲情分，这是非常伤人心的。在存在地位差异的亲戚之间，求与被求是最常见的矛盾，而这种矛盾在一方不能满足另一方要求的情况下就会发生。因此，亲戚之间互相寻求帮助，求助的一方应该考虑到对方的难处，不要给人家出难题，即使由于某些客观原因对方没能满足自己的要求，也应该表示谅解，不能过多计较，心存不满。

3. 不可吝惜感谢之言

亲戚之间互相帮忙是常有的事，但是作为受益的一方来说，应该对亲戚的慷慨行为表示真心的感谢。假如将人家对你的支持和帮助看作是理所应当，不做一点表示的话，那么对方就会感到心酸或不满，进而影响彼此之间的关系。

对于亲戚的帮助，要注意给予一定的回报，这既是加深感情的需要，又是表示对对方帮助报答的方式。倘若忽视了这种回报，同样容易得罪人。

4. 不可在经济往来上含糊

在亲戚之间互相帮助中，因经济利益问题而得罪人的情况是很常见的。譬如，亲戚之间借物、借钱是常有的事。有时是为了应急，有时是为了互相帮忙，有时就是赠送，虽然情况不同，但都体现了亲戚之间的一种特殊关系，即通过财物的往来表达自己的心意或感情。

但是，亲戚之间都有各自的利益，一般情况下应该将感情和财物分清楚，不要混为一谈，因此，亲戚之间互相帮助对于要归还的钱物千万不能含糊。如果对方没有言明是相赠，那所借的钱物就要按时归还。生活中，很多人并不注意这个问题，他们认为亲戚的东西用了就是用了，对方也不会计较那么多。但是如果等亲戚提出来的时候，那就不好看了。

5. 不可随心所欲

生活中，亲戚之间也有关系远近之分，有密切程度上的差别。因此，在相处中就要注意把握分寸。

通常说“亲戚越走越亲”，然而这个“走法”是非常讲究的。在过去，走亲戚可以在亲戚家住上一年半载，可是现在就会有诸多不便。每个人都有自己的生活习惯，也都有自己的工作，在亲戚家住得时间过长，矛盾自然而然地就会显现出来。有的人到亲戚家做客，不是客随主便，而是任由自己的性子随心所欲，这肯定会给主人带来很多麻烦，造成双方的矛盾。

三、婆媳好相处，聪明男人要会5个“和”

在电视剧《双面胶》中，上海女孩丽娟嫁给了大学毕业后留在上海工作的东北小伙子亚平，受到上海文化的熏陶，亚平是个标准的“好丈夫”，为老婆端茶倒水，对老婆嘘寒问暖，夫妻两人亲密无间。但婆婆的到来使温馨的小家庭开始发生质变。婆婆封建思想严重，希望用自己的生活观念来改造她严重懒惰自私的“上海媳妇”。而这些思想和丽娟的现代生活方式完全冲突，婆媳之间的矛盾与日俱增，摩擦不断升级。亚平在中间虽然也极力两头讨好，想缓和双方的矛盾，但总是收效甚微。

婆媳关系一直是很让男人头疼的家庭关系，许多男人在看到老婆和老妈剑拔弩张、针锋相对、吵得不可开交之时，往往束手无策，最后一走了之。

其实老婆和老妈吵架很多时候都是为了男人，本来这两个女人没有任何关系，为了一个共同的目标，为了一个共同的男人，这两个毫无血缘关系和友情的女人进入了同一个家庭，住到了同一个屋檐下。这两个女人，常常为了争夺共同的利益，也就是对那个男人的疼爱权闹得不可开交。为了处理好这两个女人的关系，就需要男人发挥自己的聪明才智，想办法让两个女人站到同一条战线上，让自己变成老婆和老妈这两个女人心目中共同的“敌人”即可。

1. 调和

男人要善于调和妻子和母亲之间的关系。如果妻子和母亲闹了矛盾，而两个人又都拉不下面子向对方道歉，那就需要身为儿子兼丈夫的男人从中调和一下了。女人比较感性，可以在语言上对她们进行安慰，也可以给她们来一点小小的物质诱惑。

2. 劝和

和老婆单独在一起的时候，经常在老婆面前告诉她老妈是如何的疼你，又如何的想疼儿媳妇，如何怕儿媳妇在这个家里会受苦，告诉老婆希望让她和你一起孝敬老妈；和老妈单独在一起的时候，经常在老妈面前说儿媳妇是多么的贤惠，说儿媳妇经常主动说要孝敬老妈，说儿媳妇就怕做得不好了婆婆不高兴，总之要让她们彼此的心目中都觉得她们是关心对方的。

3. 匀和

男人在对待妻子和妈妈时不要厚此薄彼，别给老妈留下“娶了媳妇忘了娘”的印象，也别给老婆留下只要亲情，不要爱情的口舌。比如，在记得给老婆过生日的同时，也不要忘了给母亲过生日；三八妇女节给老婆买礼物，别忘了给老妈也买一份；母亲节给老妈买礼物，别忘了给老婆也买一份，因为老妈是你的母亲，老婆则是你孩子的母亲。

4. 搅和

如果老妈和老婆两个人都要疼你，都要照顾你，不管你接受其中的哪一个，都会让另一个感到自己受到了冷落，进而导致婆媳双方的矛盾。此时，就要懂得搅和，采取个折中、两不得罪的办法。比如包饺子这件事，老妈知道你喜欢吃肉丸的，最近为了配合老婆保持体形，你告诉她说你喜欢吃纯素馅的。两个人凑到一块包饺子，如果包纯素馅的，老妈肯定不高兴，如果包肉丸的老婆又会不高兴，因为她要减肥。这时你就要找到一个能够折中的办法，告诉老妈，多吃蔬菜对身体好，告诉老婆，只吃蔬菜不吃肉会造成营养不良，最后把两边都说服，剁上肉馅包白菜肉的。

5. 掺和

在婆媳发生矛盾时，男人要勇于将矛盾转移到自己身上，主动当起两人的“出气筒”，即掺和。掺和的关键是把母亲和妻子想要发的火都巧妙地引到自己身上，别让她们发给对方就行了。

举个简单的例子，如果你家里是妻子在做饭，她做得口味比较轻，而你吃得口味比较重，这时候母亲因为心疼儿子是一定会冲着儿媳妇发火的。这种时候男人可不能袖手旁观，主动说上一句：“妈，您不知道，我最近上火不敢吃太咸，是我让她做得口味轻一点，妈要不我再去给您炒个菜去？”此时母亲一定会一笑了事，老婆也会非常地感激你，下次再做饭的时候她也一定会记住你的口味轻重了，反过来也是一样。

虽然每一个家庭可能出现的情况不同，但也基本大同小异，只要男人肯在老妈和老婆之间把这个纽带做好，婆媳关系是一定可以处理好的。反之，如果男人放手不管，再懂事的老妈和老婆，早晚也会打起来。因为女人做事非常感性，因为一句话甚至一个眼神都会发生争执。所以，要想处理好婆媳关系，男人千万不能犯懒病，也不需要和她们摆事实、讲道理，因为你讲破嘴皮子她们也听不进去，试试上面的方法，一定会有不错的效果。

四、不得不说的邻里相处之道

邻居是我们必须接触的最小单位。邻里关系是最简单也是经常用得上的关系。邻里近在咫尺，他们的适时照顾、帮助，能解燃眉之急，婚丧嫁娶，大事小事，离不开邻居。邻里之间本应该互助互利，但我们必须努力去争取，才能够得到帮助。有一个好邻居，建立一种好的邻里关系，会使我们在家在外办起事来既顺手又方便。

1. 主动问好很必要

邻里之间是一回生两回熟，但问题是很多人似乎都没有见过自己的邻居。因此，要想弄好邻里关系，那么首先就要学会主动出击，当发现有新邻居的时候，主动过去问问好，简单地交谈一下。这样好的开始就可以为以后的邻里关系的发展做好了铺垫。

2. 勤走动是必须的

邻里之间在相处的时候，多在一起走动是很有必要的。如果赶上周末了，可以邀请邻居到自己家里来吃饭，一起喝酒。或者一起出去散步，或者出去买菜。总之在一起多走动是很有必要的。

3. 不要忘了一些共同的兴趣爱好

兴趣爱好对增进人与人之间的距离是很有帮助的。比如自己喜欢打羽毛球，如果邻居也喜欢的话，可以邀请他（她）和自己一起去玩；或者自己喜欢看电影逛街，那当你做这些事情的时候，也记得叫上自己的邻居。如果你的邻居是你的朋友的时候，那么和邻居之间的关系自然就好了。

4. 互相包容和理解

邻里之间和睦相处是很多人都渴望的，但是现实生活中有时候并不是这样子的，若你不是很了解你的邻居的情况下，一定要记得学会包容和理解。比如有时候邻居家里声音很大，这时候不要冲邻居发脾气，说不定是邻居心情不好，或者发生了什么事情呢？

5. 及时伸出援助之手

当然了，邻里之间有时候也会发生一些需要自己出手的事情，比如说，下雨了，他们家在外面的衣服没有收，如果能进去的话，就帮忙收一下，不行的话就要请房东帮忙。毕竟邻里之间像这样的小事太多了，别袖手旁观了。

6. 尝试一下家庭之间的 PARTY

邻里之间一起举行 PARTY，或者一起庆祝节日等对增进邻里之间的关系是很有推动作用的。尽管生活的节奏很忙，但是再忙，一个月总有那么一个下午或者晚上，大家聚在一起，一起说说话，聊聊生活，或者一起娱乐，这样对邻里关系的改善肯定是有积极作用的。